云南省哲学社会科学基金资助出版

中国（昆明）南亚东南亚研究院书系

◆ 张瑞才　任佳　主编

南亚东南亚研究丛书

孟中印缅毗邻地区的
互联互通研究

STUDY ON CONNECTIVITY IN BCIM ADJACENT REGION

任　佳　等著

中国社会科学出版社

图书在版编目(CIP)数据

孟中印缅毗邻地区的互联互通研究／任佳等著．—北京：中国社会科学
出版社，2015.12

ISBN 978 – 7 – 5161 – 6096 – 1

Ⅰ.①孟…　Ⅱ.①任…　Ⅲ.①国际合作 – 经济合作 – 研究 – 中国、印度、
缅甸、孟加拉国　Ⅳ.①F125.535

中国版本图书馆 CIP 数据核字(2015)第 094934 号

出　版　人	赵剑英
责任编辑	任　明
特约编辑	乔继堂
责任校对	季　静
责任印制	何　艳

出　　　版	中国社会科学出版社
社　　　址	北京鼓楼西大街甲 158 号
邮　　　编	100720
网　　　址	http://www.csspw.cn
发 行 部	010 – 84083685
门 市 部	010 – 84029450
经　　　销	新华书店及其他书店

印刷装订	北京市兴怀印刷厂
版　　　次	2015 年 12 月第 1 版
印　　　次	2015 年 12 月第 1 次印刷

开　　　本	710×1000　1/16
印　　　张	14.25
插　　　页	2
字　　　数	228 千字
定　　　价	55.00 元

序

　　云南省中国（昆明）南亚东南亚研究院出版《南亚东南亚研究丛书》，云南省社会科学院任佳院长请我为这套丛书作序，我欣然同意了。今天出版一套全面研究南亚、东南亚的丛书是十分适时的。

　　出版这套书十分适时，首先是因为国际大环境。当今世界正在发生史无前例的深刻变化，和平与发展依然是时代的主题。环顾全球，可以看到有三个中心：

　　全球动荡、冲突、局部战争的中心在中东和北非地区。这个地区的动荡，集中反映了全球错综复杂的矛盾，动荡的局面看不到尽头。中东、北非的动荡吸引了国际社会和世界大国外交的注意力。

　　金融危机的中心在欧洲。2008 年一场突如其来的、破坏力极大的金融危机首先在美国爆发。随后，由于欧洲主权债务危机愈演愈烈，全球金融危机的中心转移到了欧洲。欧洲各国今天仍然在同金融危机的后果进行苦斗。今年我几次去欧洲，感到悲观情绪在欧洲蔓延。国际舆论认为，金融危机可能会使欧洲失去整整十年，这大概不是危言耸听。尤其需要指出的是，今年爆发的乌克兰危机，导致欧洲、美国与俄罗斯的尖锐对抗，成为冷战结束之后最严重的国际危机。美欧先后对俄罗斯采取了一系列的制裁措施，俄罗斯也采取了反制裁的措施。乌克兰危机对于正在努力克服金融危机的欧洲来说，无疑是雪上加霜。

　　全球经济增长的中心在亚洲，特别是在东亚和南亚。东亚成为全球经济中最有活力、增长最迅速的地区。东亚的经济增长对于全球经济，对于世界克服金融危机的后果、创造就业机会实在是太重要了。亚洲在全球经济和政治生活中的地位正在上升。

　　中国有上百个研究美国、研究欧洲、研究日本的机构，但对东亚、东南亚、印度洋地区的研究显然是滞后的。因此，云南出版《南亚东南亚研究丛书》实在是太必要了。

出版这套丛书十分适时，还因为以习近平同志为总书记的我国新一届领导对于周边地区高度重视。

2013年10月25日，在周边外交工作座谈会上，习主席提出了"亲、诚、惠、容"的周边外交的基本方针。2013年9月7日习主席在哈萨克斯坦纳扎尔巴耶夫大学演讲时，提出"新丝绸之路经济带"的战略构想。2013年10月3日，习主席在印度尼西亚国会演讲时，提出了共同建设21世纪"海上丝绸之路"的主张。

"一路一带"的战略构想受到了本地区的欢迎，在国际上也引起了广泛的重视。这个战略构想是很有远见的。环顾亚洲，可以看到东亚经济增长迅速，南亚经济增长要慢一点，中亚滞后。"一路一带"的构想就是要把东亚、南亚、中亚通过一路一带连接起来，为亚洲经济的持续增长提供源源不竭的动力。

最后，出版这套丛书是十分适时的，因为我们正处在中国资本走向世界大潮的前夜，而东南亚和南亚都是我国资本走向世界的重点地区之一。2014年是自我国改革开放以来出境投资首次超过入境投资的一年，这是一个转折性的变化。这也是中国经济增长所带来的必然结果。中国企业走向世界的热情从来没有今天这样高，可以预期，我们必将迎来中国企业走向世界的高潮。走向世界必须研究世界，走向亚洲必须研究亚洲。

回顾迄今为止中国企业走向世界的实践，可以看到有的成功了，有的失败了，有的败得很惨。究其失败的根本原因，是对投资对象的地区和国家缺乏知识，没有进行深入的研究。

云南对东南亚和南亚的研究，早在上世纪60年代就开始了。90年代以来，随着我国对外开放从沿海到沿边的延伸，云南省加大了面向东南亚南亚的开放与合作，云南对于这个地区的研究也在深入。

云南省社会科学院等研究机构和大学的专家学者最先提出了大湄公河次区域合作和孟中印缅地区经济合作的前瞻性研究成果，并最终上升为政府的决策，成为我国地区研究的佳话。中国－南亚智库论坛、K2K论坛（昆明－加尔各答合作论坛）、中缅合作论坛等一系列与周边国家的对话交流机制也都在云南发起。云南已经成为国内东南亚、南亚研究和印度洋地区研究的重要平台。

这套丛书的作者，是云南的研究东南亚和南亚多年的专家。我相信这套丛书的公信力是毋庸置疑的。

我希望各级领导干部，特别是从事发展中国与东南亚、南亚国家关系的干部，以及打算到东南亚、南亚发展自己的企业家们都能读一读这一套丛书。

21 世纪是中国人走向世界的世纪，也是外国人大批来到中国的世纪。我特别希望大学生们能够读一读这套丛书。你们今后将会走向东亚，走向东南亚，走向南亚，走向世界。你们的就业必定和东南亚和南亚有直接或间接的关系。读一读这套丛书，增长这方面的知识，更好地了解东南亚和南亚，这对于你们今后的就业，对于你们实现人生的价值都一定大有裨益。

是为序。

吴建民

2014 年 12 月于北京

前　言

　　孟中印缅毗邻地区山水相连，历史交往悠久，蔓延不绝的通道，翻山越岭，跨过江河，把四国人民联系起来，这是一片跨世纪、跨国土、跨地区、跨文化的交流地，既是一个承载着厚重历史的地区，又是一个充满期待和希望的地区。

　　这个地区是连接东亚、东南亚、南亚的交汇区，是位于东南亚、南亚和东亚之间的次区域地带，也是沟通印度洋和太平洋的陆上桥梁。在地理分布上，这个地区具有较为明显的区位优势，不仅在陆地上连接"三亚"，而且，通过陆桥，向东可以连接太平洋，向西则连接到印度洋，地理位置十分优越。20 世纪 90 年代以来，多个经济合作组织在这一地区周边形成，区内国家都参与了多个合作组织，如，中国和缅甸是大湄公河次区域合作组织成员，中国和印度是东盟 10 + 3 成员，孟加拉国、印度、缅甸是孟印斯缅泰经济合作组织成员、印度是恒河—湄公河合作组织成员等。亚太经合组织、亚行等国际机构直接规划和参与了这一地区的交通基础设施建设。这一地区已被亚洲公路网、泛亚铁路规划路线覆盖，而且这些国家大都是这两个国际合作机制的协议国。

　　孟中印缅毗邻地区的互联互通区域是指有史以来四国陆路相互连接的地区，从古至今的南方丝绸之路、茶马古道、中印缅公路和亚洲公路网规划路线经过的四国相关省邦，主要是中国的西南部，缅甸北部和西南部，孟加拉国东南部—西部交通沿线，印度东部和东北部，它们见证了四国相邻地区人民的友好往来。从民族迁徙到商贸交易，从互通有无到文化交流，延绵不绝的民间活动，使这一地区的人民跨越了国界，民相亲、习相近，世代友好，生生不息。

　　孟中印缅地区地形地貌复杂，云南、印度东北部、缅甸北部都是以山地为主，多年来交通闭塞、商旅不便。尽管这个地区近年来在交通网络的建设上取得了一定成绩，但仍未能从根本上解决本地区基础设施建设滞后的状况。区域交通基础设施建设的滞后给推进区域合作带来了巨大的困难，对区域经济发展形成严重障碍。另外，在能源、通信、城市建设等各个方面的基础设施建设情况也大体如此。

20 世纪 90 年代末，孟中印缅四个国家有史以来第一次聚在一起成功召开了孟中印缅地区经济合作大会，讨论地区经济合作与发展问题，并签署了联合宣言——《昆明倡议》，其中首要的议题就是互联互通。关于交通的连通性又是每一届论坛的第一议程。四国在第 9 届孟中印缅论坛上首次提出了建设昆明—曼德勒—达卡—加尔各答经济走廊的建议。表明这一地区人民对四国毗邻地区交通连通和经济合作的渴望，同时对贸易通、民心通、货币通、政策通也抱有极大期待。四国呼吁扩大边境贸易，让当地人民受益，推动贸易投资便利化；推动人员进出便利化，开展旅游合作，让沿线国家更多的民众往来；推动文化、教育、科技交流，让一代又代人民接续历史上四国间的友好情谊和丝绸之路精神。

孟中印缅地区经济合作历经 16 年推动，一是互联互通取得进展。在航空方面，昆明开通了到仰光、曼德勒、达卡、加尔各答等地的航线，北京、上海、广州、成都等城市也相继开通了到孟印缅三国的航线。在陆路交通方面，云南积极改善交通条件，连接周边国家的高等级公路网已初步形成；孟缅、印缅、印孟间也加快了交通线路的连接，如印度援建了印缅友谊公路，并正在推进印缅泰三国高速公路建设；印孟间恢复了达卡至加尔各答的铁路联系；孟缅间也签署了建设相互连接公路的协议等。二是经济合作蓬勃发展。在贸易领域，孟中印缅四国经贸合作大幅度增加。中国与印孟缅贸易额从 2000 年的 44.53 亿美元上升到 2014 年的 1081 亿美元。云南与印孟缅的贸易额也从 2000 年的 4.16 亿美元上升到 2014 年的 77 亿美元。在投资和工程承包领域，2000 年以来四国相互投资显著增长。2000 年中国在孟印缅完成的承包工程营业额为 4.08 亿美元，2013 年为 74 亿美元。2003 年中国对孟印缅的直接投资为 156 万美元，孟印缅对中国的直接投资为 2250 万美元；2013 年中国对孟印缅的投资达 6.65 亿美元，孟印缅对中国的直接投资为 3317 万美元。三是友好往来日益密切。云南与孟、缅、印的人员交流不断增加，高官互访频繁。昆明已与缅甸仰光、曼德勒、孟加拉国吉大港、印度加尔各答结为了友好城市。四国间经贸、旅游、文化、教育、学术等交流也不断增多。

　　在这样的大背景下，中印两国政府在孟中印缅论坛建议的基础上，联手推动经济走廊建设。习近平主席 2014 年 9 月 18 日在印度世界事务委员会发表题为《携手追寻民族复兴之梦》的重要演讲，指出中印双方要努力凝聚地区合作共识，与相关国家一道推进区域经济一体化和互联互通进程，加快孟中印缅经济走廊建设，早日完成区域全面经济伙伴关系谈判。2013 年 5 月李克强总理首访印度，签署《中印联合声明》正式倡议建设孟中印缅经济走廊，10 月昆明—加尔各答、成都—班加罗尔结成姐妹城市。在 10 月曼莫汉总理访问中国时两国总理签署的《中印战略合作伙伴关系未来发展愿景的联合声明》又提出 12 月召开孟中印缅联合工作组首次会议，研究孟中印缅经济走廊建设的具体规划。2013 年 12 月在昆明成功召开了四国联合工作组会议并按照计划开展联合研究。在 2014 年 9 月 19 日中印双方签署的《中印联合声明》中，双方同意继续努力，落实孟中印缅经济走廊联合工作组第一次会议达成的共识。近年来的这些重要进展表明，在中印两国的推动下孟中印缅地区合作已经从"二轨"上升到了"一轨"，即从 16 年来智库间的讨论和研究转化为政府间的行动。

　　孟中印缅经济走廊的建设和经济合作的开展是要以毗邻地区的互联互通为基础条件的，而且互联互通的实现也将是一个复杂而长期的过程。需要沿线国家共同推动，各国的不同想法和意愿需要交流，需要得到相互尊重。本书就是希望以国际视野，从理论和实践方面、从历史和现状方面、从各国的研究和规划方面，对孟中印缅毗邻地区互联互通进行较为全面的研究和梳理，以期加强四国的交流和沟通，对正在推动的孟中印缅经济走廊建设贡献智慧。全书共分 7 章，第一章互联互通的概念、功能与世界实践。第二章孟中印缅毗邻地区互联互通的发起、共识和意义。第三章孟中印缅毗邻地区的历史联系与交通往来。第四章孟中印缅毗邻地区互联互通的现状及问题。第五章国际合作机制对孟中印缅毗邻地区交通连通的规划和各国的意愿。第六章孟中印缅毗邻地区互联互通的人文基础。第七章孟中印缅毗邻地区互联互通合作展望。感谢云南省哲学社会科学规划办公室为本书提供出版资助，希望本书对提升四国社会各界和关注孟中印缅经济走廊的沿线人民对孟中印缅经济走廊的认知和认同发挥积极作用。

任　佳
2014 年 12 月 20 日

目　录

Contents

第一章

互联互通的概念、功能与世界实践

　　托马斯·弗里德曼在《世界是平的》一书中描述了一个紧密联系的世界。在世界的不同角落，不同的企业和个人通过通信网络和物流网络联系在了一起。他们或是分工合作，24小时都使企业处在运转状态，极大地提高了生产效率；或是通过线上和线下的交易，轻松获得商品和服务，使生活变得更加方便。现在，除了世界发达国家和地区之外，这样的紧密联系、密切合作也在后发展国家和地区出现了。这一切都是建立在地区互联互通条件不断得到改善的基础之上的。

　　其实人们很早就了解到地区互联互通的作用，"天堑变通途"就是其中一个直观的认识。互联互通水平的不断提升，使得人、商品、资金、信息等要素的流动不断变得通畅。要素的自由流动首先会使它们在最有条件的地区聚集，聚集之后会大大改善生产的效率，优化经济成本，促进这个地区的经济增长。但要素的聚集并不是无限的，达到一定程度之后，又会向周边扩散开来，从而缩小地区内部差异和促进区域经济一体化。纵观世界范围，欧美的发展已经证实了这一点。例如，北美自由贸易区，建成以来各方都得到了好处，但受惠最大的是相对不发达的墨西哥。当前，各国各地区，包括世界银行等国际组织，都在致力推动世界，尤其是不发达地区互联互通的改善，更高水平的互联互通必将成为未来世界发展的潮流。

第一节　互联互通的概念与功能

一　互联互通的概念与内涵

　　互联互通（Connectivity）原本是通信科技当中的概念，意指在不同电信网络之间建立有效连接，使不同网络的用户之间可以通信，或一个网络的用户可使用另一个网络的服务。[①] 由于这个概念有很强的形象性和可引申性，所以学者们在研究区域发展的时候也引入了这个概念，并且做了丰富的阐释。在东盟的《互联互通总体规划》当中，使用"Connectivity"来表达互联互通的概念，并且包含三大方面的内涵。首先是实体的连接，包括运输、通信和能源；其次是机制的对接，包括贸易自由化和便利化、投资与服务自由化和便利化、互认协议/安排、区域运输协定、过境手续便利化和能力建设项目；再次是人与人的交流，包括教育文化和旅游。[②] 2013 年 9 月，我国国家主席习近平访问哈萨克斯坦期间，提出建设"丝绸之路经济带"的战略构想，并具体提出了加强政策沟通、道路联通、贸易畅通、货币流通、民心相通的"五通"倡议。这"五通"高度概括了互联互通的具体内容和将要达到的目标。

综合各种意见，本研究从区域发展的角度出发，将互联互通界定为是指区域内各成员之间相互的联系和流通。它主要包含三个方面的内容：实体的连接、机制的对接和要素的流通。实体的连接是互联互通的"硬件"部分，主要包括交通运输、信息通信和能源网线的连接。其中又以交通的连接最为基础和重要，所以在本项研究中将以交通的连通为考察重点和主要内容，同时兼顾其他方面。机制的对接是互联互通的"软件"部分，指的是一系列对外交往的制度、政策、协议、办法的安排。互联互通"硬件"和"软件"的结合为区域成员之间的联系和流通提供了可能性和平台。它们共同服务于物、人、信息等要素的流通活动。要素的流通活动是互联互通的根本目的，也是检验互联互通水平高低的主要标志。

（一）实体的连接

实体的连接是互联互通的基础和前提，包括交通运输、信息通信和能源网线的连通。

交通运输的连通是实体连接的重点。在现代运输体系中主要包括铁路、公路、水路、航空和管道这五种方式[③]。铁路运输是长距离陆地运输的主要方式，通常的形式是以有轮的车辆沿固定铁路轨道运行。这种运输

① 全国科学技术名词审定委员会：《通信科学技术名词》，科学出版社 2007 年版，第 24 页。

② The ASEAN Secretariat, Master Plan on ASEAN Connectivity（Jakarta：The ASEAN Secretariat Public Outreach and Civil Society Division, 2010），p. 2.

③ 参见杨浩《交通运输概论》（第 2 版），中国铁道出版社 2009 年版，第 1 页。

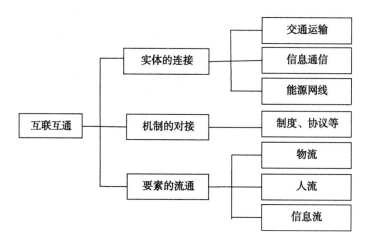

图 1 - 1　互联互通的基本构成

方式自成系统，不受其他运输条件的限制。优点是行驶阻力小、耗能低、可以载重高速运行、运量大等。缺点是在专线上运行，灵活性差，起点和终点需要转运。公路运输是最普遍的运输方式，通常采用汽车等运输工具来进行。优点是机动灵活、适应性强，可实现"门到门"直达运输，在中短途运输中运送速度较快，原始投资少，掌握车辆驾驶技术较容易；缺点是运量较小，运输成本较高，运行持续性较差，安全性较低，污染环境较大等。水路运输有海运和内河航运两种，利用天然的海洋和河道来实现运输。优点是在大批量和远距离的运输中成本较低；缺点是速度比较慢，运输周期长等。航空运输是现代旅客运输，尤其是远程旅客运输的重要方式。优点是运输速度快，适合运输保险和贵重物品；缺点是运输费用高，易受天气影响。管道运输主要运输液体、气体等对象。优点是一次投入可持续不断运输，运输成本低；缺点是输送地点和输送对象有局限性。[①]

　　信息通信指的是利用有线电、无线电等传递文字、图像等信息用来联系的方式。它是实体连接的新兴发展方向和更高水平的体现，也是未来经济增长最强的动力之一。信息传输的技术主要包括光纤通信、数字微波通信、卫星通信、移动通信以及图像通信等。它们所依赖的基础设施包括电信网、广电网、计算机网、大型数据库、支持环境等。

---

　　① 相关概念的解释，参见吴清一《现代物流概论》（第 2 版），中国物资出版社 2005 年版，第 44—46 页。

　　能源网线的连通也是互联互通的重要方面。它的主要作用是能源的输送。能源包括有体物，如煤、石油、天然气等，也有无体物，例如，电力。有体物能源的输送是与交通运输重合的，实际上也在交通运输中占了很大的比重。电力的输送主要依靠相互连接的电网和线路来进行。

　　（二）机制的对接

　　机制的对接包括贸易的自由化与便利化、投资与服务的自由化和便利化、多边认证协定、区域运输协定、跨境手续简化、能力建设等内容。它的主要特点是以标准化为前提，以谈判和签署协议为实现方式。例如，中国—东盟自由贸易区就是促进中国与东盟加强经济贸易合作的重要机制。

　　（三）要素的流通

　　流通活动是社会经济的重要组成部分，流通的要素主要包括物、人、信息、资金、能源等。其中物的流通是物流过程，包括运输、仓储、装卸搬运、包装、流通加工、配送等环节。人的流动主要是从事商贸、旅游、劳务、教育和文化交流等活动。信息流、资金流和能源流则是从属于物流和人的流动过程。

二　互联互通的功能与作用机制

　　互联互通主要解决的问题就是物和人的空间位移，以及信息、能源的传输等。在这个过程中，互联互通具有促进区域经济增长、最优化经济成本、缩小地区内部差异和促进区域经济一体化等功能。

　　（一）促进区域经济增长①

　　交通基础设施建设是互联互通最重要和最基础的内容，互联互通促进区域经济增长的功能也主要通过交通基础设施来发挥作用。经济增长理论经过了古典经济增长、新古典经济增长、新经济增长等发展阶段。在每个阶段，经济学家都比较关心基础设施与经济增长的关系。如亚当·斯密认为交通运输对一国的经济发展有重要的作用。凯恩斯将公共基础设施投资作为财政政策，分析其对经济增长的作用。华尔特·罗斯托认为基础设施是社会先行资本，是实现经济起飞的一个重要前提。肯尼斯·巴顿认为运输设施与经济发展之间存在正向联系，并且可以划分为直接运输投入效应

---

　　① 关于交通基础设施建设引发空间溢出效应，从而促进区域经济增长的论述，可详见张学良《交通基础设施、空间溢出与区域经济增长》，南京大学出版社 2009 年版，第6—48 页。

和包括乘数效应在内的间接效应等。

区域经济学认为，经济增长并不能同时在所有区域内均衡地发生。它一般先发生在条件较好、基础较好的地区。当这些地区的经济增长发生后又会强化和聚集自身的优势。但这种优势并不是无限地积累下去，而是到达一定程度之后，就会向外部发生扩散。这种聚集和扩散在空间上表现为负的和正的溢出效应。通过溢出效应，能够带动周边的经济增长，最终促进整个地区的经济增长。在这个过程中，交通基础设施的连通扮演着关键性的角色。在积累阶段，它能够促使生产要素快速向优势地区聚集；在扩散阶段，它又能加速生产要素的流动。

（二）最优化经济成本

交通连接具有网络化的特征，它既可以是不同运输方式之间的连接，也可以是同种运输方式之中不同道路、线路的连接。这些网状的连接中，一条连接的新增或者改进都会对网络中的其他线路产生影响。如何在动态的网状交通结构中找出最优路径（最短路径），达到成本的最优化，一直是交通规划中探讨的重要问题之一。[①] 当然这个成本可以是经济成本、时间成本、劳动成本等。例如，从 A 点运输货物到 E 点，原先经济成本最少的走法是 $A – B_2 – C_1 – D_2 – E$，但由于新的 B_4 点的加入，就可能变为 $A – B_4 – C_1 – D_2 – E$，从而降低从 A 到 E 的成本（见图 1–2）。

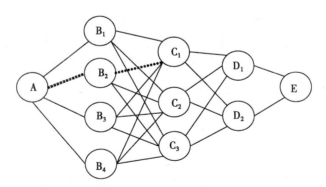

图 1–2　交通网线的改进最优化两点间的运输成本

（三）缩小地区内部差异

交通的连接缩短了运输的地理距离，提高运输速度和运输重量，减少

---

① 关于交通规划中，最短路径方法的运用，参看《运筹学》编写组《运筹学》，清华大学出版社 2005 年版，第 325—360 页。

运输时间，降低运输过程中的燃油、劳动和资本等各项投入，从而使运输的成本得以降低。运输成本的降低使更多的地方更容易达到，即增加了该地的可达性。①

可达性的增加对发展落后地区尤为重要，因为随着可达性的增加，该地原先被束缚的资源和发展潜力就会被释放出来，参与到周边生产要素的流动和产业链分工当中，从而带动经济的增长，也就进一步缩小了地区内部之间的发展差异。

孟中印缅毗邻地区自然资源和人文资源都比较丰富，但是长期受制于薄弱的交通连接状况，丰富的资源没有发挥应有的作用。居住在此地的居民不少处于极端贫困的水平。互联互通的改善，特别是随着发展生态旅游所带来的旅游效益，将会大大改观这个地区居民的生活状况。

（四）促进区域经济一体化

区域经济一体化是当今世界发展的潮流之一。一般认为，随着生产技术水平的提高，各国各地区的分工与合作日益加深，经济联系和流通活动愈加频繁。这就必然要求消除阻碍经济国际化发展的制度藩篱，形成一个更加大而统一的市场，实现区域经济的一体化。

区域的互联互通是区域经济一体化的基础和前提，只有区域中各经济体之间的经济往来得以保证，经济一体化才成为可能。而且互联互通能够促进区域经济的一体化，越高水平的互联互通，区域经济的一体化进程就越快。例如，互联互通要求交通连接、运输组织的标准化，贸易投资政策的对等化，跨境手续的便利化等，这些也正是区域经济一体化各项制度安排要实现的目标。同时，越高程度的一体化也要求越高程度的互联互通加以配合，这才能保证商品、资本、人员和劳动力等各项要素更加自由的流通。

三　两种运输方案的比较

在中国对外开放战略的研究中，有不少学者提出中国应该向西南方向建设通往印度洋的国际大通道。其中一个重要的考虑就是这条通道在运输距离和经济成本上要更为节约。随着中国经济的发展，中国对外的能源依赖和贸易运输需求不断加大。目前中国进口石油的 80% 来源于中东和非

---

① Hansen 于 1959 年首次提出的概念，将其定义为交通网络中各节点相互作用的机会大小。一般认为区域可达性的改变将直接影响到区域经济的发展。

洲国家，进出口货物运输量的40%要经过印度洋。目前这些能源和货物要进入中国必须绕道马六甲海峡。在地理上，我们发现，如果不绕马六甲海峡，而是从缅甸上岸，经陆路进入中国，空间距离要短得多，运输成本也可能会相对较小。昆明—瑞丽—曼德勒—皎漂的铁路和高速公路建设计划就是在这种想法下产生的。

　　为了探讨这种想法是否可行，我们可以来做一个运输方案的比较：假设一批货物从斯里兰卡科伦坡出发（从西亚、欧洲和非洲通过海运到达中国基本上要经过科伦坡附近），方案A是目前主要的做法，绕行马六甲海峡，到达中国沿海港口上岸；方案B是设想中的路线，驶往缅甸皎漂港，上岸之后经由陆路运输到达中国瑞丽入境。货物入境之后被运送到不同的城市，见图1-3。两种方案有不同的运输距离和成本。通过粗略的比较，我们能够大致看出在什么样的情况下，哪一种方案更优。

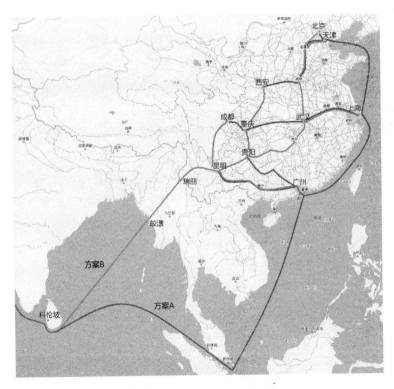

图1-3　马六甲线与皎漂线线路图

　　交通网络是个复杂的系统，为了实现两种方案的对比，我们尽量做了简化，只从运输距离、运输时间、运输费用这三个方面来进行比较。运输方式只选择了大宗货物运输常用的海运和铁路运输方式，并且目的地只在我国东、中、西部各选择几个城市。为了特别检验两种方案对我国西部发展的影响，增加了西部城市的数量。这些目的地城市分别是北京、天津、上海、广州、西安、武汉、重庆、成都、昆明、贵阳。

需要指出的是，这样的计算只是一个粗略的估计，并没有考虑各种运输方式转运时候的成本、单位运输的能耗、运输货物的种类、线路的运能、运输的组织和计划、通常的运输习惯和运输产业的布局等情况。但粗略的估计也能看出一定的趋势。

（一）运输距离的比较

方案 A 中，从科伦坡出发，绕行马六甲到达广州的海运距离大约6000公里，到达上海大约7500公里，到达天津大约8700公里。结合目前的实际情况，并按照就近的原则，假设运往北京、西安的货物在天津上岸，运往武汉、重庆和成都的货物在上海上岸，运往昆明、贵阳的货物在广州上岸。这样科伦坡到北京的运输总里程约为8837公里，到西安约为10024公里，到武汉约为8424公里，到重庆约为9527公里，到成都约为9851公里，到昆明约为7637公里，到贵阳约为7452公里（暂不考虑在建的贵广高铁）。

方案 B 中，从科伦坡到皎漂海运距离约为2000公里，皎漂到昆明的铁路运输距离约为1500公里（皎漂到瑞丽约950公里，瑞丽到昆明约550公里）。在这个方案中，去往其他城市都要经过昆明。这样科伦坡到北京的运输总里程约为6674公里，到天津约为6623公里，到上海约为6160公里，到广州约为5137公里，到西安约为5442公里，到武汉约为5449公里，到重庆约为4601公里，到成都约为4600公里，到贵阳约为4138公里。见表1-1。

表1-1　　　　　　　　方案 A 与方案 B 运输距离对比表①　　　　单位：公里

科伦坡	方案 A（马六甲线）			方案 B（皎漂线）		
	海运里程	铁路里程	合计里程	海运里程	铁路里程	合计里程
运至北京	8700	137	8837	2000	4674	6674
运至天津	8700	—	8700	2000	4623	6623

　　① 表中数据为笔者根据中国交通运输部网站（http://www.moc.gov.cn）统计资料计算所得的估计值，不作精细计算之用，仅供参考。

科伦坡	方案 A（马六甲线）			方案 B（皎漂线）		
	海运里程	铁路里程	合计里程	海运里程	铁路里程	合计里程
运至上海	7500	—	7500	2000	4160	6160
运至广州	6000	—	6000	2000	3137	5137
运至西安	8700	1324	10024	2000	3442	5442
运至武汉	7500	924	8424	2000	3449	5449
运至重庆	7500	2027	9527	2000	2601	4601
运至成都	7500	2351	9851	2000	2600	4600
运至昆明	6000	1637	7637	2000	1500	3500
运至贵阳	6000	1452	7452	2000	2138	4138

（二）运输时间的比较

在比较运输时间的时候，这里只考虑货物运输的走行时间，不考虑货物通关和转运等需要的时间。方案 A 中，从科伦坡绕行马六甲海峡到达广州运输时间约为 15 天，到达上海约为 18 天，到达天津约为 23 天。铁路货运的速度取 100 公里/小时。运用前面的假设，运往北京、西安的货物在天津上岸，运往武汉、重庆和成都的货物在上海上岸，运往昆明、贵阳的货物在广州上岸。这样科伦坡到北京的运输时间约为 23.1 天，到西安约为 23.6 天，到武汉约为 18.4 天，到重庆约为 18.9 天，到成都约为 19 天，到昆明约为 15.7 天，到贵阳约为 15.6 天。

方案 B 中，从科伦坡到皎漂还没有航线，但利用科伦坡到天津、上海、广州的平均航速，可以估计科伦坡到皎漂需要 5 天，到达昆明需要 5.6 天。同样去往其他城市都要经过昆明。这样科伦坡到北京的运输总时间约为 6.9 天，到天津约为 6.9 天，到上海约为 6.7 天，到广州约为 6.3 天，到西安约为 6.4 天，到武汉约为 6.4 天，到重庆约为 6 天，到成都约为 6 天，到贵阳约为 5.9 天。见表 1-2。

表 1-2		方案 A 与方案 B 运输时间对比表[①]				单位：天
科伦坡	方案 A（马六甲线）			方案 B（皎漂线）		
	海运时间	铁路时间	合计时间	海运时间	铁路时间	合计时间
运至北京	23	0.1	23.1	5	1.9	6.9

① 表中数据为笔者根据中国交通运输部网站（http://www.moc.gov.cn）统计资料计算所得的估计值，不作精细计算之用，仅供参考。

科伦坡	方案 A（马六甲线）			方案 B（皎漂线）		
	海运时间	铁路时间	合计时间	海运时间	铁路时间	合计时间
运至天津	23	—	23.0	5	1.9	6.9
运至上海	18	—	18.0	5	1.7	6.7
运至广州	15	—	15.0	5	1.3	6.3
运至西安	23	0.6	23.6	5	1.4	6.4
运至武汉	18	0.4	18.4	5	1.4	6.4
运至重庆	18	0.9	18.9	5	1.0	6.0
运至成都	18	1.0	19.0	5	1.0	6.0
运至昆明	15	0.7	15.7	5	0.6	5.6
运至贵阳	15	0.6	15.6	5	0.9	5.9

（三）运输费用的比较

在影响运输成本的因素上，我们暂时只使用对运输成本较为重要的因素来加以判断，即不同运输方式的平均单位运输价格和走行距离。海运的平均单位运输价格取 0.062 元/吨公里（根据 2012 年科伦坡至广州海运拼箱费用计算得到），陆运主要选取铁路，平均单位运输价格取 0.115 元/吨公里（2012 年末价格）。利用表 1-1 的运输距离，我们可以计算出科伦坡到各个目的地城市每吨货物的运费。

方案 A 中，每吨货物从科伦坡绕行马六甲海峡到达广州的运输费用为 372 元，到达上海约为 465 元，到达天津约为 539.4 元。运用前面的假设，运往北京、西安的货物在天津上岸，运往武汉、重庆和成都的货物在上海上岸，运往昆明、贵阳的货物在广州上岸。这样科伦坡到北京每吨货物的运输费用约为 555.2 元，到西安约为 693.7 元，到武汉约为 571.3 元，到重庆约为 698.1 元，到成都约为 672.4 元，到昆明约为 560.3 元，到贵阳约为 539 元。

方案 B 中，每吨货物从科伦坡到皎漂的运输费用约为 124 元，到达昆明需要 296.5 元。同样去往其他城市都要经过昆明。这样科伦坡到北京的运输总费用约为 661.5 元，到天津约为 655.6 元，到上海约为 602.4 元，到广州约为 484.8 元，到西安约为 519.8 元，到武汉约为 520.6 元，到重庆约为 423.1 元，到成都约为 423 元，到贵阳约为 369.9 元。见表 1-3。

表 1-3　　　**方案 A 与方案 B 每吨货物运输费用对比表**①　　单位：元

科伦坡	方案 A（马六甲线）			方案 B（皎漂线）		
	海运费用	铁路费用	合计费用	海运费用	铁路费用	合计费用
运至北京	539.4	15.8	555.2	124	537.5	661.5
运至天津	539.4	—	539.4	124	531.6	655.6
运至上海	465.0	—	465.0	124	478.4	602.4
运至广州	372.0	—	372.0	124	·360.8	484.8
运至西安	539.4	154.3	693.7	124	395.8	519.8
运至武汉	465.0	106.3	571.3	124	396.6	520.6
运至重庆	465.0	233.1	698.1	124	299.1	423.1
运至成都	465.0	207.4	672.4	124	299.0	423.0
运至昆明	372.0	188.3	560.3	124	172.5	296.5
运至贵阳	372.0	167.0	539.0	124	245.9	369.9

　　通过以上运输距离、运输时间和运输费用的对比，我们可以看出：绕行马六甲线的 A 方案，运输距离普遍较远，运输时间长，但是海运价格比较便宜。所以从科伦坡到达中国东部沿海城市，绕行马六甲运输费用较优。达到中部城市时，由于附加上了陆路运输，运输成本优势逐渐丧失，离海越远，成本越高。从皎漂上岸的 B 方案，走行距离较近，运输时间短，但陆路运输部分较多。所以货物运到中西部城市比较划算，运到东部城市价格就比较高。通过皎漂的运输方案对我国西部和中部的发展很有利，在中国西部大开发和向西南开放战略的建设中，应该作为优先考虑的方案。当然类似皎漂的港口选择还有加尔各答或者吉大港等。

第二节　互联互通是世界区域合作的发展趋势

一　欧盟的互联互通

　　欧洲联盟（European Union），简称欧盟（EU），1992 年根据《欧洲联盟条约》成立，前身是欧洲共同体。欧盟现在拥有 28 个会员国（2013 年），人口 5 亿人，面积 432 万平方公里，GDP16 万亿美元，是世界上最

---

　　① 表中数据为笔者根据中国交通运输部网站（http：//www. moc. gov. cn）统计资料计算所得的估计值，不作精细计算之用，仅供参考。

有实力的国际组织和世界上最大的经济实体之一。欧盟的一体化程度很高，各国除了保留内政、国防、外交等权利外，其他方面基本上已经采用共同的政策安排。欧盟的互联互通水平也是世界上水平最高的区域之一，拥有发达的交通运输、信息通信和能源网络，内部也实行了一系列共同政策和措施，包括实现关税同盟和共同外贸政策、实行共同的农业、渔业政策、建立政治合作制度、基本建成内部统一大市场、建立政治联盟和建立欧洲货币体系等。

（一）欧盟互联互通现状

泛欧交通网（Trans-European Networks，TEN）的建设对欧洲的互联互通影响深远。这个概念在 20 世纪 80 年代末期与"单一市场"的计划被提出来。人们认为，要实现商品、人和服务在一个大市场内的自由流动，各国各地区的交通网络如果没有有效地连接起来，那几乎是不可能的。泛欧交通网基础设施的建设对促进经济增长和就业也有很大的作用。因此，《欧洲联盟条约》以法律的形式做出规定，欧盟要将泛欧交通网作为创造内部市场，加强经济和社会凝聚力的关键要素来发展。其中就包括各国交通网的互联互通。[①] 1994 年在德国亚琛召开的欧洲委员会会议，决定实施新建和扩建泛欧交通网（TEN）的决议，并把关系到欧洲共同利益的 14 项交通基础设施计划列为更高优先项目。[②]

泛欧交通网包括三个主要组成部分：泛欧交通运输基础设施网（TEN-T）、泛欧能源网（TEN-E）和泛欧电信网（eTEN）。在交通运输基础设施建设方面，欧盟 27 国（不含 2013 年 7 月加入的克罗地亚）共有 500 万公里道路，其中高速公路 6.5 万公里；有 21.3 万公里的铁路，其中电气化铁路 11 万公里；有 4.3 万公里的内河运输线。2000—2006 年，欧盟在交通运输基础设施建设上的投资就超过 8590 亿欧元。[③] 泛欧能源网包括能源的生产、运输和储存。2008 年末，欧洲遭遇了金融危机的冲击，为了应对困难的局面，欧盟制定了欧洲能源复兴计划（EEPR）。计划的主要方向是天然气和电力基础设施、海上风能和碳捕获项目。目前该

① 参见欧盟委员会网站"泛欧交通网"，http://ec.europa.eu/ten/index_en.html。

② 人民网：《欧洲高速铁路网的建设方案》，载 http://invest.people.com.cn/GB/7623722.html，2013 年 8 月 28 日下载。

③ Steer Davies Gleave, *First Intermediate Report* "*Evaluation of cohesion policy programme 2000—2006, work package transport*", London, 2009.

计划正在欧盟的能源建设中发挥着重要作用。[①] 2006 年，为泛欧交通网提供电子服务的泛欧电信网（eTEN）计划基本完成，这个计划覆盖五部分内容：电子政务、电子健康、信息共融、电子学习、为中小企业电子服务。2007 年之后欧盟通过信息通信政策支持项目（ICT PSP）继续为公众提供电子服务。[②]

（二）欧盟互联互通的计划与新进展

为了应对未来发展的挑战，欧盟不断制定互联互通新的计划和达成新的协议。2011 年 11 月欧盟委员会提出了"连接欧洲"的计划，执行期为 2014—2020 年，总投资额为 500 亿欧元。这项计划由"连接欧洲交通""连接欧洲能源"和"连接欧洲通信"三个项目组成。其中"连接欧洲交通"项目将耗资 317 亿欧元，用于公路和铁路建设，当中 100 亿欧元用于改善欧盟与邻近国家的交通，217 亿欧元用于欧盟成员国交通基础设施建设。"连接欧洲能源"项目将耗资 91 亿欧元，用于油气管道和输电网络建设，以实现欧盟 2020 能源战略，并进一步整合欧盟内部能源市场，减少对外部能源的依赖，确保供应安全。"连接欧洲通信"项目将投入 92 亿欧元，用于建设欧洲高速、特高速宽带网络，并改善数字化服务，实现"欧洲 2020"战略的目标。[③]

2013 年 5 月欧盟委员会、欧盟理事会与欧洲议会三方就建立"泛欧交通运输网"达成了新的协议。这项计划将把欧洲现有的相互分割的公路、铁路、机场与运河等交通运输基础设施连接起来，构建统一的交通运输体系，预计该体系核心运输网将在 2030 年建成。包括 86 个连接铁路与公路的主要港口、37 个有轨道通向城市中心的机场、1.5 万公里高速铁路（主要是对现有铁路升级改造）、35 个降低运输瓶颈的跨境项目等。

二 北美自贸区的互联互通

北美自由贸易区（North American Free Trade Area，NAFTA）由美国、加拿大和墨西哥三国组成，1994 年正式成立，目前覆盖面积 2123 万平方

[①] Deloitte, *European Commission Directorate-General for Energy Mid-term evaluation of the European Energy Programme for Recovery*, Diegem, 2011.

[②] http://ec.europa.eu/information_society/activities/eten/index_en.htm.

[③] 新华网：《巴罗佐呼吁欧盟各界支持"连接欧洲"计划》，http://news.xinhuanet.com/fortune/2012 - 10/03/c_ 113275401.htm?_fin，2013 年 8 月 28 日下载。

公里，人口4.4亿人，经济总量（GDP）超过17万亿美元（2012年）。①北美自由贸易区由两个发达国家和一个发展中国家组成，它们之间在政治、经济、文化等方面差距很大。因此，这个自贸区的建成对世界其他自贸区的建设启示意义很大。为了满足区内产业分工、贸易、资本和劳动力流动的要求，北美自由贸易区也在互联互通方面做了大量的工作，互联互通的水平也在世界上居于前列。

（一）北美运输网基本情况

北美交通运输网络包括美国、加拿大、墨西哥三国的交通网。美国的交通运输十分发达，早在19世纪晚期就形成了贯穿大陆的铁路系统，由此可见一斑。

相比其他发达国家和地区，美国对公路运输有更多的依赖。20世纪50年代，美国修建了几乎连通全国主要城市的州际高速公路网。这个公路网现在已经升级为国家高速公路网，2012年，总里程达到了8.87万公里。除了高速公路之外，美国还有640万公里各种等级的道路。

美国的铁路运输曾经辉煌一时，后来因为高速公路和航空的兴起而衰落，再后来又因综合运输方式的改进出现复兴。根据美国铁路协会的统计，美国铁路线长24万公里，主要用于货物运输，而且是世界上最繁忙的铁路运输线路，运力比其他任何国家都强，美国铁路的运量甚至是欧洲铁路运量总和的四倍。② 目前，美国有通往加拿大和墨西哥的铁路线。

美国拥有最先进的航空基础设施，跑道数量超过了5000条。以客运计，2004年，世界上最繁忙的30个机场中就有17个在美国。以货运计，最繁忙的30个机场中有12个在美国。美国有超过200个国内客运和货运航空公司，以及许多国际航空公司。这些公司都是私有企业，但是在安全生产方面受到联邦航空管理局和国家安全运输委员会的管辖。

许多世界上主要的港口也位于美国。最繁忙的是加利福尼亚州的洛杉矶港和长堤港，以及纽约港。美国还有超过4万公里的内河航道，主要由大湖区航道、圣劳伦斯航道和密西西比河航道组成。

加拿大是一个经济发达的国家，国土面积很大，资源也很丰富，因此也有一个发达的交通运输系统。包括140万公里的公路，7.2万公里的铁

---

① http：//www.naftanow.org/facts/default_en.asp.

② https：//www.aar.org/Pages/Home.aspx.

路，10 个大型国际机场和 300 个小型机场，另外还有超过 300 个港口可以通往太平洋、大西洋、北冰洋和五大湖水域。①

墨西哥是拉丁美洲面积第三大和人口第二大国家，近年来墨西哥也加强了交通的建设以适应经济发展的需要。墨西哥道路里程有 36.6 万公里，其中高速公路 1 万公里。铁路主要连接工业中心和港口，而且通往美国。机场的数量有 1834 个，居世界第三位，但其中最大的 7 个机场承载了 90% 的旅客量。另外，墨西哥还有 76 个海港和 10 个内河港口。②

（二）北美自贸区和交通运输

北美现代交通运输的发展，始于连接东部大西洋和西部太平洋的大陆桥。从 20 世纪 80 年代开始，南北向的货物流动开始迅速增加。原因是美国和加拿大的企业和资金开始向墨西哥流动，建立生产、采购和营销的新网络。1994 年北美自由贸易区建成之后，跨越北美的内部边界的货物量急剧增加，跨境供应链的需求凸显出来。从而对高效的交通运输系统提出了更高的要求。在整个 20 世纪 90 年代，运输系统发展很快，特别是提高效率和可靠性来满足市场的需求。③

1998 年 6 月美国、加拿大、墨西哥签署了《加强北美运输领域合作最初的五年计划》，推进了三国之间互联互通的发展。但北美自由贸易区协议中关于运输规定的谈判是有争议的，主要集中监管协调上。许多最有争议的问题没有解决，其中包括务工人员的入境限制，统一适用运输的车辆重量、尺寸和其他类似的标准，全面开放投资者对交通运输运营的投资限制等。④

三　东盟的互联互通

东南亚国家联盟（Association of Southeast Asian Nations），简称东盟

---

① "Transportation in Canada", Statistics Canada, Retrieved 2008 – 03 – 26.

② Mexico Infrastructure, Power and Communications, National Economies Encyclopedia, Retrieved on 13 January 2007.

③ Stephen Blank, Stephanie Golob, Guy Stanley, "*A North America Transportation infrastructure Strategy*", http：//www. gateway-corridor. com/roundconfpapers/documents/Blank＿Golob＿Stanley＿Winnipeg. pdf.

④ T. R. Lakshmanan and William P. Anderson, "*Trade and Transportation Integration：Lessons From North American Experience*", http：//www. bu. edu/transportation/99 A. pdf.

（ASEAN）。1967 年正式成立，发起国是印度尼西亚、泰国、新加坡、菲律宾和马来西亚五国。随着 1999 年柬埔寨的加入，东盟扩展到了现在的 10 国规模。覆盖面积约 450 万平方公里，人口超过 6 亿人，2010 年经济总量（GDP）1.8 万亿美元。20 世纪 90 年代初，东盟发起了区域合作进程，以建立一个繁荣、和平的东南亚国家共同体为努力的方向。

相对欧盟和北美来说，东盟里面发展中国家较多，经济社会发展较为滞后，所以实现本地区基本的互联互通，仍是东盟努力的目标。[①] 东盟地区的交通基础设施建设，提出愿景的时间较早，比如，相关的亚洲高速公路网和泛亚铁路网分别于 1959 年、1960 年由联合国亚太经社理事会提出，但之后的很长时间进展较慢。1999 年东盟提出了"东盟高速公路网（ASEAN Highway Network，AHN）"计划以后，该地区的互联互通工作进入了快车道。

（一）实体的连通

1. 公路交通方面，东盟高速公路网是推进的重点。这项计划分成三个阶段，第一阶段是在 2000 年之前完成国家间路网的设计与配置；第二阶段是在 2004 年之前，在所有设计的路线上安置道路标志，并将道路等级升级到 3 级以上，完成缺失道路的建设和过境点的安排；第三阶段是到 2020 年，将所有设计公路等级升到 1 级，非主干道公路升级到 2 级。尽管目前看来，东盟高速公路网并没有按时间表完全实现计划，缅甸等国还有缺失的道路，有些国家道路等级也不高，但它还是取得了不俗的成绩。另外，东盟高速公路网还优先设计和升级了过境运输的线路。

2. 铁路方面，1995 年东盟第五次峰会提出的新加坡—昆明铁路计划是重点。这条线路经过新加坡—马来西亚—泰国—柬埔寨—越南—中国（昆明），计划 2015 年完成。但目前在中南半岛上，特别是柬老缅越四国，缺失的路线还比较多。

3. 内河运输方面，东盟虽然有比较大的潜力，但利用率还不高。主要的问题是内河港口和多式联运设备等基础设施建设比较薄弱。

4. 海运方面，东盟的多数成员国港口建设和运输线路安排都比较成熟，但在东盟的群岛地区仍然需要更高效和可靠的航线。

---

① The ASEAN Secretariat, *Master Plan on ASEAN Connectivity* (Jakarta：The ASEAN Secretariat Public Outreach and Civil Society Division，2010)，pp. 11—28.

5. 航空方面，东盟各成员国的首都建有机场，而且基本能满足需求。但机场的基础设施建设仍然不足，尤其是仓储方面更是短板。

6. 东盟非常重视信息通信技术的发展，认为信息和通信技术有支持贸易、促进投资、扩大市场的作用。目前，各成员国的大城市和旅游城市都能方便地接入国际互联网，不少地方能提供无线网络热点（WI-FI）。但不足之处在于，东盟成员国之间数字技术发展的水平差异很大，制定信息通信对接方面的法规也存在困难。

7. 东盟在能源领域的合作包含了一系列的行动计划：东盟能源合作行动计划 1999—2004 年、东盟能源合作行动计划 2004—2009 年、东盟能源合作行动计划 2010—2015 年。在第一阶段，东盟石油理事会制定了东盟油气输送管道总体规划，电力理事会制定了网线互联总体规划，这为加强区域能源安全框架铺平了道路，同时促进了资源的高效利用和共享。在第二阶段，各国签署了东盟电力网格谅解备忘录，并建立了电网咨询委员会和石油理事会天然气中心。在当前阶段，东盟更加注重行动计划的加快实施，进一步加强该地区的能源安全性、可及性和可持续性。并且重视电网计划和油气管道规划中清洁技术和可再生能源的利用。

（二）机制的对接

1. 在运输便利化方面。东盟多年来提出了多个便利化的倡议，用来建立一个包含陆运、水运和空运的有效物流和多式联运系统。这些倡议包括：（1）东盟货物过境运输框架协议；（2）东盟多式联运框架协议；（3）东盟运输便利化框架协议；（4）航空一体化路线图；（5）东盟一体化和有竞争力的海上运输路线图。目前有的国家并未完全签署各个协议，东盟还有待推进这方面的工作。

2. 货物自由流动方面，东盟在 2002 年建立了自由贸易区，除了依照安排实现零关税之外，东盟还在研究消除非关税贸易壁垒、减少贸易技术壁垒的方法。海关采取了加速通过的国际公约和标准的现代化海关技术和做法。另外，东盟还采取了"单一窗口"的贸易促进平台，以加快清关手续。

3. 服务自由流动方面。服务业在东盟经济增长中发挥着越来越大的作用，特别是 2000 年东盟实行开放天空政策之后，东盟的航空服务增长得十分迅猛。目前东盟已经提出了一些法律和制度倡议，如，东盟服务框架协议、优先一体化路线图、服务自由化模式等。在覆盖范围上，东盟服务框架协议甚至超过了服务贸易总协定。2008 年东盟启动了物流服务一体化路线图，对货物装卸服务、仓储服务、货运代理服务、快递服务、包装服务、报关服务、国际铁路货运服务、国际道路货运服务等都提出了要求。

4. 投资自由化方面。东盟于 2009 年签署了东盟全面投资协议，涵盖了投资自由化、投资保护、投资便利化和促进投资的内容。同时还伴随两个独立的举措，即东盟投资保证协议和东盟投资区域。

5. 劳务流动方面。东盟劳工部长会议认为建立东盟劳工认证的基础是建立各国的国家技能框架。目前东盟已经进行了一些努力，以帮助成员国建立国家技能框架。接下来的努力将在东盟劳工部长会议 2010—2015 年的工作计划中继续进行。

6. 过境手续方面。东盟主要加强海关、移民、检疫便利化的机制建设，并且注重工作人员的能力建设、人力资源开发和培训等。

东盟成立几十年来，在互联互通方面取得了长足的进步，区域内物、人、信息等要素的流动得到了很大的改善。2010 年召开的第 17 届东盟峰会上通过了《东盟互联互通总体规划》，这个规划的实施深化和扩大了东盟的产业分工和销售网络，并且缩小了东盟内部的发展差距，从而增加投资、贸易和就业的机会，使东盟各成员间的经济联系和人民联系更加紧密。2015 年 12 月 31 日东盟共同体正式成立，《东盟互联互通总体规划》在这个过程中发挥了重要的作用。

第二章

孟中印缅毗邻地区互联互通的发起、共识和意义

　　互联互通是国际区域经济合作的重要内容之一，也是区域经济社会发展的必要条件和基础，没有交通、信息、通信、物流的通畅，没有服务于物流、人流、信息流的制度安排和体制机制对接，实质意义的区域合作是无法开展的。孟中印缅毗邻地区连通性问题是历届孟中印缅地区经济合作论坛讨论的议题之一。该论坛于 1999 年由中国云南和印度的智库机构发起，在昆明举行了第一届会议，四国代表签署了《昆明倡议》，呼吁四国在毗邻地区推动交通的互联互通、贸易与投资、旅游及合作机制等领域的合作。至今，孟中印缅地区合作论坛仍在延续，对于互联互通的研究也在继续。2013 年 5 月和 10 月，中印两国总理实现年度互访，在双方的联合申明中，首次共同提出建设孟中印缅（BCIM）经济走廊，并且提出了具体的实施步骤。再一次把互联互通上升到经济走廊的层次，赋予了国际区域经济合作的内涵。

第一节　孟中印缅毗邻地区互联互通的发起和研究成果

　　孟中印缅地区互联互通是从学术界的超前研究后发起的，20 世纪 90 年代初，以云南社科院为主的云南学术界就开始对中国西南与环孟加拉湾国家经济合作、亚洲大陆桥、开辟印度洋出海通道等课题进行了研究。这一系列的研究推动了孟中印缅互联互通的发起。

一　孟中印缅毗邻地区互联互通发起的背景

　　孟中印缅四国毗邻地区现代意义上的互联互通的探讨是发起于 20 世

纪 90 年代末，1997 年云南省社会科学院派出了云南省第一个学术代表团
访问印度，与印度智库研究机构、著名大学、外交部东亚司和旅游部门等
就地区经济合作、旅游合作和文化交流进行了广泛的讨论和交流。1998
年云南省社科院邀请了两位印度智库机构的重要智囊人物到云南访问，受
到了省领导的接见，并与有关部门探讨经济合作、交通建设、民族政策等
印方感兴趣的问题。他们对云南的热情和友好留下了美好印象，表示要对
推动印度与中国西南，尤其是云南的合作做出最大努力。1998 年 11 月，
印度新德里中国问题研究所、印度政策研究中心在新德里举办了"印中
地区合作与发展研讨会"，邀请了中国云南省和四川省派出的学术代表
团。印度和云南方面提出在昆明举行地区经济合作研讨会的意向。1998
年 11 月 28 日，在印度阿萨姆邦高哈蒂发布的《阿萨姆论坛报》上有一
篇题为"东北各邦将动员中央重开史迪威公路"的文章中提到，该邦已
经决定向中央政府提交一份东北各邦关于开通史迪威公路的联合建议。
1999 年 3 月印度中国研究所又邀请云南省领导率团参加在海德拉巴大学
举办的国际会议，并访问了印度前总理、计划部、商务部等高官，再次推
动双方高层领导会见商讨中印关系、印度与云南的经贸合作问题。1999
年印度一个摄制组到云南拍摄《重访史迪威公路》电视片。中印双方学
界在 1998—1999 年不到一年的时间相互交流如此密集，并积极探讨该区
域的经济合作，这是历史上少有的。

　　1999 年 8 月 15 日，在中印双方学者的努力下，成功举办了第一届孟
中印缅地区经济合作与发展大会，此次会议的最大成果签署了《昆明宣
言》，标志着孟中印缅四国开启了毗邻地区合作的进程。通过不断的研
讨，达成了共识，对推动四国航线开辟、贸易通商、陆路考察、人文交流
等发挥了积极作用。

二　孟中印缅地区合作论坛成果

　　孟中印缅地区经济合作论坛是由中国云南与印度的智库机构共同发起
的旨在推动四国毗邻地区经济发展、社会稳定而开展合作的一个对话平
台，这是四国有史以来第一个以推动合作与发展为主要目标的论坛。自
1999 年 8 月第一届会议在昆明隆重举行至 2013 年 2 月，该论坛已轮流在
四国召开了 12 届会议。论坛的目的是通过加强四国毗邻地区的经济合作，
改变 BCIM 这一次区域贫穷落后的面貌。历届论坛都围绕四国毗邻地区的

交通连通性、贸易与投资、旅游合作以及合作机制等问题展开讨论。四国取得的重要共识就是希望这一地区相互开放，使历史上的传统贸易通道和贸易方式提升为适应现代化运输的便利化的交通能源通道、物流通道、信息通道和人流通道。以此扩大这一地区的贸易量、人流量，扩大人民之间的往来，增进相互了解，为这一地区四国人民带来福祉。除经济领域的合作外，加强社会发展问题的研究，如，贫困、妇女发展等问题，以及这一地区共同面临的毒品、艾滋病、非法移民、非法走私等非传统安全问题也是四国希望加强合作的领域。教育、科学、文化、学术等人文交流和民间交流也成为各国希望优先开展合作的领域。

15 年来，该论坛对推进中国和云南与印度、缅甸、孟加拉国经贸合作、文化交流发挥了积极的作用。论坛的主要成果反映在论坛的"倡议""声明"或"宣言"中，这是各届论坛会议的重要文件和历史记录。论坛的重要文件有：《昆明倡议》《达卡宣言》《第四届会议声明（仰光）》《昆明合作声明》《德里声明》《达卡声明》《内比都声明》《昆明联合声明》《加尔各答联合声明》《达卡联合声明》《仰光声明》等。

第二节　孟中印缅在互联互通方面的共识和各国的研究

孟中印缅四国在互联互通方面有较高的共识，在历届论坛会议上，交通的连通性都是一个重要议题。各国的研究提供了丰富的成果，并在具体推进上和线路选择上各有不同。

一　孟中印缅四国论坛关于交通互联互通的共识

孟中印缅论坛在交通连通性的前期研究是由孟加拉国为主持方[1]。第3 届论坛会议《达卡声明》（2002 年，达卡）进一步强调了改善交通联系、促进货物和人的便捷流动对提高这个地区在全球经济中竞争力的重要性。同时这也将促进旅游业的发展和人们的相互了解。第 4 届会议《仰

---

[1]　第六届论坛会议同意每一个牵头项目的国家每两年变换一次。第七届会议孟加拉国将负责贸易项目，中国负责交通项目，印度负责组织机制项目，缅甸负责旅游项目。

光声明》（2003 年，仰光）强调了连接孟中印缅地区间交通等基础设施的重要性，并且把促进地区内贸易作为地区经济合作发展的主要动力。论坛突出了需要通过缩小四国之间存在的差距和推动低水平部门的发展，使联系四方的基础设施协调发展，同时开始研究一些通关的便利措施。第 5 届会议《昆明合作声明》（2004 年，昆明）提出，积极探讨开展本地区公路和铁路运输合作，改善区内交通基础设施。举办自驾游活动和汽车拉力赛，开辟直达航线，增本本地区人员和贸易往来。

第 6 届会议对航空、公路、铁路和水上交通连接的讨论，《德里声明》（2006 年，德里）表明有必要立即改善交通基础设施。各国能胜任的机构需要相互合作以一个工作小组去准备一份昆明—加尔各答经缅甸和孟加拉国的多模式交通连接可行性研究供政府考虑，以及多形式金融机构提供资金的可能性。交通连接应该与亚洲公路网和泛亚铁路的走向一致，这两个路网是亚洲陆路交通基础设施项目的一部分，是由联合国经社理事会开发的，交通应连接四国的主要生产和商业中心。昆明—加尔各答汽车拉力赛将在 12 个月内组织，牵头组织者指名为中国方面。各成员国已经同意获得必要的批准和来自各国政府和其他组织的支持。他们也鼓励各自国家的参与。陆路货运路线也将研究。政府和航空公司将采取实际步骤改善航空的连通，如，在达卡、高哈蒂、加尔各答、昆明和曼德勒之间，以及和四国的其他城市通航。至少在短期内急需使其中的一些运力投入运营。在下一次论坛上，将提交 BCIM 地区和中印毗邻地区开发航空和陆路连接的更综合的建议。

第 7 届论坛（2007 年，《达卡声明》）在加强通道建设方面，四国认为，由于孟中印缅地区现有的交通基础设施可以将彼此迅速连接起来，即将举行的汽车拉力赛有望对此起到进一步的促进作用。会议决定，当前的工作重点应放在以下几个方面：（1）四国应按照"亚洲公路"的技术标准，优先考虑改善目前已有道路或其他可供选择道路的路况；（2）改善出入境便利化措施，促进实现车辆、物资和人员的无间断、无转乘过境。四国应借鉴亚洲开发银行在"孟加拉湾多部门技术和经济合作倡议"中对地区交通问题研究的做法，对此问题开展研究。（3）优先考虑完善泛亚铁路在四国境内的缺失路段。

第 8 届论坛（2009 年，《内比都声明》）提出，增强交通互联互通。考虑到四国之间目前已经具备或多或少最基本的互联互通条件，会议重申这方面的工作重点应该是：（1）根据亚洲公路网的标准和要求，进一步改善已有的和候选的优先路线；（2）采取便利措施促进各口岸之间车辆、货物和人员的无障碍流动（减少转口障碍）；（3）完成亚洲铁路网孟中印缅缺失路段的建设；（4）继续扩展本地区的航空联络线。

第9届会议（2011年，《昆明联合声明》）讨论了现有的和潜在的航空、公路、铁路和水运路线，以加强区域内互联互通。会议回顾了目前所取得的进展，讨论呼吁成立联合工作组，采取各种手段进一步改善互联互通基础设施。会议同意整体推动改善区域互联互通建设，重点构建昆明—曼德勒—达卡—加尔各答经济走廊。

第10届论坛（2012年，《加尔各答联合声明》）表明，所有与会者对汽车集结赛路线考察小组成员表示祝贺，他们在此次会议之前完成了路线考察任务，这是孟中印缅合作精神的体现。该小组建议，在2013年举行从加尔各答到昆明的汽车集结赛。论坛建议，比赛应配合下一次会议来举行，最终的目标仍然是使整个地区的多模式联运系统实现无缝连接，需要各自政府更进一步地推进基础设施建设和跨境手续便利化，双边和多边援助应考虑区域内的项目。可以共同努力争取国际发展机构的资源，区域内的智库机构可协助提供技术支持。

第11届论坛（2013年，《达卡联合声明》）注意到孟中印缅地区缺失起码的多模式交通互联互通设施。因此，论坛重申发展多形式交通的重要性，强调本地区道路、铁路、水运和航空的协调发展。孟中印缅各国都将能够在可能的贸易和运输线路上实施贸易及转口贸易协定及互惠协定得益。在推动孟中印缅地区合作中，对基础设施投资应是一个关键的领域。孟中印缅政府应该在发展共同认定的项目上，调集资源，引入多边的和区域发展机构来为认定的跨境基础设施提供资金和技术支持，并发挥主导作用。论坛注意到孟中印缅各国都十分关心能源安全。在这一方面，论坛认为这一地区有共同开发自然资源，共同在能源领域投资以及跨境能源贸易的重大机会，各方应就此开展合作。

二　孟中印缅四国对交通互联互通的研究

（一）孟加拉国的研究

孟加拉国方面认为，全球化进程也意味着竞争的愈加激烈，这反过来要求更有效的交通运输措施以降低时间和成本。高效的交通运输系统对外国直接投资有着直接的影响。享有完善的交通运输及通讯系统的国家比那些基础设施和服务薄弱的国家更能够吸引外国直接投资。到目前为止，海洋运输已成为国际连接的主要便利手段。不过近些年，陆路交通运输在连接各国方面也扮演着越来越重要的角色。在亚洲，关于陆地交通连接的许多双边和多边倡议在20世纪50年代曾被提出，而且，在部分次区域地区已取得了实质性进展。由于各种历史、政治以及经济方面的原因，各种地面交通网在亚洲一些地方仍处于分散不完整的状态，其在区域/次区域层面作为经济增长动力的潜能没有广泛实现。尽管有基本的基础设施和设备，这是为了实现互利的区域内部及区域之间的交通连接，而在许多国家这些连接已存在。但是，与东亚和东南亚以及一些经济次区域地区形成鲜明对比的是，南亚仍未在经济合作和整合方面取得重大进展，用经济术语讲就是：仍然是世界上较为"内部分离"的次区域之一（拉马图拉，Dr. M. Rahmatullah，2002）。印度曾是"亚洲公路"和"泛亚铁路"最早的成员国。之后，中国于1988年、缅甸于1989年加入此计划。亚洲陆运基础设施开发项目于1992年被亚太经社会成员国认可，这包括"亚洲公路"和"泛亚铁路"项目，还增加了一个新的项目，即"国际交通便利措施"。这是为了确保边境运输的顺利，运输连接和基础设施建设开发只是其中的一部分。要维持跨国运输网络，急需的是在边境采用高效的便利化措施。

"泛亚铁路"网已规划覆盖这些成员国。可是，沿线尚有些部分还未连通。在铁路连接尚未完成时，缺少部分可由现有的公路运输弥补。"泛亚铁路"网有五种不同的轨距标准，因此，在轨距连接的中断部分就要求货物转运。不过，当今时代技术高度发达，多数货物都用集装箱运输，因此这样的轨距差异将不会造成任何困难。

在第11届论坛上，孟加拉国方面认为，经过自《昆明倡议》以来13年的研讨，存在三条主要的公路选线。北线、中线、南线。如果要快速连通四国公路，中线是最有希望的选线。如果要连通深海港口，则南线更有前途。三条线比较，北线的道路条件最差，大部分是土路，一些路段没有桥，因为有些道路就在江河水面上，尽管开发比较昂贵，但它是连通中印间最短的路线。这条路线的问题在于缅甸国内存在的民族矛盾和国家整合问题。

中线是四国汽车集结赛走过的路线，也是亚洲公路网规划路线。昆明—瑞丽 773 公里由高速路和高等级路组成，有非常好的路面质量。瑞丽（木姐，Muse）到曼德勒 451 公里有两车道可加速路，但木姐到腊戌（Lashio）段有一些坑洼、斜坡和裸露的路面。曼德勒（Mandalay）—葛里（Kalay）：曼德勒到蒙育瓦（Monywa）是软路肩两车道，但是蒙育瓦到葛里，虽然是两车道，但有无数的坑洼、斜坡和裸露的路面。在一些路段还有滑坡转入单行道。这个部分有 22 座木制的桥。葛里到德木（Tamu）/莫雷（Moreh）是非常好的两车道公路和软路肩，有 4 座木制桥。德木—因帕尔（Imphal）：两车道可加速路，但有几个坑洼、斜坡和毁坏的路面，可见到一座木制桥。因帕尔到苏达甘地（Sutarkandi）：两车道路，质量较差，无数的坑洼、斜坡和毁坏的路面。一个路段没有任何硬路面，有几座木制桥。苏达甘地—锡尔赫特（Sylhet）—达卡（Dhaka）：两车道，非常好的道路质量，在进入达卡的加特拉巴里（Jatrabari）交通拥堵。达卡—杰索（Jessore）—班纳普（Benapole）佩特拉浦（Petrapole）：四车道公路上到纳比纳伽（Nabinagar），在萨洼（Savar）是两车道，很好的道路质量，在帕德玛河（Padma river）摆渡。佩特拉浦（Petrapole）—加尔各答（Kolkata）：两车道有好的路面，但是很拥堵。

孟加拉 1988 年已向联合国亚太经社会建议取代早些时候设计的"亚洲公路"路线（该路线通过迪纳吉浦尔（Dinajpur）—高哈蒂（Gawahati）—西隆（Shillong）），更直接的新路线位于经过孟加拉境内奥斯特拉格拉姆（Austagram）和锡尔赫特（Sylhet）到印度卡里姆甘吉（Karimganj）再到因帕尔（Imphal）之间。从锡尔赫特前往孟加拉境内的"亚洲公路"均按"亚洲公路"标准Ⅱ及标准Ⅲ修建成两车道的沥青路面。经新近建成的 Bangabandhu（邦噶邦德）大桥通过贾木纳河（Jamuna）以后，"亚洲公路"便分成"亚洲公路"A1 和"亚洲公路"A2。A1 线朝西南方向到加尔各答（Kolkate），A2 线朝西北方向到尼泊尔。同时，向前从孟加拉至印度"亚洲公路"的连接部分总的都好，孟加拉境内的边境点佩特拉浦（Petropole）与加尔各答（Kolkate）之间的路段仍为 5.5 米宽的沥青路，目前正在升级改造。

.南线是中国云南和索纳迪亚深水港之间最短的直线通道。从昆明到密铁拉（Meiktila），这条路是用现存的亚洲公路（中线）。从密铁拉（Meiktila）到萄格波（Tauhgbro），是现存的单行道，约 600 公里，需要提升为两车道沥青路面。孟加拉国国家 1 号公路沿吉大港到科克斯巴扎公路连接深水港要修建 40 公里公路。同一条路可以通过古墩（Gundum）连接缅甸。孟加拉一直对这条连接"亚洲公路"的南线感兴趣。该路线向南从吉大港（Chittagong）到台克纳夫（Teknaf），然后穿过纳夫河（Naaf）及缅甸的若开（Rakhine）到缅甸。为了促进边境贸易，孟加拉需要通过此条路线建立与缅甸的直接交通连接。他们希望该路线能与"亚洲公路"的仰光（Yangon）—曼德勒（Mandalay）相连。缅甸依靠其国内资源已在修建仰光（Yangon）至若开省（Rakhine）省会实兑（Sittwe）的公路。该公路经过一段非常复杂的地带，且在二战中全线有些部分被用于服务军事目的。该公路最近已改造成全天候的铺设路面。从实兑（Sittwe）到缅甸边境的孟都（Maungdaw）的部分也已修成公路。这条南线在促进连接孟缅贸易方面应该极为有用。令人鼓舞的是，为了提供跨越纳夫Naaf 河与边境孟都（Maungdaw）镇的最短距离连接，孟加拉在台克纳夫（Teknaf）建起了一个内河港口。新港作为两国间大量进出口物资的通道。孟加拉还在缅甸境内修建着一条沿海的航运线。

在本地区内的泛亚铁路情况：缅甸没有连接南亚、东南亚和云南的铁路。印度—缅甸有 315 公里的缺失路段，其中葛里到德木 135 公里，德木到吉利布 180 公里，其中 98 公里吉利布—因帕尔宽轨线已在建。缅甸—云南省 858 公里缺失，其中木姐到腊戌 232 公里。云南境内瑞丽到下关626 公里。一条新的铁路从建议的多哈扎里（Dohazari）—拉姆（Ramu）—科克斯巴扎（Cox's Bazar）铁路主线在建，从拉姆（Ramu）—乌开（Ukhia）—古墩（Gundum）28 公里，未来可以连接缅甸。

关于航空运输连接，孟方认为，为促进孟中印缅四国间的贸易和旅游，在这些国家和地区的重要地方需要有直接的航空运输连接。除四国首都之间的航空运输连接之外，考虑以下航线的连接会很有益：昆明—曼德勒（Mandalay），昆明—达卡（Dhaka），昆明—高哈蒂（Guwahati），等等。同样，锡尔赫特（Sylhet）—高哈蒂（Guwahati），吉大港（Chittagong）—仰光（Yangoon）等地的连接也可以考虑。

关于水路运输连接，孟中印缅水陆交通连接开发潜能的分析显示这种模式只可能在两对国家之间开发，即，云南（中国）—缅甸，缅甸—印度，以及孟加拉国—印度。

（二）中国的研究

中方学术界关于这一地区的交通通道研究最早见于古代南方丝绸之路

和近代对外交通史的研究，大体上分为三个阶段：第一阶段是 20 世纪 90 年代以前，多从历史的角度对南方丝绸之路的历史与文化联系、抗战交通史等开展研究。具有代表性的研究有，《中国战时交通史》，商务印书馆（1946 年）。《中印缅道初考》，中华书局（1948 年）。《川滇缅印古道初考》，载《中国社会科学》（1981 年）。《南方丝绸之路文化论》，云南民族出版社（1991 年）。第二阶段是 90 年代开始从对外开放的角度探讨恢复历史上的多条陆路通道以促进毗邻地区边境贸易的发展和民族之间的交流。代表作有，《云南对外交通史》，云南民族出版社（1997 年）。《中国西南对外关系史研究——以西南丝绸之路为中心》，云南美术出版社（1994 年），1992—1995 年云南学术界开展了亚洲大陆桥研究、环孟加拉湾周边国家经济合作研究等课题。第三阶段是 2000 年以来，围绕云南连接东南亚南亚国际大通道的研究和孟中印缅的互联互通研究一直没有中断过，并且已经开始了道路考察。代表作主要有，《跨世纪的中缅印通道》，云南人民出版社（2005 年）。《中国云南与印度：历史现状和未来》，云南人民出版社（2006 年）。《滇缅公路》，作家出版社（2006 年）。《雷多公路》，人民出版社（2008 年）等。就推动交通能源、物流、通信，以及旅游和人文交流对本地区经济发展的意义，尤其是陆路交通进行了研究。2000 年由云南省社科院组成的学者小组在印度阿萨姆邦时任交通部长的安排和陪同下，考察了史迪威公路印度段。这是中国人第一次考察印度境内的史迪威公路。2003 年由云南保山组成的考察组第一次走通了史迪威公路中缅段。2008 年保山再次组成了路考团实地考察了史迪威公路中缅段。一些重要成果不断出版发表。在孟中印缅地区合作论坛上中方发表了《加强合作　共建运输通道　促进区域经济快速发展》（2007 年，第 7 届 BCIM 论坛）、《加强地区连通性促进贸易便利化》（2009 年，第 8 届 BCIM 论坛）、《加强孟中印缅地区的交通连通和交流》（2013 年，第 11 届 BCIM 论坛）。

中方的主要观点是：

1. 云南与缅甸边境长度达 2000 多公里，通过缅甸可到达孟加拉国和印度。四国毗邻地区民间互联互通有悠久的历史，古代南方丝绸之路、近代滇藏印茶马古道、二战时期的史迪威公路等早已把孟中印缅毗邻地区各族人民联系在一起，多条陆路通道成为这一地区互通有无、民族迁徙、文化交流的通道。在当代全球化、区域一体化浪潮的推动下，特别是进入

21 世纪以来，孟中印缅四国关系稳步发展，持续向好，地区的依存度增强，经济互补性日益明显，孟中印缅四国毗邻地区渴望推动陆路交通发展来带动本地区的边境贸易、过境贸易、转口贸易发展。

2. 关于陆路交通的连接，中国方面主要是以云南省的专家学者研究为主。中国云南对缅甸已开通了国家一、二类口岸 11 个，云南通往缅甸的主要公路有昆明—大理—怒江—片马；昆明—保山—腾冲—猴桥通往缅甸密支那；昆明—大理—保山—腾冲—盈江—拉邦通往缅甸密支那；昆明—大理—保山—瑞丽—姐告通往缅甸曼德勒；昆明—保山—镇康—南伞通往缅甸曼德勒；昆明—祥云—临沧—孟定通往缅甸曼德勒；昆明—祥云—临沧—沧源通往缅甸曼德勒；昆明—玉溪—思茅—孟连通往缅甸曼德勒；昆明—思茅—景洪—打洛通往缅甸东枝、曼德勒①。这些通道都分布在云南西南、西北与缅甸 2000 公里的共同边界沿线上。有以下三个方向可以通过缅甸与印度和孟加拉国相连。

中线：四国相互连通的线路。昆明—瑞丽（中缅边境）—缅甸曼德勒—葛礼瓦（Kalewa）——德木（缅印边境口岸）—印度因帕尔—道基（Dawki，印孟边境）—孟加拉国达卡—班那普（Benapole，孟印边境）—印度加尔各答，全长约 2800 公里。这是亚洲公路网规划的路线，全程通路，公路等级在各国不一。经印缅口岸德木—莫雷进入缅甸的"印缅友谊路"已于 2001 年开通。

南线：连接孟缅中三国的线路。中国昆明—中缅边境口岸瑞丽（缅甸木姐）—曼德勒—马圭—实兑—孟都（缅孟边境口岸）—孟加拉国台克纳夫—吉大港，全程约 1900 公里。除缅甸曼德勒到孟都段不是亚洲公路网规划路线外，其余路段属于规划路线。

北线：中缅两国连通的线路。与历史上的史迪威公路同一走向。中国昆明—中缅边境口岸腾冲—缅甸密支那—缅印边境班哨山口（Pangsau Pass）—印度雷多（ledo）—高哈蒂（阿萨姆邦首府）。全程 1300 公里。北线是连接中印最短的线路。2007 年"中缅友谊路"腾冲—密支那公路开通。目前，史迪威公路必经之地班哨山口的印缅口岸未开通，只有中缅口岸猴桥/甘拜地（Kambaiti）口岸开通。

铁路：目前这一地区铁路不对接，除印孟之间有铁路连接外，中缅、

---

① 孟中印缅地区合作论坛第七届会议上中方的论文。

孟缅、印缅都没有铁路连接。东盟有三条路线进入中国昆明：东线、中线和西线。东线从越南进入，经河口到昆明；中线从泰国进入，经尚勇、磨憨、玉溪到昆明；泛亚铁路西线：泰国曼谷—班塔通纳（Ban Thimonghta）—缅甸耶城（Ye）—仰光（勃固 Bago）—腊戌（Lashio）—云南瑞丽—昆明铁路。中印缅孟的铁路线是泛亚铁路西线的延伸。

航线：中国昆明—缅甸曼德勒、仰光已通航。中国昆明—孟加拉国达卡航线已于 2005 年开通。中国昆明—印度加尔各答航线于 2007 年开通。中国昆明—尼泊尔加德满都的航线也于 2009 年开通。中国昆明—科伦坡、马累航线 2010 年开通。

3. 加快孟中印缅交通合作步伐的建议。实现孟中印缅地区贸易便利化的前提条件是地区连通性。一是要加强公路网的建设合作。在孟中印缅（BCIM）交通合作机制下，共同协商，充分利用目前已形成的国家公路网络，对地区间公路基础设施的建设，尤其是需要新修和改建路段，本着先接通，后提高标准的原则，从规划到实施，给予重视及考虑。可以采取双边及多边的合作方式，以 BOT 等多种建设形式，尽快打通公路通道。建议在专家学者们提出的连接中国云南—缅甸—孟加拉—印度四方的公路通道方案中，与亚洲公路网对接，组织四国陆路通道联合考察，孟中印缅各国本着务实的态度，对陆上运输通道进行实地踏勘，准确掌握通道等级、通行能力、营运里程及建设方式等，为启动通道建设奠定基础。中线方案已经实施了汽车集结赛，应继续开展四国昆明—加尔各答自驾车旅游活动或汽车拉力赛等活动，并推动中线建设。二是要逐步推进铁路连通。优先建设泛亚铁路西线中国瑞丽—缅甸腊戌铁路。开展中缅陆水联运八莫港建设。三是要建立孟中印缅交通合作机制，确定合作目标及合作项目。在孟中印缅经济合作框架下，建立国家间的交通合作机制，统一认识，确定近期、中期和远期合作目标及具体合作项目，将孟中印缅地区交通合作的设想付诸行动。

（三）印度的研究

印度方面从第一届孟中印缅论坛开始，就强烈地呼吁重开史迪威公路（也称中印公路、中印缅公路），时任印度阿萨姆邦交通部长斯里普瑞迪普·哈扎里卡与阿萨姆邦的国会议员带领该邦的官员、企业界人士和媒体人士参加了第一届会议，他们带来了一个信息，即邦政府已经决定向中央政府提交一份东北部各邦的联合提议：开通史迪威公路。这个决定是为了增进包括沿边境贸易在内的与邻国之间的贸易。印度东北部方面认为，史迪威公路总长 1079 英里（1726 公里），与中缅两个邻国连接，据他们的统计，从印度雷多到班哨山口（印缅边界）38 英里（61 公里），班哨到中国畹町 431 英里（690 公里），畹町到昆明 610 英里（976 公里）。这条公路一旦开通，这一地区的整个贸易将是一个新格局，印度与邻国的关系特别是与中国的关系将改善。由于印中、印缅非法的边境贸易，印度东北部损失了数千万卢比，这条路的开通将有助于控制这一局面。这条路的开通也有助于控制反叛武装利用森林的优势作为据点。

印度方面对于陆路通道中线一直持积极态度，中印两国领导人 2006年 11 月在印度发表的《联合宣言》中提出"双方对孟中印缅地区经济合作论坛建议组织的加尔各答—昆明（经过孟加拉国和缅甸）公路汽车拉力赛表示欢迎"的建议。并提出加强现有的边境贸易，同时继续探讨在中印边境地区增开贸易路线的可能性。这是互联互通从论坛层面上升到中印两国层面的一个突破性的进展。2012 年、2013 年印度与中国方面携手推动昆明—加尔各答、加尔各答—昆明两次路考和汽车集结赛。由印度工业联合会（CII）与中国云南省国际区域合作办及孟中印缅论坛秘书处联合举办了上述两次活动。这是四国的世纪创举，得到了沿线人民的热烈欢迎。中线也是印度和东盟国家的陆路连接印缅泰高速路规划路线，即通过曼尼普尔邦与缅甸接壤的陆路口岸（德木）进入缅甸，再从东南方向连接其他东盟国家。

印度阿萨德亚洲研究所、印度中国研究所、加尔各答大学等学术机构15 年来举办了"南方丝绸之路的历史和现状""重建史迪威公路：前景和问题""孟中印缅：次区域合作与周边地区发展"等国际学术讨论会，出版了多种书籍和研究成果。2003 年 11 月 29—30 日印度阿萨德亚洲研究所资助，在阿萨姆邦迪布鲁格尔大学召开了"重开史迪威公路——前景与问题"的国际学术会议。来自各学科和管理部门的代表，包括政府部门、私营企业、贸易金融界的专家学者参会，这次会议对史迪威公路的经济前景、印缅边贸协定、史迪威公路的旅游发展前景、重开史迪威公路与印度东北部的工业矿业发展前景、印度与缅甸的安全问题和贸易关系、解决印度东北部叛乱问题的前景、昆明倡议下的孟中印缅贸易和经济合作、史迪威公路从军事工程伟业到经济合作走廊等各个不同方面进行了讨论。25 篇论文提交会议并交流，2004 年出版了《重开史迪威公路：前景和问题》论文集。2014 年 11 月 27—28 日在印度东北部梅加拉亚邦由印度社会科学理事会东北区中心和内政部主办的孟中印缅次区域合作与周边地区发展国际会议，邀请了来自中国、印度、孟加拉国、缅甸的学者就孟中印缅与中印关系；孟中印缅：各国的展望；孟中印缅和次区域合作；孟中印缅：贸易、投资与发展；孟中印缅：制度与结构框架；孟中印缅与周边地区发展等议题进行了热烈地讨论。印度世界事务理事会主席在开幕式上致辞。

应该说印度智库和学术界的重要智囊人物和专家学者 15 年来不断把研究成果上升为影响政府的决策咨询成果，得到了印度外交部、驻华使领馆等高层的认可，这是印度智库和学者的重要贡献。

（四）缅甸的研究

缅甸早在 2000 年就发表了《缅甸、中国、印度和孟加拉四国之间陆路交通、空运，电信的发展》一文①，指出缅甸占据着四国之间通过公路、铁路和航空进行多边贸易的战略位置。而且，缅甸还与印度和孟加拉共享领海。所以，缅甸拥有与三国进行贸易的有利条件。四国之间的公路运输、空中运输和电信的发展不可或缺，但不能过分强调经贸发展过程中运输和通信的重要性。固定的游客量、各国人民之间的联系和通畅便捷的投入资金流、原材料流和成品流也是经济发展的必要条件。现在从中国进入缅甸以及通过缅甸进入印度和孟加拉的入关手续繁多。有必要重点探讨从木姐出发通往印度和孟加拉的线路开放问题。

缅甸不仅是孟中印缅 BCIM 的成员，也是东盟 ASEAN、孟加拉湾多领域经济技术合作组织 BIMSTEC、大湄公河次区域 GMS 等区域和次区域合作组织的成员，缅甸承诺与这些区域和次区域组织合作。从这一地区的合作前景看，没有顺畅的交通连通，对于各国已经同意的贸易、旅游准则的落实是一个巨大的障碍。相信在这个概念下，缅甸已经以自己有限的资源在全国建设新公路和桥梁，缅甸已经加入双边、三边或区域交通协定，有意愿去推动与邻国的交通连接。加大四国交通部门合作的力度，整个经济合作将活跃起来，交通连通的增强对于提升区域经济合作具有重要作用，而且优良的交通连通将促进四国投资合作。缅甸由于其地理区位的优越，可以在孟中印缅地区未来的交通通信的发展方面发

---

① 孟中印缅地区合作论坛第二届会议上缅方的论文。

挥重要作用。

2009 年缅甸又发表了《推动区域互联互通促进贸易便利化》一文①。认为当今全球化正在对世界各国产生影响。全球化的力量在某种程度上已经超越了任何国家的界限，区域合作日益显现出其应对全球化挑战的能力。特别像亚洲这样的经济有活力的地区，经济的一体化日益产生影响。在亚洲已有几个基础设施规划正在进行。如，在联合国亚太经社理事会下，亚太成员国已经采取了一些前期步骤和措施推动亚洲公路网和泛亚铁路和跨国流动的便利化。进一步加强孟中印缅国家的交通连通可以已经认定的这个基础网络为基础。当前，在"昆明倡议"框架内的"二轨"机制是一个识别四个毗邻国家经济互补性和发展合作问题的有效途径。

在交通方面，缅甸在次区域地区具有战略区域优势，为了推动商品和人员的流动，有必要推动成员国之间的高效率的交通连通。缅甸有公路连接中国、泰国、印度和孟加拉国。云南省是中国西南通过亚洲公路网（AH14）和泛亚铁路（TAR）最直接连接其他 BCIM 国家的地区。主要有四种潜在的交通模式可以提供四国间的直接联系，即公路交通、铁路交通、航空运输、海运。

缅甸认为，加大四国交通部门合作的力度，整个经济合作将活跃起来，交通连通的增强对于提升区域经济合作具有重要作用。而且优良的交通连通将促进四国投资合作。缅甸由于其地理区位的优越，可以在 BCIM 地区未来的交通通信的发展方面发挥重要作用。既然贸易是很多国家发展的驱动力，BCIM 论坛成员国应该采取步骤进一步使贸易便利化，以推进经济社会发展。最后同样重要的是自从 BCIM 论坛开始提出通过合作使 BCIM 论坛成员国经济一体化到现在，已经走过了 10 年。其将有能力为这一次区域人民建设美好的未来，相信这个目标将通过整个地区进一步的互联互通的经济和贸易关系的增强得以实现。

对缅甸来说，边境贸易是 BCIM 经济合作的主要推动力。当前边境贸易在论坛的四个成员国中展开，根据每年的边境贸易量的增长情况，它为边境地区人民带来了可观的收益。大部分边境贸易是在木姐，这是靠近中国云南省的缅甸贸易小镇。缅甸政府也沿孟加拉国、印度和泰国建立了边贸口岸。一个广泛认同的观点是边境贸易是跨境贸易和沿海国家间贸易的

---

① 孟中印缅地区合作论坛第八届会议上缅方的论文。

第一步，边境贸易也为 BCIM 论坛地区的人民带来了相互联系，增进相互理解和友谊的机会。通过提升区域交通连通性，边境贸易会有很大的潜力去增加更大的国家间贸易，从一个国家通过第三国带来或者售出商品。由于缅甸的战略地位，它可以成为印度与中国和孟加拉国的过境贸易国家。举例来说，莫雷—德木—葛里瓦公路可以连接印度、缅甸和中国，可以成为一条贸易路线，从边境贸易开始，BCIM 论坛成员国可以寻求其他经济合作方式，利用交通走廊作为经济走廊。

缅甸欢迎在 BCIM 论坛成员国之间发展铁路交通，最终弥补铁路网的缺失路段，以促进双边贸易和次区域贸易发展。缅甸将与邻国合作实施一体化的区域铁路战略。由于铁路的资本密集型性质，缅甸不会优先投资这一国际连通的建设项目。

公路连接：缅甸提出，为了与亚太经社理事会（ESCAP）规划的亚洲公路网相连接，又考虑缅甸的实际，缅甸提出三条修改路线：

路线一：泰国—缅甸—印度走向：南—西北线。高当（Kawthoug）—德林达依（Taninthayi）—墨吉（Myeik）—土瓦（Dawai）—耶（Ye）—木冬（Mudon）—毛淡棉（Mawlamyine）—莫塔马（Mottama）—直通（Thaton）—登扎亚（Theinzayat）—滚泽（Kwinzeik）—冬扎达伊（Donzayit）—瑞琴（Shwegyin）—皎基（Kyaukkyi）—坦达宾（Htantabin）—奥特温（仰光—曼德勒高速）（Ottwin）漂贝（Pyawbwe）—皎勃东（Kyaukpadaung）—蒲甘（Bagan）—列班奇（Letpanchebaw）—巴科库（Pakokku）—列色甘（Letsegan）—林嘎多（Lingataw）—切斯德（Kyethtet）—波里（Pale）—因马宾（Yinmabin）—昌马（Chaungma）—蒙育瓦（Mouywa）—葛礼瓦（Kalewa）—济贡（Kyigon）—德木（Tamu）。这条路线从缅甸最南端高当至毛淡棉之前与路线二不同，在毛淡棉之后，与路线二汇合，成为一个走向，直至德木口岸。

路线二：泰国—缅甸—印度走向：东南—西北线。妙瓦底（Myawady）—高嘎耶（Kawkareik）—文嘎（Winka）—梅达绕（Metharaw）—木冬（Mudon）—毛淡棉（Mawlamyine）—莫塔马（Mottama）—直通（Thaton）—登扎亚（Theinzayat）滚泽（Kwinzeik）—冬扎达伊（Donzayit）—瑞琴（Shwegyin）—皎基（Kyaukkyi）—坦达宾（Htantabin）—奥特温（Ottwin）—（仰光—曼德勒高速）—漂贝（Pyawbwe）—皎勃东（Kyaukpadaung）—蒲甘（Bagan）—列班奇（Letpanchebaw）—巴科库（Pakokku）—

列色甘（Letsegan）—林嘎多（Lingataw）—切斯德（Kyethtet）—波里（Pale）—因马宾（Yinmabin）—昌马（Chaungma）—蒙育瓦（Monywa）—葛礼瓦（Kalewa）—济贡（Kyigon）—德木（Tamu）。这条路线在妙瓦底至毛淡棉之后与路线二走向一致。

路线三：泰国—缅甸—印度走向：东—西北线。大其力（Tachile）—景栋（Kengtung）—孟宾镇（Mongpyin）—滚亨镇（Kunhing）—南散镇（Namhsan）—东枝镇（Taunggyi）—巴延嘎祖村（Payanhazu）—漂贝（Pyawbwe）—皎勃东（Kyaukpadaung）—蒲甘（Bagan）—列班奇（Letpanchebaw）—巴科库（Pakokku）—列色甘（Letsegan）—林嘎多（Lingataw）—夹代（Kyethtet）—波里（Pale）—因马宾（Yinmabin）—昌马（Chaungma）—蒙育瓦（Monywa）—葛礼瓦（Kalewa）—济贡（Kyigon）—德木879英里，1459公里（Tamu）。这条线以大其力为起点，靠近清莱、昆曼公路。缅老泰交界地区，缅甸掸邦，经东枝—皎勃东—蒲甘之后与路线一、二走向一致。

缅印公路连接：在缅甸和印度两个边境贸易口岸德木和瑞可达（Rhikhawdar）有公路连接。虽然在德木和葛里/葛礼瓦已经改造成双向沥青道路，但是连接到瑞可达（Rhikhawdar）的路在雨季很难通行。

铁路连接：缅甸是联合国亚太经合社会理事会发起的泛亚铁路28个成员国之一。缅甸方面认为，国家铁路网，包括新铁路线的更新和建设，可以成为泛亚铁路的组成部分。泛亚铁路有望通过亚洲大陆，也可通过土耳其到中国、新加坡和印度。泛亚铁路28个签字国可以利用各国现存的铁路建设泛亚铁路。

缅甸与孟中印缅论坛成员国没有铁路连接。至于在印度和缅甸之间的区域铁路，2004年10月印度政府安排了铁路技术经济服务公司开展吉利布（Jiribam印度）—莫雷（Moreh印度）—德木（Tamu缅甸）到葛里—曼德勒（缅甸Kalay-Mandalay）铁路的可行性研究。印度的专家团队已经完成了提升曼德勒—葛里现存的铁路线并且建设葛里—德木—莫勒—吉利布新铁路的缺失路段。

在铁路线路选择上，缅甸首选印缅铁路和中缅铁路。缅方认为由于地形和高山的局限，缅甸与孟加拉国通过铁路连接不可行。从长远看，利用缅甸作为陆地桥梁，泛亚铁路可以是孟加拉国与五个东南亚国家、泰国、老挝、马来西亚和新加坡连接，也可与经过土耳其与欧洲国家相连。作为泛亚铁路其中的一部分，印度铁路有望在东北部的吉利布（Jiribam）到近缅甸边界的莫雷（Moreh）建设 350 公里的线路。一旦建成，泛亚铁路项目将通过缅甸把印度与中国连接起来。

缅甸与中国在铁路连接方面有一些合作。2005 年 5—6 月中国政府派出了专家团队对腊戍—木姐的新铁路建设项目进行了可行性研究。仰光—曼德勒—腊戍之间有现成的铁路，如果能从腊戍通到木姐建成新铁路，那么孟中印缅四国间的物流将增长迅速。

航空方面：缅甸在民航部门，新机场建设和旧机场的提升改造已经进行，缅甸现有超过 70 个机场，包括三个国际机场。为了加强地区经济合作，更多的直航在孟中印缅各国可能建立，因为在推动贸易和旅游过程中，航空的连接发挥着重要作用。

缅甸和中国的合作：中缅双方已于 1995 年 11 月 8 日签署了航空协议。中国航空公司运营仰光—昆明国际航班一周两班。如果两国的旅游、贸易和投资比现在增长得更快，那么将有更多的航班，并且航空运输将增加。另外，缅甸还分别于 1997 年 3 月 4 日和 1999 年 3 月 12 日与香港特别行政区和澳门特别行政区签署了协议。

缅甸和印度的合作：两国有航空运输协定，印度航空公司在运行加尔各答—仰光航线，如果经济关系进一步改善，仰光和新德里之间的直航有可能恢复。

缅甸和孟加拉国的合作：1977 年 8 月 3 日，缅甸与孟加拉签署了航空协议。缅甸航空公司目前还没有开通到孟加拉国的航班，同样，孟加拉国航空公司也一度暂停了到缅甸的航班，2013 年再次通航。

水运方面：2003 年 3 月缅甸和孟加拉国签署了海岸运输双边协定，2008 年 6 月 19 日又签署了补充协定。根据这个协定，国际惯例和非国际惯例大小的船只都被允许加入海洋载货运输。目前只有国际惯例大小的船只被允许按照国际惯例参与区域运输服务。因此，只有两个邻国开展了水运。自从缅孟加入了 BIMSTEC，利用水运增加了双边贸易的潜力。同样，印缅正在双方边界开展多模式交通项目。缅甸和印度也共享海洋边界，双边贸易也在利用水运展开。因此，在孟中印缅论坛框架下，缅甸与印度和孟加拉国有良好的交通连通性。由于缅甸有很长的海岸线和海港，特别是在南部的土瓦深水港，正在被开发为连接泰国和越南的交通走廊。缅甸还拥有天然河流系统。主要河流从北到南约 6650 公里，包括伊洛瓦底江

（Ayeyarwaddy）、钦敦江（Chindwin）、卡拉丹河（Kaladan）和萨尔温江（Salwleen）。而且缅甸东北部和东部与中国、老挝接壤，湄公河流经中国、缅甸和老挝到达泰国。为了改善河流运输条件，2000 年 4 月 20 日，中老缅泰在缅甸大其力（Tachileik）签署了澜沧江—湄公河商业航运协议。关于海上运输，缅甸的海上贸易是有国有五星级海运公司和一些外国航运公司承担的。缅甸有很好的港口，如仰光港和缅甸西部若开邦（Rakhine State）的实兑港（Sittwe）。仰光是缅甸重要的外贸中心，而实兑港是与印度、孟加拉国贸易的海港。实兑港在与两个邻国的交通连通方面扮演着重要作用。所以，缅甸考虑南部和西部海岸的深水港项目是未来的投资项目。孟中印缅伙伴国不仅应该利用缅甸的深水港运输货物，而且可以寻求次区域以外的新市场。

卡拉丹多模式跨境运输项目是孟中印缅论坛成员国印度和缅甸交通合作的一个好例子。这个项目将连接印度米佐拉姆邦和缅甸西部若开邦实兑港。从竞争的角度看，卡拉丹河可以航运到实兑港入海，并且对于边界地区的货物和人员的流动都是便利的。由于巨大的潜在利益，越早实施这个项目，将对两个国家都是有利的。因为，卡拉丹河是缅甸主要河流，这条水道的可持续发展需要缅印的合作和协调。

通信方面：缅甸通讯部门中，移动电话系统和最先进的 CDMA 技术正在运行中。而且，亚欧海底电缆通信连接也即将运行，通过使用 10000 多个频道便利 32 个国家间的直接通信连接。

缅中水路运输网线路：主要是瑞丽—八莫高速公路和八莫（Sinkham 新街）港口。这两处通路对缅中公路、水路运输服务是个补充。随着缅中公路运输和水运的引进，中国的货物将能够很快地通过八莫的新街港口到达仰光。这样一来，降低了运输成本，也提升了物流速度。缅甸对印度和孟加拉的贸易通路也将开通。

（五）四国提出的推动交通互联互通的建议

孟中印缅论坛在互联互通方面的建议。前四届会议对连接孟中印缅地区间交通等基础设施的重要性取得了一致的认识，强调了改善交通联系、促进货物和人的便捷流动有利于提高这个地区在全球经济中竞争力，同时也将促进旅游业的发展和人们的相互了解。提出要使联系四方的基础设施协调发展，同时开始研究一些通关的便利措施。

主要建议有以下几点。

1. 开展本地区公路和铁路运输合作，改善区内交通基础设施。举办自驾游活动和汽车拉力赛，开辟直达航线，增进本地区人员和贸易往来（第 5 届会议（2004）《昆明合作声明》）。对航空、公路、铁路和水上交通连接的讨论，表明有必要立即改善交通基础设施（第 6 届会议，2006年，《德里声明》）。

2. 交通连接应该与亚洲公路网和泛亚铁路的走向一致，这两个路网是亚洲陆路交通基础设施项目的一部分，是由联合国经社理事会开发的，交通应连接四国的主要生产和商业中心（第 6 届会议，2006 年，《德里声明》）。

3. 政府和航空公司采取实际步骤改善航空的连通，如，在达卡、高哈蒂、加尔各答、昆明和曼德勒之间以及和四国的其他城市通航（第 6 届会议，2006 年，《德里声明》）。

4. 当前的工作重点应放在以下几个方面：（1）四国应按照“亚洲公路”的技术标准，优先考虑改善目前已有道路或其他可供选择道路的路况。（2）改善出入境便利化措施，促进实现车辆、物资和人员的无间断、无转乘过境。四国应借鉴亚洲开发银行在“孟加拉湾多部门技术和经济合作倡议”中对地区交通问题研究的做法，对此问题开展研究。（3）优先考虑完善泛亚铁路在四国境内的缺失路段（第 7 届论坛，2007 年，《达卡声明》）。

5. 考虑到四国之间目前已经具备或多或少最基本的互联互通条件，会议重申这方面的工作重点应该是：（1）根据亚洲公路网的标准和要求，进一步改善已有的和候选的优先路线。（2）采取便利措施促进各口岸之间车辆、货物和人员的无障碍流动（减少转口障碍）。（3）完成亚洲铁路网孟中印缅缺失段的建设。（4）继续扩展本地区的航空联络线（第 8 届论坛，2009 年，《内比都声明》）。

6. 成立联合工作组，整体推动改善区域互联互通建设，重点构建昆明—曼德勒—达卡—加尔各答经济走廊（第 9 届会议，2011 年，昆明《关于推进 BCIM 地区合作联合声明》）。

7. 建议在 2013 年举行从加尔各答到昆明的汽车集结赛，比赛应配合下一次会议来举行。最终的目标仍然是使整个地区的多模式联运系统实现无缝连接。需要各自政府更进一步地推进基础设施建设和跨境手续便利化。双边和多边援助应考虑区域内的项目，可以共同努力争取国际发展机构的资源。区域内的智库机构可协助提供技术支持。（第 10 届论坛，2012 年，《加尔各答联合声明》）。

8. 关于资金方面的建议。孟中印缅政府应该在发展共同认定的项目上，调集资源，引入多边的和区域发展机构来为认定的跨境基础设施提供资金和技术支持，并发挥主导作用（第 11 届论坛，2013 年，《达卡联合声明》）。缅甸强调区域铁路建设是一个资本密集型项目，BCIM 伙伴国应该首先研究这个问题。

9. 借鉴大湄公河次区域（GMS）《便利跨境客货运输协定》模式，商签运输协定，开展交通运输合作。中方建议，在联合考察和充分磋商的基础上，在 BCIM 交通合作机制下，借鉴 GMS 六国《便利跨境客货运输协定》模式，商签双边或多边的运输协定，最终实现该区域的便利客货运输，促进贸易便利化。《大湄公河次区域便利货物及人员跨境运输协定》（以下简称《协定》），是亚行 GMS 经济合作框架下的重要工作。《协定》主要包括跨境手续、道路标志、运输价格、海关检查、车辆管理等涉及交通运输领域的便利化措施，旨在实现 GMS 六国之间人员和货物的便捷流动，使该次区域公路网发挥最大效益，使 GMS 各国在交通基础设施投资的"硬件"方面与便利客货运输的"软件"方面协调发展。GMS 六国便利运输协定 17 个附件与 3 个议定书已签署完毕。在中国北京召开的第二次 GMS 国家便利运输联委会及分委会会议上，GMS 六国启动了海关、边防、检验检疫、运输四个分委会工作，并讨论了各分委会 2007—2009 年工作计划。建议 BCIM 各国在联合考察和充分磋商的基础上，借鉴 GMS 六国《便利跨境客货运输协定》模式，商签双边或多边的运输协定，以利实现该区域的便利客货运输。该建议得到其他三国的认可。

四国在基于本国的交通状况而对互联互通走向和优先选线的要求上有不同的倾向，但还是形成了比较一致的选择，优先采取了昆明—加尔各答汽车路考和集结赛的路线，即亚洲公路网的规划路线，也就是四方基本认同的中线。孟方在第 11 届论坛上主张推动多模式互联互通，并且写进了《联合声明》。论坛注意到孟中印缅地区缺失起码的多模式交通互联互通设施。因此，论坛重申发展多模式交通的重要性，强调本地区道路、铁路、水运和航空的协调发展。孟中印缅各国都将能够在可能的贸易和运输线路上实施贸易及转口贸易协定及互惠协定中获益。在推动孟中印缅地区合作中，对基础设施投资应是一个关键的领域。孟中印缅政府应该在发展共同认定的项目上，调集资源，在引入多边的和区域发展机构来为认定的跨境基础设施提供资金和技术支持上发挥主导作用。

第三节　孟中印缅毗邻地区互联互通的意义

孟中印缅四国经过 15 年的研讨，在四国毗邻地区加强互联互通意义的认识方面比较统一。在孟中印缅经济走廊提上四国政府议事日程的新形势下，孟中印缅毗邻地区的互联互通更具有重要意义。

一　促进地区经济发展消除贫困

孟中印缅都是发展中国家，四国毗邻地区构成了孟中印缅地区经济合作的核心区域。这一地区的共同特点有以下方面：一是自然资源丰富。区内有丰富的生物资源、水资源、矿产资源、石油天然气资源、森林资源和海洋资源等，是世界上资源最丰富的地区之一。二是四国毗邻地区是世界上最贫困的地区之一。均属于世界上的低收入地区之一。2013 年，孟加拉国人均 GDP 891 美元，中国云南人均 GDP 4062 美元，到目前仍有 73 个国家级贫困县，是中国最贫困的地区之一。印度人均 GDP 1592 美元，印度西孟邦、东北部地区的人均 GDP 还要低于印度全国水平。缅甸人均 GDP 884 美元，缅北地区更低。因此，摆脱贫困、发展经济是四国毗邻地区的首要任务。各国都意识到，只有通过合理开发和利用自然资源和区位优势，才可能造福于本地人民，使这一地区尽快摆脱贫困。

二　促使本地区从封闭走向开放

孟中印缅毗邻地区虽然山水相连，民族跨境而居，无数条陆路通道，经济关系和人文交流在孟中印缅地区古已有之，民间贸易从未间断过。说明这一地区的经济是有互补性的，人民是需要相互贸易的。密切经济关系，开展经济合作是有基础的，但在经济全球化和区域经济一体化的今天，这一地区仍处于相对封闭、合作程度较低的状况，属于世界上最不开放的地区之一。这一地区虽然有路，但各国边境口岸连接地区道路的等级仍然较低、有的路段崎岖不平、晴通雨阻，没有适应于现代化集装箱运输的公路条件。贸易进出口、人员流动、物流运输等都不便利。孟中印缅的互联互通符合四国的开放政策，尤其是缅甸民主化进程的快速推进，缅甸与印度关系的不断改善，印度的向东看政策的实施，加快与东盟合作步伐，都对这一地区的封闭状况形成冲击。

三　有利于增进四国政治互信，维护本地区社会稳定

不论政治制度如何，政治差异如何，邻近国家间的经济合作是国际经济合作中最常见的形式，欧盟最初就是从邻国间的合作逐步扩展的。欧洲国家间的政治分歧也曾一度存在，但只要合作有利于各国经济和社会利益的最大化，有利于本地区的和平与发展，合作就可能带来和谐，合作就能够建立信任。孟中印缅四国政治制度不同，也存在一些政治分歧，正是由于这些问题，过去各国基本上采取相互封闭而不是合作的方式阻止对方"势力"的进入。但实际上这些问题并没有因为封闭就得到解决，反而由于封闭造成了更加不信任。按照新的国际关系理论和实践看，各国的安全需要共同相互合作来解决。新安全观告诉我们，21 世纪各国不应再抱有冷战思维来处理国际关系，而应加强合作，建立互信机制。中国提出的新安全观倡导共同、综合、合作、可持续的亚洲安全观。实践证明，经济合作的加强，经济关系的密切可以缓解政治关系。可以通过经济关系的发展来促进政治关系的改善，维护本地区社会稳定。例如，孟中印缅各国都十分关心能源安全。孟中印缅论坛认为，这一地区有共同开发自然资源，共同在能源领域投资以及跨境能源贸易的重大机会，各方应就此开展合作。（第 11 届论坛，2013 年，《达卡声明》）。

四国毗邻地区是邻近毒品"金三角"的地区，是毒品走私、非法移民、难民问题、吸毒受害最多的地区，这一地区的经济、社会发展问题在很大程度上与上述问题有密切关系。经济上的贫困使得社会问题日益严重，人们没有正常的经济收入，由于生活所迫走上了非法跨境犯罪的道路。所以四国的合作应在两个方面展开，一方面，也是最根本的，应在经济发展上开展合作，开展经济合作，增进民间交流，就是建立互信的好方式；另一方面，要在社会安全上开展合作，建立中央政府和地方政府间的安全合作机制，共同应对这一毗邻地区在互联互通过程中的安全问题。

四　有利于推动孟中印缅成为紧密的利益共同体

孟中印缅作为东南亚、南亚、东亚的一个次区域，在不断推动连通

性、自由贸易区、旅游合作和文化交流等方面，已经在孟中印缅地区合作论坛上达成共识。要实现经济上的整合，利益共享，形成利益共同体。第一，需要交通上的连通，在地理上形成互联互通的网络。中国的发展实践告诉我们，"要致富，先修路"，交通对于经济发展和人文交流的重要作用日益被四国认知。这一地区的地貌特征主要是山地、丘陵、河谷、平原。虽没有冰雪高山，大江阻拦，但仍然存在一些缺失路段，公路等级、铁路规矩、桥梁标准均有差异。毗邻地区的交通基础设施建设相对于各国国内的状况落后很多，且四国发展不平衡。孟加拉国与缅甸的公路连接虽有双边协议但还没有很好实现；孟印相连的公路等级不高，有铁路连接；中国云南与缅甸连接的公路还没有高等级化，铁路虽有设想但还没有实施；印度东北部地区与缅甸连接的公路没有高等级化，铁路已经有规划，但实施的进展没有达到预期目标。从硬件条件来看，四国毗邻地区的互联互通技术难度不大，只要四国携起手来，实现交通的连通是可能的。第二，需要在贸易投资领域紧密合作，实现互利共赢。四国存在贸易不平衡问题，解决逆差、顺差的不平衡需要加大贸易和投资合作力度，在交通互联互通的条件下，推动陆路边境贸易、过境贸易、转口贸易、加工贸易等多种贸易方式发展，各国协调通关便利化政策，消除关税和非关税壁垒，降低投资门槛，最终过渡到次区域自由贸易区。第三，需要在人文交流上更加紧密。人与人的交流，心与心的沟通，对于经济走廊的建设和利益共同体的构建十分重要。不了解他国在想什么盼什么，就很难做出符合他国利益的决定，从而实现地区发展的和谐。孟中印缅毗邻地区民族跨境而居，语言相通、习俗相近、信仰相同，有着悠久的民间交流史。这一地区的旅游文化资源十分丰富，历史遗迹众多，发展边境旅游、宗教文化旅游、生态旅游、休闲度假旅游有较大潜力。要利用本地区的独特的资源，大力发展人文交流，只有物流、人流通畅便利，经济利益上更加紧密，四国才能形成经济合作区和利益共同体。

第三章

孟中印缅毗邻地区的历史联系与交通往来

孟中印缅毗邻地区山水相连，商贸、文化、宗教联系源远流长。从发端于春秋战国时期的"南方丝绸之路"，到近现代以公路、铁路为主，航空、水路为辅的多元交通格局，四国毗邻地区互联互通的历史既有各国交通往来的道路建设，也有多民族迁徙的交汇融合，更有商贸文化的交流辉映。四国毗邻地区由互联走向互通、互联与互通交织向前发展的历史面貌，可谓是这一地区古代和近现代历史发展潮流中最为重要的两大支流。

第一节　古代民族迁徙与四国毗邻地区的早期交通通道

春秋战国时期，从今中国四川出发，经云南抵缅甸通向印度的交通线就已存在。中缅之间的陆路通道早在公元前 4 世纪就已存在，滇缅贸易往来至迟在秦代之前就已开始，古代缅甸境内的掸国与中国的汉王朝，骠国与中国的唐王朝均有密切的联系。缅印边界长 1331 公里，缅甸历史上与印度有密切的关系，1885 年，缅甸沦为英国殖民地，并被划为英属印度的一个省。印孟历史上多次作为一个王朝或一个国家，18 世纪后叶直至1947 年，孟加拉都是英属印度的一个省。①

一　四国毗邻地区的历史交通条件

孟中印缅毗邻地区具有优越的历史交通条件。从地理上看，四国毗邻

_____

① 任佳：《中印缅孟国家关系及毗邻地区经济社会发展状况比较》，载《南亚研究》2000年第 2 期。

地区山脉相接，川河相连，这片区域的几大江河流域，自古便是这里的人民共同赖以生存和发展的摇篮，也是他们南下北上共同的天然走廊。以文化交往而论，四国毗邻地区地处古代印度文明与中华文明两大世界文明的交汇地带，深受两大文明交往的带动。

（一）四国毗邻地区的地缘关系

在地理上，中国云南、印度、缅甸和孟加拉国均位于亚洲南部，邻近孟加拉湾。四国毗邻地区山川地缘相通，构成一个背靠喜马拉雅山和横断山脉，面向印度洋的弧形地带。

就其山脉说，四国毗邻地区中缅间的山脉呈南北走向，其中，高黎贡山是恩梅开江与怒江的分水岭，循怒江先南下，在中国云南构成腾冲、龙陵和德宏复杂险峻的地形，至缅甸东部掸邦地带，直至海边，形成缅甸主要山系；怒山（又称碧罗山）自云南保山以下逐渐展开，地势渐低，延至缅甸境内；云岭山系中的哀牢山是红河与澜沧江的分水岭，延至缅甸的孟艮（今缅甸东部）。介于阿拉干海岸与伊洛瓦底江河谷之间的缅甸西部山弧自内格雷斯角（Cape Negrais）向北延伸至印度曼尼普尔，包括那加（Naga）、钦（Chin）、卢夏（Lushai，卢塞伊山区，即米佐山区 Mizo Mountain）和帕特凯（Patkai）等山区。[①]

就其水系而言，源自青藏高原和横断山滇西纵谷区的多条大河自北而南流向大海，特别是金沙江、澜沧江和怒江三条大河与云岭、怒山、高黎贡山三大山脉比肩南下，金沙江东流注入东海；怒江南流而下，于缅甸毛淡棉附近汇入印度洋的安达曼湾；澜沧江至保山东部转向西南蜿蜒而下，流经缅甸等国注入北部湾。怒江以西的大盈江、龙川江诸水，入伊洛瓦底江，直贯缅甸南北，汇于印度洋。[②] 雅鲁藏布江自西向东横贯西藏南部，于墨脱以北切穿喜马拉雅山，转而南流，形成雅鲁藏布大峡谷，流经米林、巴昔卡，经过藏南地区之后进入印度阿萨姆邦，改称布拉马普特拉河，自印度流入孟加拉国后，称为贾木纳河，与恒河相汇于瓜伦多卡德，最后注入孟加拉湾。

就其地形而言，中缅边境沿线上段地处青藏、云贵两大高原结合部的横断山区，沿海拔4000多米的高黎贡山东麓中方一侧，为世界自然遗产

---

① 陆韧：《云南对外交通史》，云南民族出版社1997年版，第4页。

② 同上书，第4、5页。

"三江并流"腹心地带；西麓缅方一侧为素有"东方亚马逊河"之称的伊洛瓦底江及其上游恩梅开江和迈立开江流域。中、下段边境沿线内外，则多属怒江—萨尔温江、澜沧江—湄公河两大国际河流中游的低纬度、低海拔丘陵河谷湿热地带，大部分地段无山川阻隔而在地理空间上连成一片。缅甸与印度之间，缅北葡萄的西北、西南分别有彭岗山口和赵岗山口，越过这两个山口可进入印度阿萨姆平原，沿布拉马普特拉河、恒河等流域可达印度、孟加拉腹地。① 从印度方面看，印度东北部的布拉马普特拉河流域和因帕尔等地与缅甸西北地区接界，从印度东北部进入缅甸，沿钦敦江岸缅印边界南下即到缅甸阿拉干山区。②

在地势的影响下，孟中印缅毗邻地区的河流在中国境内多奔流于高山深谷之间，受山地和高原的夹束，水流奔腾汹涌，险滩跌布，基本不可通船。但在出境后，进入东南亚、南亚的低地势地区，水流变得温顺平静，流域宽阔，利于行船。孟中印缅毗邻地区的地理关系，以其折扇般山脉、帚状似水系与北高南低的地势相结合，使其在交通上有北阻南敞之势。

（二）古代中印两大文明对四国毗邻地区交通的带动

古代世界四大文明中，与中华文明发生过最早、最广泛、最密切联系和影响的，要算南亚次大陆的印度文明。印度文明起源于印度河流域的哈拉巴（Harappa）和摩亨佐—达罗（Mohenjo-daro）周围地区，以后又扩张到恒河流域及德干高原。孔雀王朝时期（约公元前322—约前185年），印度已普遍使用铁犁、铁锄和铁斧等工具，修建水利灌溉工程，种植水稻、小麦、大麦、黍、豆、棉花、甘蔗、胡麻等。手工业方面，纺织品的生产已出现地区专业化的趋势，造船、石雕、采矿、冶炼等业有较大发展。以恒河下游为枢纽的辐射交通网已经形成，大大便利了内外贸易的发展。③ 公元前后，缅甸进入金石并用时代，优越的自然条件，使伊洛瓦底江中下游地区产生了早期国家，其中，最为重要的是骠国。骠国属热带农业经济，种植菽、粟、水稻、高粱等农作物，出产金、银、铜、铅、锡等矿物，手工业也比较发达，纺织业较为普遍。农业和手工业的发展，促进

---

① 陈铁军、牛鸿斌主编：《孟中印缅地区经济合作研究》，云南民族出版社2005年版，第7页。

② 申旭：《中国西南对外关系史研究——以西南丝绸之路为中心》，云南美术出版社1994年版，第216页。

③ 林承节：《印度史》，人民出版社2004年版，第46—48页。

了缅甸内外贸易的发展。① 中国西南的巴蜀和云南，自古以来就是经济文化比较发达的地区。先秦时期，这一地区就有高度发展的青铜文化，且已开始使用铁器。战国和秦时，铁器已普遍使用，修建了农田水利工程。汉时物产丰富，栈道交通发达。

孟中印缅毗邻地区地处古代印度文明与中华文明两大文明的交汇地带，背靠深厚的中华文明，受其滋润，吮其精华；面向辉煌的印度文明，蒙其影响，为之渗透。

印度文明与中华文明之间的文化交往，早在先秦的春秋战国时期就已发生，汉唐之间达到了高潮。从历史上看，中印文化的交流与融会，是通过中印之间的交通道路开辟和人员交往实现的。汉武帝建元年间，张骞第一次出使西域时，曾在中亚的大夏看到来自今天四川的"邛竹杖、蜀布"，张骞询问得知，这些物品是由身毒（今印度）转运而来。张骞由此推知，从今天的四川西南必然有一条捷径，可以直接通达身毒。张骞把他所了解到的情况向汉武帝做了汇报，汉武帝正想寻找新路，"以断匈奴右臂"，于是连续派出使者，从犍为（今四川宜宾）出发，"四道并出"，探路十余次，虽因西南夷阻挠，"终莫能通"，但汉朝受此启示，大规模经营西南夷的事业。而且也由此得知，从蜀南下，经西南夷的滇、昆明、嶲、哀牢、滇越等部族，有道通身毒。这是历史上较早为人们知晓的连通孟中印缅毗邻地区的通道。古代中印两大文明的相互吸引、相互交流，是孟中印缅毗邻地区通道开辟的主要动因之一。由于地缘的原因，这一地区作为沟通东亚中华文明与南亚次大陆印度文明的纽带，也带动了区域内文化交流和相互交通的发展。

二　四国毗邻地区的古代民族迁徙路线概述

孟中印缅毗邻地区地理上连成一片，山水相连。这片区域的几大江河流域，自古便是这里人民共同赖以生存和发展的摇篮，也是他们南下北上共同的天然走廊，成为生息在这里的各个民族相互流动、迁徙、融合、消长和繁衍的交汇之地。

从考古资料来看，在横跨从印度阿萨姆至缅甸北部和云南的洱海、滇池的广大区域内，考古学家已发掘出形状相似的有肩古斧、带柄古斧和手

---

① 贺圣达：《缅甸史》，人民出版社 1992 年版，第 22—23 页。

斧。而"这些石器和古羌人文化系统，尤其是与以甘肃西南部为中心的齐家文化最接近"。① 新石器时代，孟中印缅毗邻地区的文化交流信息更加丰富，印度东北阿萨姆等地出土的有肩石斧、石锛等物件，均是中国云南新石器时代常见的器形。云南江川李家山墓葬中发现的战国末期蚀花肉红石髓珠，其产地或制作地在今印度河流域，这些古代器物文化层上的相似性，很可能就是孟中印缅毗邻地区古道上民族迁徙的文化遗迹。

从一些中国古籍和古印度时代的梵文典籍中，也可窥见历史上孟中印缅毗邻地区民族迁徙的影踪。《后汉书·南蛮西南夷列传》和《后汉书·本纪》中均有永昌郡外诸部族和国家来献奇物珍宝，汉皇帝回赠礼品的记载。成形于公元前4世纪—公元4世纪的印度梵文经典《摩诃婆罗多》的《大会篇》和《备战篇》中，都曾提到有中国士兵和当时的阿萨姆国王领导的军队作战。② 印度旃陀罗笈多王朝大臣考底利耶（Kautilya）于公元前320年至公元前315年间所著《政事论》（Arthashastra）一书中，也有关于中国人的记录。书中说："支那（Cina）产丝与纽带，贾人常贩至印度。"很多学者认为印度梵文典籍中的"支那"即指秦国，而贾人则应指支那国的商人。③ 从上述中印两国古代典籍来看，古代孟中印缅毗邻地区不仅存在商路交通要道，而且也有民族迁徙的通道。否则，不可能有那么多的中国人加入到与阿萨姆军队作战的军队中，也不可能使中国人作为一个群体出现在印度的梵文典籍中。

现今，以藏缅语为语言的民族是孟中印缅毗邻地区人口最多的民族。中国汉朝时，藏缅语诸族的先民活动于从四川到今缅甸北部的广大地区。当时，中国的藏缅语诸族主要分布在西藏、四川、云南等省区，在漫长的历史迁徙运动中，他们中的一部分自西藏向南、自云南向西迁入印度。在印度东部、东北部地区形成印度的东喜马拉雅民族。④ 据历史学家考证，中国藏缅语诸族迁徙进入印度的原因既有居地相连的地理因素，也有征服

---

① 周智生：《寻找断落的链环——中国云南与印度的历史联系》，载《南亚研究季刊》2001年第2期。

② 周智生：《滇缅印古道上的古代民族迁徙与流动》，载《南亚研究》2006年第1期。

③ 罗二虎：《汉晋时期的中国"西南丝绸之路"》，载《南方丝绸之路研究论集》，巴蜀书社2008年版，第61页。

④ 何耀华、何大勇：《印度东喜马拉雅民族与中国西南藏缅语民族的历史渊源》，载《西南民族大学学报》（人文社会科学版）2007年第5期。

与被征服的战争因素及产品商品交换的经济因素。①

在学界关于藏缅语诸族迁徙问题的研究中，对现居印度东北部与缅甸和中国接壤一带的阿洪姆族，以及横跨印缅边界而居的那加族迁徙的研究较为详尽。民族学研究表明，阿洪姆人是傣泰民族的一支。因此，人们又把他们叫做泰（傣）—阿洪姆人（Tai-Ahoms）。② 从印度阿洪姆人和中缅两国傣掸民族的史籍以及一些学者的研究来看，阿洪姆人的祖先苏卡法或三隆法或混三弄（召混三弄）率众西迁时离开的故土与勐卯及其周围地区，特别是与今云南保山和德宏州靠边境的昌宁、芒市、瑞丽、陇川、盈江、梁河一带地区有关。所以，有学者认为，阿洪姆人的先民可能是 13世纪初从中国云南德宏一带迁去的。③ 据阿洪姆人自己的史籍记载，他们迁入印度以后相当长一段时期内，还同他们的故土勐卯保持着联系，并不时派使者去勐卯朝贡。④

那加族是横跨印缅边界而居的民族，主体在印度东北地区，主要居住在那加山区，在曼尼普尔及米基尔山也有分布；缅甸境内也有那加人分布。语言学家乔治·格里尔森认为：“从语言方面来说，他们（那加人）起源于藏缅语族的第二次迁移浪潮，他们是从印—汉种族（Indu—Chinese race）的发祥地——扬子江与黄河上游之间的中国西北地区迁移来的。”⑤据谷格那加人传说，他们从前住在约是中国云南省的地区，后来中国发生大饥荒，他们经由缅甸迁到那加山定居下来。直到今天，他们所唱的一支民歌里还有这样的歌词：我的第一个祖国是中国，我的真正的家乡是喜马拉雅山区。堂库尔那加人的传说认为，他们的祖先是由两个勇敢的兄弟自世界的东方带来的。他们要寻找一个地方定居，由于长途劳累，要找个地方歇息。他们找到了一个地方，但很快感到气候炎热，遍地是毒虫，决定另找一个地方。他们将这个队伍分为两个部分，哥哥“那尔加”率一部分向东南方推进，弟弟率领的队伍由于旅途疲劳，就在平原定居下来，这就是曼尼普尔谷地。哥哥率领的队伍到那加山区定居下来。这个传说讲到

---

① 何耀华、何大勇：《印度东喜马拉雅民族与中国西南藏缅语民族的历史渊源》，第 19 页。

② 何平：《德宏傣族的西迁与印度阿洪姆人的形成》，载《云南社会科学》2004 年第 2 期。

③ 何平：《德宏傣族的西迁与印度阿洪姆人的形成》，第 78—79 页。

④ 转引自何平《德宏傣族的西迁与印度阿洪姆人的形成》，第 80 页。

⑤ 转引自吕昭义《洪水、葫芦神话的衍变与印缅那加族的迁移》，载《学术探索》2009 年第 3 期。

那加族来自"世界东方"，很可能就是古代中国的西藏、云南一带。[①]

第二节　四国毗邻地区互联互通的古代历史演变

一　"南方丝绸之路"的开通与拓展

南方丝绸之路是从今四川成都经云南出国境，经缅甸到达印度，再往西延伸与西北丝绸之路西段汇合，经安息（今伊朗）、条支（今伊拉克）到大秦（古罗马帝国）的通道。这条丝路的中印一段古代称为"蜀身毒道"。

（一）"南方丝绸之路"的开通

根据古代文献记载，这条道路的存在年代久远，至少可以追溯到北方"丝绸之路"和东南"海上丝绸"开通之前。

公元前122年张骞出使西域回到长安，向汉武帝报告存在一条从汉王朝蜀地通往印度和中亚的道路。此后，有关这条道路的记载开始散见于史。《史记·大宛列传》记载：

> （张）骞曰："臣在大夏时，见邛竹杖、蜀布。问曰：'安得此？'大夏国人曰：'吾贾人往市之身毒。身毒在大夏东南可数千里。其俗土著，大与大夏同，而卑湿暑热云。其人民乘象以战。其国临大水焉。'以骞度之，大夏去汉万二千里，居汉西南。今身毒国又居大夏东南数千里，有蜀物，此其去蜀不远矣。今使大夏，从羌中，险，羌人恶之；少北，则为匈奴所得；从蜀宜径，又无寇。"……天子欣然，以骞言为然，乃令骞因蜀犍为发间使，四道并出：出駹，出冉，出徙，出邛、僰，皆各行一二千里。其北方闭氐、筰，南方闭巂、昆明。昆明之属无君长，善寇盗，辄杀略汉使，终莫得通。然闻其西可千余里有乘象国，名曰滇越，而蜀贾奸出物者或至焉，于是汉以求大夏道始通滇国。

---

① 何耀华、何大勇：《印度东喜马拉雅民族与中国西南藏缅语民族的历史渊源》，第18—19页。

从这一段记载可知，在张骞出使西域以前，当时的中国四川已与印度存在着民间商业交往。但是，这条古道的具体路线，当时的汉朝官方并不很清楚。因此，汉武帝令张骞以蜀郡（治所在成都）、犍为郡（治所在宜宾西南）为据点，派遣使者"出駹，出冉，出徙，出邛僰"，分四路探索。然四路使者均为路途上的土著部落所阻，其中，"出邛僰"一路的使者被阻于嶲、昆明，但他们带回一个消息，即蜀地商人的足迹已达到昆明以西千里之遥的滇越了。于是，汉王朝开始了在西南夷地区的大规模经营。[①]

元鼎六年（111），汉武帝灭南粤，发兵西南夷、夜郎、滇等国及部落，次第请归附。汉朝先后在这些地区设置益州、越嶲、牂柯、沈黎、汶山郡，欲图将汉王朝有效控制范围向大夏推进，与其地界相接。同时，西汉王朝每年派出多批使者，探寻通往印度、大夏的道路，然而均被当地部落阻于昆明。元封元年（110），司马迁奉命出使巴蜀以南，"南略邛、笮、昆明"。第二年起，汉王朝数次发兵征昆明，但昆明当地部落仍继续阻道，西汉一代，汉使者始终未能到达印度。直到东汉永平十二年（69），在原昆明地稍西的哀牢王内附，东汉王朝在其地设置永昌郡（治所在今云南保山），至此，这一通道才开始畅通。

永昌郡的设置，使中国汉王朝的统治扩大到了与缅甸接壤的西南边疆。永昌郡所处的滇西地区，正是"南方丝绸之路"由云南出缅甸的必经通道。从此，中国西南边境外的缅甸各国，途经此处，与中国汉王朝的政治、经济、文化交往逐渐增多。

（二）"南方丝绸之路"的拓展

汉代以后，"南方丝绸之路"逐渐繁盛，魏晋南北朝时期一直通行不断。有唐一代，该路在秦汉古道的基础上，又有较大的发展。对这一古道的路线、行程的记载也见诸多种文献，其中，《蛮书》和《新唐书·地理志》的记载最为详尽。根据《蛮书》的记载，唐代从成都到南诏国都羊苴咩城的主要路径依次为：成都—双流二江驿（今双流县城）—新津三江驿（今新津县城）—临邛驿（今邛崃县城）—名山顺阳驿（今名山县城）—严道延化驿（今雅安市西）—荥经南道驿（今荥经县城）—邛崃

---

① 罗二虎：《汉晋时期的中国"西南丝绸之路"》，载《南方丝绸之路研究论集》，巴蜀书社2008年版，第47页。

关（今荥经县大关镇）—山口城（今大相岭草鞋坪垭口）—汉源场（今汉源县九襄镇）—通望木良驿（今汉源县城）—清溪关（今汉源县与甘洛县交界处的深沟）—大定城（今甘洛县海棠镇）—新安城（今越西县保安镇）—荣水驿（今越西县登相营）—初裹驿（今喜德县冕山镇）—台登谷（今安宁河泸沽峡）—台登平乐驿（今冕宁泸沽镇）—苏祁驿（今西昌市礼州镇北）—嶲州三阜城（今西昌市青柯山）—沙野城（今西昌市西打罗镇）—羌浪驿（今德昌县城）—阳蓬岭（今德昌县东南安宁河谷诸山）—苴驿（今会理县益门镇）—会川镇（今会理县城）—河子镇（今会理县黎溪大海子）—泸津关（今会理拉鲊渡口）—伽毗馆（今云南省永仁县城）—阳褒馆（今大姚县城东北）—弄栋城（今姚安县城北）—云南城（今祥云县云南驿古城村）—波大驿（今祥云县城）—龙尾城（今大理州下关市）—羊苴咩城（今大理县西）。①

《新唐书·地理志》载贾耽所记从大理西行至缅甸达印度的道路分两途。一路为"南诏经骠国通天竺道"，该道从羊苴咩城出发，向西经永昌（今云南省保山市隆阳区），渡怒江至诸葛亮城（今云南省龙陵县）。然后向南经过乐城（今云南省瑞丽市），进入骠国（今缅甸）境内。在缅甸境内，首先经过万公（今缅甸达岗城），从达岗城往南至悉利城（今缅甸曼德勒之北），然后经突旻城（今缅甸浦甘）到达缅甸国都。又从缅甸向西翻越黑山（今缅甸阿拉干山）至东天竺迦摩波国（今印度阿萨姆西部的高哈蒂一带）。再往西北渡过迦罗都河（今印度东部布拉马普特拉河）到那伐檀那国（今孟加拉一带），或者向西南至中天竺国东境恒河南岸羯朱嗢罗国（今印度比哈尔拉杰马哈尔地区），或又可西至摩揭陀国（今印度比哈尔南部）。另一路为"南诏西出腾冲通天竺道"，该道自诸葛亮城向西至腾充城（今云南省腾冲县），继续向西，至弥城（今云南省盈江县盏西乡），经盈江，往西至丽水城（今缅甸密支那南之打罗）。然后西渡丽水（伊洛瓦底江）、龙泉水（孟拱河）至安西城（今缅甸孟拱）。再西渡弥诺江（缅甸钦敦江）至大秦婆罗门国（今印度曼尼普尔），又西渡大岭就抵达东天竺北界箇没庐国（今印度阿萨姆西部的高哈蒂一带）。再向西南行至今印度东部布拉马普特拉河中下游，便与经骠国的南路相汇合，共

---

① 罗二虎：《汉晋时期的中国"西南丝绸之路"》，第47—48页。

同前往印度的中心地区。①

根据以上记载，从四川成都出发经缅甸到印度的道路主要有两条，这两条道路是由成都经西昌、大理、保山到腾冲境内高黎贡山上的诸葛亮城再分路的。由成都经诸葛亮城的南路，途经龙陵、瑞丽到缅甸掸邦，经太公城到镖国古都卑谬，再到曼尼普尔，经阿萨姆的布拉马普特拉河谷到印度平原，共计里程8534里。由成都经诸葛亮城的北路，经腾冲到缅甸密支那、猛拱，越过那加山脉到印度阿萨姆的东北部，再到布拉马普特拉河中下游而去印度，共计里程7634里。②

唐宋时代"南方丝绸之路"的交通还散见于其他典籍中。

玄奘（602—664）于627年秋由长安出发，经西北一道到达印度，约在公元631年入摩揭陀国那烂陀寺研究佛经。公元642年，他应东印度迦摩缕波国（今阿萨姆邦西部高哈蒂及其附近地区）拘摩罗王的邀请前往会见。玄奖在《大唐西域记》中记述由印度摩揭陀国至迦摩缕波国的陆路交通里程：从摩揭陀国境内"东入大山林中，行二百余里，至伊烂拿钵伐多国"。再"顺殑伽河（恒河）南岸东行三百余里至瞻波国。""自此东行四百余里至羯朱嗢只罗国。""自此东渡殑伽河，行六百余里，至奔那伐弹那国。""自此东行九百余里，渡大河，至迦摩缕波国。""此国东山阜连接，无大国都，境接西南夷，故其人类蛮獠矣。详问土俗，可两月行，入蜀西南之境，然山川险阻，瘴气氛诊，毒蛇毒草，为害滋甚。"

义净（634—?）于671年由广州乘船出发，经东南亚到印度，经25年历30余国，于695年回到洛阳。他在《南海寄归内法传》卷一中记："从那烂陀东行五百驿，皆名东裔，乃至尽穷有大黑山，计当吐蕃南畔，传日蜀川南行可一月余便达斯岭。"从玄奘和义净的记载来看，虽然玄奘和义净赴印相隔数十年，但他们所记古道的路线、方向、所经国名基本相同，里程亦相差不大。

---

①　何耀华主编：《云南通史》（第三卷），中国社会科学出版社2011年版，第113页；《南方陆上丝绸之路》，http：//www.im-eph.com/gb/dywh/2008-03/06/content_3239_5.htm；《唐代通天竺之道》，http：//www.world10k.com/blog/? p=654。

②　陈茜：《川滇缅印古道初考》，载《中国社会科学》1981年第1期。

二　四国毗邻地区从互联走向互通的古代历史

（一）四国毗邻地区的古代历史联系

我国史书对缅甸的记载，最早为《汉书·地理志》中的"湛离"国和"夫甘都卢"国。东汉时期中国和缅甸境内的几个"国家"有了外交往来。《后汉书·明帝纪》："永平十七年（公元74年），西南夷哀牢、儋耳、僬侥……前后慕义贡献。"《和帝纪》："（永元）九年（97年）春正月，永昌徼外蛮夷及掸国重译奉贡。"《安帝纪》："永初元年（107年）三月己卯永昌徼外僬侥种夷贡献内属。""永宁元年（120年）十二月永昌徼外掸国遣使贡献。"而《后汉书·哀牢传》记述更为详细："永元六年（94年）郡徼外敦忍乙王莫延慕义遣使译献犀牛、大象。九年，徼外蛮及掸国王雍由调遣（使）重译奉国珍宝，和帝赐金印紫绶，小君长皆加印绶钱帛。永初元年，徼外僬侥种夷陆类等三千余口举种内附，献象牙、水牛、封牛。永宁元年，掸国王雍由调复遣使者诣阙朝贺，献乐及幻人，能变化吐火，自支解，易牛马头。又善跳丸，数乃至千。自言我海西人。海西即大秦也，掸国西南通大秦。明年元会，安帝作封雍乐于庭，由调为汉大都尉。赐印绶、金银、彩缯各有差也。"从上述我国古代典籍记载中，可知缅甸境内的僬侥、掸国、敦忍乙等国于公元1—2世纪就已和汉朝建立了关系。

公元3世纪我国晋时已知"骠人"之名，到唐时"骠国"已十分强大。《新唐书·骠国传》记其疆域："东陆真腊（今老挝），西接东天竺（今孟加拉），西南堕和罗（今泰国中南部），南属海，北南诏。地长三千里，广五千里。"当时缅甸境内还有很多小国家和部落，"凡属国十八，凡城镇九，凡部落二九八，以名见者三十二"。骠国曾三次派遣使者到唐朝。802年，骠国派遣使臣到唐都长安，献其国乐12曲，音乐舞者35人，乐器20种。[①]《唐会要》和《新唐书·骠国传》中也有对此次骠国使臣来访的记录。806年，骠国使臣第二次访问长安。862年，骠国使臣第三次来访。除骠国外，缅甸境内的弥臣国也派使者到唐朝。《册府元龟·外臣部》记："贞元二十年（804年）十二月，南诏蛮、弥臣国并遣使来朝贡。"《唐会要·骠国》记："（贞元）二十一年四月封弥臣国嗣王乐道

---

①　转引自陈茜《川滇缅印古道初考》，第171页。

勿礼为弥臣国王焉。"

　　唐初，印度阿利教已由缅甸传入腾冲，于腾冲长洞山建寺。以后传到大理，印度僧人去到南诏国，对南诏的宗教信仰影响很大。南诏时期建造的剑川石宝山石窟有印度婆罗门僧人的雕刻像，直至近代，大理白族地区还有许多阿利教的神话。①

　　宋时，我国云南为大理国南诏政权统治，缅甸则为蒲甘王朝的兴盛时期。南诏与缅甸境内各国均有政治联系，《蛮书·卷十》记："骠国在蛮永昌城南七十五日程，阁罗凤（748—779）所通也。"约在832—835年，南诏曾派兵攻打骠国、弥臣、昆仑等国，并掳掠过骠国、弥臣国的人口。858年，缅甸遭受狮子国（今斯里兰卡）的进攻时，南诏曾派勇将段宗膀救缅甸，缅甸还赠送金佛酬谢。②

　　1253年，元世祖灭大理国，云南统一于元朝中央政权的统辖之下。元代和缅甸曾经发生过三次较大的战争：一次是1277年缅甸蒲甘国王反对金齿（今云南德宏）总管服从元朝统治，兴兵攻入干崖（今云南盈江）、南甸（今云南梁河），与金齿士兵和元朝驻军发生激烈战斗；一次是1283—1287年元军进攻缅甸，攻入缅甸都城蒲甘；一次是1300年元朝应缅甸国王世子之请，派兵帮助平定内乱。从1289年至1338年的59年间，缅甸国王先后15次遣使团访问元朝都城大都，元朝也4次派使节访问缅甸。③元代中国通缅甸的主要交通路线仍由大理经永昌、腾冲、南甸、干崖，沿太平江到缅甸八莫；或由腾冲经陇川到缅甸八莫，然后沿伊洛瓦底江到缅甸都城蒲甘。

　　1368年，元朝灭亡，明朝兴起。缅甸各王邦部落多臣服明朝，接受土官封号，为明朝的"土司"。以缅甸中部阿瓦（今曼德勒附近）为都城的缅王，于1392年遣使经云南到南京朝见。1392年，明太祖朱元璋宣诏设置"缅中宣慰使司"。1404年，明成祖朱棣宣诏设置"缅甸宣慰使司"，任命缅王那罗塔为宣慰使。自1393年至1488年，缅甸宣慰司6次派代表团"朝访"明朝，明朝也5次派使节访问缅甸宣慰司。④

　　从1662年至1750年，清王朝和缅甸没有正式的关系。但在这近100

---

　　①　陈茜：《川滇缅印古道初考》，第176页。

　　②　陈茜：《川滇缅印古道初考》，第175页。

　　③　何耀华主编：《云南通史》（第四卷），第383—384页；贺圣达：《缅甸史》，第92页。

　　④　何耀华主编：《云南通史》（第四卷），第385页。

年间，两国边境相安无事，两国边民友好相处。① 1765 年，清朝与缅甸因边境纠纷发生战争，1769 年两国边将罢兵议和。从 1769 年至 1885 年缅甸沦为英国殖民地之时止，缅甸国王曾 11 次派遣使节向清朝"入贡"，清朝也 5 次回遣使者访问缅甸。②

南诏时期，云南与印度东部的国家也有外交往来，《蛮书·卷十》记："大秦婆罗门国界永昌北，与弥诺江西正东安西城楼接界。东去蛮羊苴咩城四十日程。蛮王善之，衔来其国。"又记："小婆罗门国与骠国及弥臣国接界，在永昌北七十四日程，俗不食牛肉，予知身后事。出贝齿、白蜥、越诺。共大耳国往来。蛮夷善之，信通其国。"据中国学者考证，《蛮书》的大秦婆罗门国应是是玄奘所记的迦摩缕波国，与贾耽所记大秦婆罗门国相同，在今阿萨姆东北境。《蛮书》的小婆罗门国应是《大唐西域记》卷十的三摩呾骠国，应在今孟加拉国吉大港一带。③

（二）四国毗邻地区古代交通通道的多条多向发展模式

中国唐宋时期，"南方丝绸之路"仍然是孟中印缅毗邻地区交通的主角，除了这条干线以外，四国毗邻地区还有出现其他多条交通路线。经由这些通道，四国毗邻地区一直保持和发展着密切的联系。

1. "北通天竺道"

南诏时期，孟中印缅毗邻地区还有一条由云南大理出发，经缅甸，到印度的交通路线，此为"北通天竺道"。④ 它的具体路线是：从羊苴咩城出发，经永昌、腾冲城，往西北，经宝山城（今缅甸昔马），然后北行，过金宝城（今缅甸密支那），再往北至大赕（即广荡城，今缅甸葡萄）。由大赕往西，翻越大雪山，至东天竺（今印度阿萨姆）；由大赕继续往北，取道通吐蕃赞普牙帐，吐蕃常有商贾至大赕与南诏和天竺商人贸易。

2. 南诏通昆仑道

南诏西南边外有大小昆仑国。小昆仑国在今缅甸毛淡棉地区，大昆仑国在今缅甸莫塔马湾的东岸，自萨尔温江入海口出的莫塔马以南至土瓦广大区域。南诏国与昆仑国有两条道路相通。一道从洱海地区南下开南城（今云南景东），出车里（今云南景洪），至昆仑国；另一道从洱海地区西

---

① 贺圣达：《缅甸史》，第 144 页。

② 何耀华主编：《云南通史》（第四卷），第 389—390 页。

③ 陈茜：《川滇缅印古道初考》，第 175 页。

④ 此道为中国学者陆韧的考证，详见陆韧《云南对外交通史》，第 102—104 页。

至永昌城，出陇川，经缅甸的孟密、洞吾，至昆仑国。①

　　3. "开南—白古道"

　　除了开通、拓展陆路交通之外，南诏时期的中国古籍中还出现了有关南诏与缅甸南部等地区的水陆路综合交通线。按《樊志》所记，这条道路从开南城（今云南巍山）出发，经柳追和都督城（今镇沅）、威远城（今景谷）、奉逸城（今普洱）、利润城（今易武），然后过茫乃道及黑齿等类 10 部落（今西双版纳地区），由这里"陆路至永昌十日城，水路下弥臣国三十日程，南至南海"，即到达白古地区（今缅甸勃固），从白古再行三日程就可到达昆仑国。由于白古是缅甸 7—9 世纪最为繁荣的海港，自南诏以来，开南、威远至白古（缅甸弥臣国）的交通路线已经成为云南与缅甸交往的通行大道。②

　　中国元明及清中期，孟中印缅毗邻地区的交通通道在唐宋通道的基础上继续发展。至清朝中期，由中国云南通往四国毗邻地区的主要通道基本上发展成为驿道或具有驿道性质的交通线。

　　从昆明经元江、车里入缅甸、八百至南海的道路，是中国唐朝开辟的重要对外交通线。明朝设置驿站至元江，清代设置驿站、军站和铺。该道从昆明出发，经晋宁州军站（今晋宁县晋城）过刺桐关。又经新兴州军站（今玉溪市）、新平县吕罗乡军站、扬武坝军站（今新平县杨武镇）、青龙厂军站（今青龙厂镇）、元江州军站（今元江县城）、莫浪塘军站、大歇厂军站、阿黑江军站（墨江县阿墨江畔）、他郎厅军站（今墨江县城）、把江边军站（今宁洱县把边街）、通关哨军站（今墨江通关镇）、磨黑军站（今宁洱县磨黑镇）、宁洱厅军站（今宁洱县城）。这条驿道设驿站至普洱县，普洱以下经思茅厅还有铺，驿路抵达车里司地（今西双版纳），然后出国境，经缅甸、八百等至缅甸南部沿海地区。

　　从赵州经景东、景谷入缅甸、八百至缅甸南部沿海的道路经蒙化厅设有漾濞军站、蒙化厅合江军站（约在今巍山县城附近），还有厅前、石佛街、甸中、甸头、三台、漾濞、澜沧江等铺；景东厅设有厅前铺、他郎铺、厅铺（今景东县城）等铺；威远厅设抱母（今景谷县抱母井）、厅前、景谷、猛乃（今景谷县勐乃）、香盐井（今景谷县香盐）等铺，由香

　　①　何耀华主编：《云南通史》（第三卷），第114页。
　　②　陆韧：《云南对外交通史》，第115—116页。

盐井往下，至普洱，与上述道路相合，然后入缅甸境。①

第三节　孟中印缅毗邻地区互联互通的
近现代历史发展

近现代时期，由于殖民主义和战争等因素，孟中印缅各自境内的铁路、公路、航空、水运等交通建设的发展状况呈现出较大的差异性，毗邻地区互联互通的历史进程也呈现出曲折发展的总体趋向。

一　孟中印缅毗邻地区的近现代铁路交通通道

铁路在其出现之后便在世界各地引发了一场陆路交通的革命，成为世界交通的领导者长达近一个世纪，直至飞机和汽车发明才减低了铁路在陆上交通运输方面的重要性。在近现代时期，孟中印缅毗邻地区互联互通的发展，尤其是交通方式的变迁，首先也是以铁路交通的出现和建设为标志的。

（一）孟中印缅各自境内铁路交通的发展差异

在整个近现代时期，孟中印缅四国的铁路交通建设在发展速度、发展规模等方面呈现出较为明显的差异性。总体而言，印度铁路交通的发展遥遥领先，缅甸次之，中国则才刚刚处于起步阶段。

1. 印度铁路交通的近现代发展状况

为了方便获取殖民利益和有效维持在南亚的优势地位，英国殖民者早在19世纪50年代就开始在印度修筑铁路。从19世纪后半期开始，铁路修筑更是成了"印度基础设施建设最快最大的项目"②，可算是印度在殖民统治时期经济发展的"脊梁"。

1852年2月，印度历史上第一条铁路，孟买—塔纳（Thane）线开始兴修，是年11月竣工建成，全长21.75英里，1853年4月16日正式通车。建成通车之后，英国殖民者又对这条铁路进行了扩建，使其终点延伸

---

① 陆韧：《云南对外交通史》，第219页。

② 姜桂石、姚大学、王泰：《全球化与亚洲现代化》，社会科学文献出版社2005年版，第167页。

至卡尔扬（Kalyan），最终扩建成全长为 35 英里的大印度半岛铁路（Great India Peninsular Railway），也即印度第一条商业性的货运铁路。1855 年和 1856 年，早期印度三大铁路干线的另外两条，即东印度铁路（East Indian Railway）和马德拉斯铁路（Madras Railway），也陆续建成。其中，东印度铁路起自加尔各答，终达拉尔甘杰（Lalganj），全长 121 英里，是印度第一条具有客运功能的铁路线；马德拉斯铁路则由马德拉斯驶出，最后到达阿尔乔特（Arcot），总里程为 65 英里，是为印度南部地区的第一条铁路线。1857—1859 年，印度爆发了震撼英国殖民统治的民族大起义。这次起义不仅改变了殖民政府的统治形式，也使得英国殖民者认识到"没有发达的铁路交通，调动军队不便，就不能及时有效地镇压随时可能爆发的起义"[1]。由此，印度在 19 世纪 60 年代迎来第一次铁路建设高潮，新的线路不断建成，通车里程迅速增加，至 1869 年全印铁道线总长达到约 4000 英里，此外铁路的建设技术和运输能力也有了很大提高。[2]

1869 年是印度铁路交通发展史上的一个转折点。这一年，由于铁路长期亏损，英国殖民者开始部分放弃了原有的铁路利润保障制度，并且同意每年以两百万英镑为最高限额贷款，由印度政府自行修建和经营铁路。自此，政府直接参与建设和经营铁路，印度铁路的修筑和经营也改变了原先仅有私人资本投资建设的面貌。在私营公司与英印政府共同扩建和合作经营的情况下，印度铁路铺设明显加速发展，从 1871 年至 1899 年的 28 年间铁道线总里程由 5077 英里迅速扩展至 23528 英里，增加了 18451 英里，增幅达 363.4%；到了 1900 年，印度铁路通行里程共计 24750 英里，占世界铁道总里程的 5.3%。[3]

经过 19 世纪的建设，印度铁路交通的发展取得了举世瞩目的成就。东印度铁路、大印度半岛铁路、马德拉斯铁路、印度大南方铁路（Great Southern Railway in India）、大吉岭—喜马拉雅铁路（Darjeeling-Himalayan Railway）和孟加拉—那格浦尔铁路（Bengal-Nagpur Railway）等众多铁路

---

① 林承节主编：《印度现代化的发展道路》，北京大学出版社 2001 年版，第 50 页。

② ［印］罗梅什·杜特：《英属印度经济史》（下册），陈洪进译，三联书店 1965 年版，第 452 页。

③ ［日］宫崎犀一、奥村茂次、森田桐郎：《近现代国际经济要览（16 世纪以来）》，陈小洪等译，中国财政经济出版社 1990 年版，第 41—42 页。

干线通行印度次大陆各地，还有一些铁路延伸至了缅甸、中亚细亚和阿富汗，一个四通八达的印度铁路交通网已经初具规模，以印度各大港口为中心向外辐射的各物资供应区之间有了方便的铁路交通。从与中国、缅甸毗邻的地区的铁路交通互联互通的状况来看，印度铁道线已经延伸至东北地区的高哈蒂、丁苏吉亚、雷多等地，并且与加尔各答、吉大港等港口城市相连，为毗邻地区陆上交通进一步连通奠定了基础。[①]

当然，19世纪印度铁路建设当中也存在着不少问题，尤其是铁路现代化的水平普遍不高、配套设施的发展速度严重滞后、工程建设铺张浪费已成习惯、铁路交通非但没有盈利反而增加了财政负担等种种弊端日益凸显。正是在这样的情况下，印度铁路交通建设蹒跚走进了20世纪。

1901年，印度铁路总里程为25373英里，至1914年第一次世界大战爆发之时增加至34656英里，十几年间又增加了9283英里。[②] 在建设步伐继续加快的同时，印度政府还于1905年专门成立了铁路管理局，加强对全印铁路的宏观规划和统一管理，逐步对原先铁路经营权与管理权之间复杂混乱的体系进行调整，以促使铁路管理权逐渐向政府集中。第一次世界大战爆发之后，印度作为英国的殖民地被迫卷入战争，成了英国兵源和物资的重要供应基地。在这种情况下，印度铁路发展遭遇空前困难：一方面日以继夜地输送着英国从事战争所需的战争物资，在整个一战期间向英国输出了1800英里的铁轨、200台机车和6000套机车车辆[③]；另一方面，铁路系统在战时无法进口修复磨损机车所需要的零部件，铁路建设面临设备供应中断的尴尬局面。到了1920年，全印铁道历程数增加至36740英里，只比战前增加了2084英里，发展速度明显减慢。[④] 两次世界大战期间，英国忙于本国的战后重建，对印度铁路的投资相对减少，对印度铁路发展的政策重点则调整为如何更好地利用现有铁路干线，而不是如何新建更多的铁路。1939年第二次世界大战爆发，印度铁路建设再遭重创。为了支援英军作战，设

---

① 牛鸿斌、任佳主编：《跨世纪的中缅印通道——重建史迪威公路研究》，云南人民出版社2005年版，第15页。

② 姜桂石、姚大学、王泰：《全球化与亚洲现代化》，社会科学文献出版社2005年版，第167页。

③ 林承节：《殖民统治时期的印度史》，北京大学出版社2004年版，第252页。

④ ［日］宫崎犀一、奥村茂次、森田桐郎：《近现代国际经济要览（16世纪以来）》，陈小洪等译，中国财政经济出版社1990年版，第202页。

在印度的大部分英国铁路工厂都在战时被迫转向生产枪炮、弹药和其他军事装备，大批铁路机车也被运往中东地区，甚至还有 28 条铁路支线被完全拆走。这样一来，印度的铁道线总长在 1940 年时尚有 41160 英里，而到了1946—1947 年度却下降至 40524 英里，减少了 636 英里。

综上所述，总长达 40524 英里的铁路交通线是英国殖民者给印度留下的一笔独特的殖民遗产，使得印度在独立之际拥有着亚洲第一、世界第二的铁路网。当然，印度的铁路发展在殖民统治时期还存在种种问题，特别是经济效益不高、改进缓慢、与公路等其他交通系统协调性较差等长期没有得到解决，这也成了印度在独立后很长一段时间内经济发展的瓶颈。

2. 缅甸铁路交通的近现代发展状况

除了印度以外，缅甸也是英国殖民者在亚洲进行铁路投资与开发的重要殖民地之一。与印度铁路建设的近现代发展史相似，缅甸铁路修筑也经历了一个从私人资本单独投资经营逐渐发展为私人资本和国有资本共同投资经营的历程。

1885 年，伊洛瓦底江河谷国有铁路公司（Irrawaddy Valley State Railway）开始动工修建缅甸历史上第一条铁路，仰光—普罗美（Prome）线，至 1887 年 5 月建成通车，长 163 英里，主要用于将大米从伊洛瓦底江河谷地区运输至仰光等港口城市。1884 年，锡当河谷国有铁路公司（Sittang Valley State Railway）动工修筑了起自仰光，经勃固（Bago），至东吁（Toungoo）的铁路线，总里程为 166 英里。与仰光—普罗美线的商贸货运用途不同，仰光—勃固—东吁线的修筑初衷主要是英国殖民者为了通过加强对东吁等战略要地的控制而便于下一步吞并整个上缅甸地区。吞并上缅甸之后，英国殖民者对仰光至东吁的铁路线进行了扩建，使之至 1889 年进一步延伸至曼德勒，扩建里程共计 220 英里。东吁—曼德勒段建成通车之后，英国殖民者又成立了穆谷国有铁路公司（Mu Valley State Railway），并开始动工铺设起自实皆（Sagaing），经瑞波（Shwebo）、万托（Wuntho）和杰沙（Katha）等地，终至密支那的一条铁道线，至 1898 年建成通车。随着铁道线的建成，仰光至密支那的铁路干线也最终贯通，全线里程数共计 724 英里。[①]

---

① 19 世纪 80 年代缅甸铁路的早期建设与发展情况，可进一步参见：Joseph Dautremer, *Burma under British Rule*（London：T. F. Unwin, 1913），pp. 194—213。

　　1896 年，上文提到的三家国有铁路公司正式合并为缅甸铁路公司（Burma Railway Company），公司性质仍为国有公营企业。此后一段时期，缅甸铁路公司成了殖民统治时期缅甸铁路建设的主导者。1898—1905 年，该公司共计修筑了 278 英里的铁路干线，此外建设了若干铁路支线。在铁路支线当中，仰光—卑谬（Pye）线全长 110 英里，使得勃生（Pathein）河口以东至仰光河口的伊洛瓦底江三角洲有了便利的铁路交通；曼德勒—西保（Hsipaw）—腊戍（Lashio）线全长 117 英里，含当时世界上最长的铁路高架桥，即长达 2260 英尺长的戈克特克高架桥（Gokteik Viaduct），全线穿行于今天缅甸掸邦的山区地带，是当时中印缅毗邻地区的重要铁道线之一。[①] 1907 年，缅甸铁路公司修筑的自勃固—毛淡棉（Mawlamyine）以及自毛淡棉—马达班（Martaban）的两段铁路线建成通车，两段铁路之间由毛淡棉的渡船进行乘客中转。由于仰光—勃固一段已有铁路通行，因此勃固—毛淡棉—马达班线的通车最终使得伊洛瓦底江与萨尔温江之间也有了铁路交通。[②] 第一次世界大战爆发后，出于支援英军作战目的，在英国殖民统治者的授意之下，缅甸政府又投资修筑了从毛淡棉丹老群岛（Mergui Archipelago）北部叶县（Ye）以及从达西（Thazi）至卡劳（Kalaw）的两段铁路。

　　到了 1914 年左右，缅甸近现代铁路交通网已经基本建成，主要由纵贯缅甸南北的仰光—密支那铁路以及曼德勒—腊戍、勃固—叶县、仰光—卑谬等铁路干线为骨架构成，与东南亚中南半岛其他国家铁路网互不联通，构成了东南亚中南半岛上的一个独立铁路网。1928 年，缅甸铁路公司宣布解散，铁路修筑转由缅甸政府直接投资和经营。此后，由于公路交通运输的竞争加大，缅甸铁路系统遭遇资本收益下降的困境，铁路建设发展速度明显减慢。至 1942 年，缅甸共有 3313 公里的米轨铁道，但由于第二次世界大战期间日军侵略的破坏，战后仍能通车运行的铁道线仅剩 1085 公里，且各主要铁路路段之前的连贯性远远不能与两次世界大战之

---

　　① Paul Kramer, "Empires, Exceptions, and Anglo-Saxons: Race and Rule between the British and United States Empires, 1880—1910", *The Journal of American History*, 88（4），2002, pp. 1315—1353.

　　② Virginia Thompson, "Communications in Burma", *Far Eastern Survey*, 11（2），1942, pp. 29—31.

前的状况相比。[①]

3. 中国铁路交通的近现代发展状况

中国有铁路的历史开始于清朝末期。1876年，以英国怡和洋行为首的英国资本集团以修建"寻常马路"为名，背着清政府擅自修建了一条从吴淞至上海的一条长15公里的窄轨轻便铁路，于当年7月3日通车。这条铁路即中国历史上的第一条铁路，也是中国的第一条营业性铁路。此后，由于火车轧死行人以及当地群众抵制火车通行等原因，中英双方签订了《收买吴淞铁路条款》，清政府出银28.5万两，分3次交款赎回这条铁路，并最终予以拆除。[②]

1881年，在洋务派的多次建议和推动下，开始动工修建唐山—胥各庄（今丰南县）的一段铁路，同年6月9日开始铺轨，11月8日举行通车典礼，命名为唐胥铁路，长约10公里。1885年，由于中法战争的失败，清政府勉强接纳洋务派把铁路与海防联系在一起的建议，同意以官督商办的形式将唐胥铁路扩建至芦台。1887年，胥各庄—芦台铁路段建成通车，与唐山至胥各庄一段连通，两段共长45公里，称唐芦铁路。唐芦铁路通车的同年，洋务派修建津法铁路的奏请也获清廷批准，至1888年秋成功修筑了芦台至塘法和天津的长约86公里的铁道线。至此，东起唐山，西至天津，全线130公里的一条铁路最终建成。唐山—天津间的铁路建成通车后，兴修铁路成为洋务派很长一段时间内坚持的重要主张之一。不过，由于清政府的腐败顽固和闭关锁国，中国自主修筑铁路的序幕虽然已经缓慢拉开，但截至甲午战争爆发，筑成的铁路一共也才348公里。[③]

1894年，清政府在中日甲午战争中战败，此后帝国主义列强掀起瓜分中国的狂潮。从19世纪末至20世纪初，帝国主义列强把掠夺中国铁路作为侵略和瓜分中国的重要手段之一，企图通过霸占铁路伸展其势力范围，并扩大对华资本输出和加强对清政府的控制，中国铁路发展史进入了一段混乱和落后的时期，铁路权不断被吞噬和掠夺。据统计，20世纪前

---

① http://www.railwaygazette.com/news_view/article/2004/11/7554/update_from_myanmar.html.

② 金士宣、徐文述：《中国铁路发展史（1876—1949）》，中国铁道出版社2000年版，第9页。

③ 同上书，第11—16页。

十年帝国主义列强掠夺中国铁路权的浪潮达到高峰期间，中国先后筑成京汉、东清、胶济、滇越、汴洛、正太、沪宁、津浦等21条铁路干线，通车里程共计9200多公里，其中由列强直接或间接投资经营的高达8300余公里，占90%以上，中国自办的铁路线仅有850公里。①

随着民族资本主义的发展以及民族意识的觉醒，1905年前后，一场反对列强控制和掠夺我国铁路以及收回路权的运动逐渐在全国多个省区开展起来，商办铁路的热潮也自此开始。其中，四川成立川汉铁路公司，通过民间筹资，动工修筑川汉铁路；浙江成立浙江商办铁路公司，并在安徽等省的铁路公司的支持下，兴办全浙铁路；湖南、湖北和广东三省也掀起自办粤汉铁路的运动，分别成立铁路公司，自行筹款筑路。1911年5月，清政府宣布"铁路国有"政策，将已经私有化的川汉、粤汉两条铁路收归国有。此举招致了四川、湖南、湖北、广东等省各界人士的反对，掀起了声势浩大的保路运动，并点燃了武昌起义的导火线，促进了辛亥革命的到来。

中华民国成立之后，中国铁路建设的状况虽有所改观，但建成的铁路仍不算多，全国铁路系统"缺干少支"的状况依然延续。北洋政府统治时期，各系军阀"多是以路权换取铁路贷款，然后移充军政费用维持其统治"，铁路新线的建设异常缓慢，关内各省新修的铁道线仅2100公里，东三省仅1800公里，共计3900公里。② 更加严重的是，帝国主义各国还趁北洋军阀混战之际，掀起了第二次掠夺中国铁路权的浪潮，在1912—1916年的短短几年间共夺得长达13000余公里的铁路权。其中，比利时夺得龙海铁路贷款修建权，英法德美四国银行的湖广铁路借款合同继续执行，比利时和法国联手夺得了同成铁路的贷款权，法国夺得钦渝、叙成两条铁路的贷款权，英国夺取浦信、宁湘、沙兴、昆大等铁路的贷款权，德国夺得顺济、高韩两条铁路的贷款权，美国夺得株钦、周襄两铁路的贷款权，沙俄掠夺了滨黑、墨齐两条铁路的贷款权；此外，日本还在辛亥革命

---

① 陈振江、江沛主编：《中国历史·晚晴民国卷》，高等教育出版社2001年版，第111—112页。

② 金士宣、徐文述：《中国铁路发展史（1876—1949）》，中国铁道出版社2000年版，第280页。

前后和第一次世界大战期间掠夺了大量中国铁路权。[①]

1928 年，南京国民党政府成立，蒋介石专权的时代自此开始。在南京国民政府统治时期，主要是以官僚买办资本与帝国主义垄断资本"合资"的方式修建铁路。据统计，自 1928 年 3 月国民党"三大"召开后至 1935 年下半年，全国共建铁路 1763 公里；而 1936 年到 1937 年的一年半时间里，共建成铁路 2030 公里；中国除东北以外的铁路里程数共计 11700 公里。新建的铁路多集中在长江流域，过去铁路过分集中在长江以北的布局有所改变。[②]

抗战时期，中国社会重心迅速西移，国民党政府曾在西南和西北的大后方修筑了几条铁路，以便战争物资的运输和加强对抗战大后方的统治。而在沦陷区内，大部分铁路都可以说已经"殖民地化"，即铁路权落入日寇之手，并被用作其侵华工具。抗战胜利后，全国实际能通车的铁路只有 22600 公里，铁路线网偏于东北和沿海地区，布局不合理、机车设备陈旧落后、管理分散、运输效率低下等问题尤其突出。[③]

（二）孟中印缅毗邻地区的近现代铁路交通通道

在遭受殖民主义侵略和统治的特殊历史条件下，铁路在孟中印缅毗邻地区的近现代交通史上占有重要的地位。虽然不同的人出于不同目的提出的贯通孟中印缅的铁路修建计划和方案令人眼花缭乱，但真正打通毗邻地区的陆上通道的铁路交通实际不算太多。

1. 殖民者的探路活动和铁路修筑计划

贯通中缅印是殖民主义者加强资源掠夺、加速商业开发和拓展殖民地价值的一项重要目标。为此，来自西方的军人、商人、传教士和探险家等纷纷进入孟中印缅毗邻地区的高山深谷和大小道路，开始了其探路和考察之旅，并在此过程中提出了不少铁路修筑计划和方案，意图进一步打通中印缅之间的陆上通道。

1831 年，英国军官理查德·斯普莱（Richard Sprye）利用参加过第一次英缅战争的经历以及对滇缅历史商道的了解，提出了一条由缅甸毛淡棉

---

① 金士宣、徐文述：《中国铁路发展史（1876—1949）》，中国铁道出版社 2000 年版，第 234—246 页。

② 陈振江、江沛主编：《中国历史·晚晴民国卷》，高等教育出版社 2001 年版，第 286 页。

③ 金士宣、徐文述：《中国铁路发展史（1876—1949）》，中国铁道出版社 2000 年版，第 491 页。

开始，溯萨尔温江北上，经景洪，至中国云南内地的铁路线计划，即萨尔温江路线。1856 年，斯普莱又向英国政府提议，修建从缅甸仰光至中国云南的铁路线，还建议最好将该线路修至广州，以便缩短从英国到中国东部沿海的路程。1858 年，斯普莱第三次向英国政府提议，勘测并修筑由仰光到税打，沿萨尔温江北上至大考渡口，再过景栋、江洪，至思茅，最终延伸至长江流域的铁路线，以期实现从英属缅甸顺利通达中国东南地区。[①]

1856—1863 年，英国驻缅甸首都瓦城代理专员克莱门特·威廉姆斯（Clement Williams）率队沿伊洛瓦底江逆流而上，在缅甸八莫一带对开辟伊洛瓦底江至长江的贸易路线进行考察，并提出了顺伊洛瓦底江而上，到达八莫后，转至滇西腾越的交通路线，即八莫路线。1868 年，英国驻缅甸首都瓦城外交代表爱德华·斯莱登（Edward Sladen）又率探路队进入滇西一带考察。斯莱登考察队由缅甸出发，行至滇西腾越后被杜文秀政权所阻，停留两个月后返回。此后，斯莱登向英属印度政府提议，在八莫路线的基础上进行调整，修筑一条八莫—腾越—大理的铁路线。[②]

1867 年，英属印度加尔各答商会代表古柏（Coper）顺长江水道西行，经四川藏区后转而南下，进入云南德钦和维西等地，至大理后为清军所阻折返。两年以后，古柏又为寻求印藏之间的贸易商路而从加尔各答辗转阿萨姆后进入西藏，但刚越过边界入藏后不久便遭当地官员所阻而返回。回到加尔各答以后，古柏也向英国政府提出打通中印交通通道的建议，即修筑从缅甸八莫至云南大理的滇缅铁路以及修筑从阿萨姆萨地亚至西康巴塘的印康铁路。[③]

1874 年，英国再次派出以柏郎上校为首的探路队，在近 200 人的武装士兵护送下，探查缅滇陆路交通。英国驻华公使派出翻译马嘉理南下迎接。1875 年 1 月，马嘉理到缅甸八莫与柏郎会合后，向云南边境进发。2月 21 日，在云南腾越地区的蛮允附近与当地的少数民族发生冲突，马嘉理与数名随行人员被打死。这即是"马嘉理事件"，或称"滇案"。次年7 月，为结束"滇案"，清政府派李鸿章与英国代表威妥玛在山东烟台签

---

① 任佳、牛鸿斌、周智生：《中国云南与印度历史现状和未来》，云南人民出版社 2006 年版，第 125—126 页。

② 同上书，第 126—127 页。

③ 同上书，第 129—130 页。

订中英《烟台条约》。根据该条约及其附带的"另议专条"的规定，英国可开辟印藏交通，可派探路队由北京经甘肃、青海或四川等地进入西藏，或由印度进藏。据此，英国得到了入侵中国西南边境的"条约权利"。

1882 年，英属印度政府官员葛洪（Colquehoun）赴中国进行游历期间从广州进入云南考察，曾行经大理和思茅等地，最后辗转到达缅甸首府曼德勒。根据其的考察经历，葛洪提出了有关滇缅铁路的新计划，即以玛打万为起点，经景迈，过掸邦、江洪，抵思茅的一条铁路线。与斯普莱提出的萨尔温江路线相比，葛洪线与之平行但更加偏东，目的是"为了更有利于与法国在越南的实力相抗衡"。在英国海内外商会的资助下，葛洪与探险家哈雷特共同完成了其提议的铁路线的勘测工作，并于 1885 年回英筹集修筑经费。但是，英国资本家不愿私人投资这一冒险事业，反而将葛洪铁路计划丢给政府，致使该计划也与其他铁路修建计划一样未能变为现实。①

1893—1900 年，英国著名探路者、时任英国远东情报局局长的戴维斯先后四次进入中国云南、四川、西藏等地以及长江流域考察，详细探查了云南至四川、西藏、贵州的道路以及由中国西南通往缅甸、越南的通道。通过历时数年的探路活动，戴维斯最终写成《云南：联结印度和扬子江的锁链》一书，对"一条可以联结缅甸边界滚弄和乘船可能到达扬子江上游的铁路路线"进行了详细分析，强调了云南在修筑通过铁路贯通印度与扬子江上游中的重要地位，并提出了从缅甸边境滚弄修筑直通扬子江的铁路以及修筑从缅甸八莫至云南腾越的建议，即从两个方向修筑滇缅铁路。②

2. 国有东孟加拉铁路以及阿萨姆—孟加拉铁路

为了加强对英属印度东北边疆的控制，同时也为了实现贯通印藏和入侵中国西南的目的，英国殖民者重视在当时英属印度的孟加拉省和阿萨姆省修筑铁路，其中国有东孟加拉铁路（Eastern Bengal State Railway）以及阿萨姆—孟加拉铁路（Assam-Bengal Railway）在孟中印缅互联互通近现

---

① 吕昭义：《英属印度与中国西南边疆：1774—1911 年》，中国社会科学出版社 1996 年版，第 146—147 页。

② ［英］H. R. 戴维斯：《云南：联结印度和扬子江的锁链——19 世纪一个英国人眼中的云南社会状况及民族风情》，李安泰等译，云南教育出版社 2000 年版，第 23—24、196—197、320—323 页。

代发展史上的意义较为重要。

国有东孟加拉铁路是英国殖民者在英属印度的东孟加拉和阿萨姆两省境内修筑的首条国有铁路，主要通行于今天孟加拉国境内，为分段修筑而成。1862 年自加尔各答开始建设，1874 年修筑至恒河南岸的萨拉，1874年再修至大吉岭，1884 年又扩建至阿萨姆的老萨地亚城并于萨地亚当地铁路连通，全线总长 3227 英里。[①] 国有东孟加拉铁路建成通车后，英国殖民者又对其进行扩建，至 1890—1891 年度扩建历程共计 783 英里，最终实现与国有北孟加拉铁路（Northern Bengal State Railway）的线路贯通。[②] 至此，这一铁路系统可覆盖后来英属印度东孟加拉和阿萨姆省（Eastern Bengal and Assam Province）[③] 的大部分地区。

在国有东孟加拉铁路系统完工后，英属印度政府又于 1891 年批准了修建阿萨姆—孟加拉铁路的计划，并于当年开工建筑。1892 年，阿萨姆—孟加拉铁路公司（Assam Bengal Railway Company）成立，负责该铁路的督造。1896 年，昌德普尔（Chandpur）—巴达尔普尔（Badarpur）的 115 英里干线建成通车。此后阿萨姆—孟加拉铁路的建设则进入干线与支线同步修筑的阶段。其中，干线全线建成以 1903 年麦沙桑（Maishashan）经卡仁甘杰（Karimganj）至丁苏吉亚（Tinsukia）的 342 英里线路开通为标志；而支线修筑则以下列两条线路较为重要：一条支线从锡尔查尔（Silchar）通行至苏尔玛谷地（Surma Valley）东端的吉大港；另一条支线则在阿萨姆谷地南部穿行，从高哈蒂至丁苏吉亚，并经由一条穿越北

① 任佳、牛鸿斌、周智生：《中国云南与印度历史现状和未来》，云南人民出版社 2006 年版，第 60 页。

② Sirajul Islam eds. , *History of Bangladesh* 1704—1971（Dhaka：Asiatic Society of Bangladesh, 2007），Vol. II Economic History, p. 16.

③ 1905 年，时任印度总督的寇松（Curzon）主持英属印度孟加拉地区的划分，孟加拉地区被分为东、西二部分，东部地区主要是伊斯兰教徒聚居地，西部则主要为印度教徒。孟加拉分治后，东孟加拉与阿萨姆合并建省，称"东孟加拉和阿萨姆省"，属英属印度地方一级行政区划，主要由原孟加拉管区（Bengal Presidency）的东部地区构成，包括今天的孟加拉国和印度阿萨姆邦（Assam State）、梅加拉亚邦（Meghalaya State）、米佐拉姆邦（Mizoram State）、那加拉邦（Nagaland State）和特里普拉邦（Tripura State）。1911 年，英属印度政府将孟加拉地区东西两个部分重新归于统一，并撤销东孟加拉和阿萨姆省的行政建制，此后又以语言划分为标准在其原有辖区范围内新建三个省，即西部的比哈尔省（Bihar Province）和奥里萨省（Bihar Province）与东部的阿萨姆省（Assam Province）。

卡恰尔山区（North Cachar Hills）的铁道线与苏尔玛谷地的上述支线在卢姆丁格（Lumding）相交。1906年，原有的诺卡利铁路（Noakhali Railway）再被合并进入阿萨姆—孟加拉铁路交通网。建成后的阿萨姆—孟加拉铁路网，干线全长约2100公里，火车可在阿萨姆至吉大港之间便利通行。[1]

3. 孙中山的铁路建设计划

中华民国时期，孙中山把兴发实业以求国家富强作为革命主要任务之一，提出了若干有利于促进孟中印缅毗邻地区互联互通的构想，虽然这些构想并未成为现实，但其在当时历史条件下的积极意义也应给予充分肯定。

孙中山在早年进行革命时，就研究过世界各国铁路事业的发展历程以及帝国侵略中国铁路权的历史。武昌起义之后，他也对中国人民保卫和收回铁路权的运动加以声援。1912年8月，孙中山与黄兴应袁世凯相邀同赴北京共商国是。在京期间，中山先生明确表示"愿全力从事铁路建设"，并于9月12日接受了袁世凯委任，全权负责筹办全国铁路，任全国铁路督办的职务。随后，中山先生在上海成立中国铁路总公司，并拟定了修建三条铁路的计划，分别着眼华南、西南和西北，其中着眼于西南的计划即拟修筑由广州经广西、云南接缅甸的铁路。[2]1913年，袁世凯为解决辛亥革命中所产生的或遗留下来的种种问题，特别是国库空虚问题，向英、法、德、俄、日五国银行团进行"善后大借款"。孙中山认为善后大借款合同与广渝铁路借款合同冲突，并向交通部提出交涉，但未能使袁世凯的借款意图有所改变。7月23日，袁世凯下令撤销孙中山筹办全国铁路的职权，中山先生提出的三条铁路修筑计划胎死腹中。第一次世界大战结束后，孙中山在其《实业计划》一书中勾勒了中国交通事业的发展远景，尤其强调应首先建设10万英里（即16万公里）的铁路，并制定了中国铁路网系统规划。根据中山先生按地区分别制定的铁路计划，在包括西藏、青海、新疆的一部分以及甘肃、四川、云南等地的广大地域内，计

①　Sirajul Islam eds. , *History of Bangladesh* 1704—1971（Dhaka：Asiatic Society of Bangladesh, 2007），Vol. Ⅱ Economic History, p. 17.

②　金士宣、徐文述：《中国铁路发展史（1876—1949）》，中国铁道出版社2000年版，第236—248页。

划修筑高原铁路系统。[①] 可惜的是，由于北洋军阀的统治与混战，以及帝国主义列强对中国经济的侵略和垄断意图，中山先生的《实业计划》和铁路建设计划虽然得到社会舆论的赞誉和拥护，但在整个国民党政府统治时期却未能付诸实践。

4. 滇缅铁路

滇缅铁路是国民党政府在抗战期间，从依赖"外援"的需要出发，用最大力量修建所谓"国际铁路"的重要线路。

1938 年 12 月开始，滇缅铁路开始动工修筑。自昆明，经安宁、禄丰、一品浪、楚雄云南驿至祥云，此后滇缅铁路分为南北两线两种方案。其中，北线自祥云向西，经下关，跨越澜沧江，至保山，再跨怒江，至腾冲，沿大盈江，至缅甸的八莫，又沿伊洛瓦底江，与缅甸铁路相接。北线方案的主要优势在于线路大致沿历史上中缅之间的西向交通通道而行，且腾冲等地官商支持力度较大；缺点则在于，线路绵长，需跨越多条江河和高山峻岭，施工难度显而易见。南线起自祥云的清华洞，南行至弥渡，跨漾濞河、澜沧江后至云县、孟输、孟涧，之后向西南沿南定河行至苏达，与怒江/萨尔温江对岸的缅甸滚弄连接，再至腊戍，也与缅甸境内铁路相接。与北线相比，南线方案路程较短，工程难度也较小，最终得以采用。根据南线方案，中国境内铁路线长 880 公里，滚弄—腊戍一段长 184 公里，南线全长 1064 公里。此外，为与缅甸境内铁路连通，中国境内的铁道轨距定为 1 米，轨重每米 35 公斤，最大坡度 30‰。[②]

1941 年 2 月 17 日，英政府为促进中国继续抗日，主动通知国民党政府，称愿意协助缅甸政府修建自腊戍—滚弄的铁道线。同年 5 月，美国政府也决定援引《租借法案》，为滇缅铁路的建设提供材料及运费的借款共计 1500 万美元。此后，国民党政府利用国际援助，加紧修筑滇缅铁路，最初是利用滇越铁路中国境内段拆下的铁轨等材料，铺设昆明—安宁以及安宁至一品浪的路基工程，后来则抢修祥云—滚弄的铁道线，争取 1942 年年底前建成澜沧江和怒江上工程量较大的铁路桥梁。

1942 年，日军侵占了缅甸，随后又攻陷了我滇西重镇腾冲、龙陵、

---

① 金士宣、徐文述：《中国铁路发展史（1876—1949）》，中国铁道出版社 2000 年版，第 232 页。

② 同上书，第 429 页。

畹町等地，直接威胁到抗战的整个西南大后方。为防止日军利用滇缅铁路侵华，国民党当局不得不炸毁滇缅铁路西段已修好的路基、涵洞等基础工程，并下令在建路段全线停工。抗战胜利后，滇缅铁路失去了作为国际通道的战略意义，已无修建的必要，整个工程最终功亏一篑。

二　四国毗邻地区的近现代公路交通通道

与铁路相比，孟中印缅各自的公路交通在近现代发展较为缓慢。尤其是在英属印度和英属缅甸，由于英国殖民者将陆上交通的开发重点放在铁路建设方面，公路交通条件虽有一定改善，但所取得成就较小。在孟中印缅毗邻地区，步驿道路线和驮马运输线长期存在，许多路段崎岖难行，公路干支线的通车里程较为有限。

（一）孟中印缅各自境内公路交通的变化

近现代时期，孟中印缅各自境内的公路交通条件有了一定改善，但也存在一些差异性。中国的近现代公路交通从清朝末期开始起步，后经过艰难发展，至新中国成立前全国公路交通网初具雏形。而在英属印度和英属缅甸，公路交通的发展受到铁路优先发展的制约，发展速度相对缓慢。

1. 中国公路交通的近现代发展状况

清末和北洋政府时期，即 1912—1927 年，是中国近现代公路交通的萌芽阶段。1908 年，苏元春在驻守广西南部边防时开始兴建从龙州至那堪的一条长约 30 公里的公路，后因工程艰巨，只修通了从龙州至鸭水滩长 17 公里的一段，这成为了中国近现代史上的第一条公路。此后数年，东南沿海各省成为这一时期公路修筑的主要地区，大多数公路均为地方自主发起且以民间集资或商人集资进行修建为主要特征，比较重要的几条公路例如：广西的邕宁—武鸣公路，1915 年开工，1919 年通车，长约 42 公里；广西的龙州—水口公路，1917 年开工，1919 年通车，长约 33 公里；广东的惠州—平山公路，1913 年开工，1921 年通车，长约 33.2 公里等。至 1927 年，中国公路经过初步发展，通车总里程共约 29000 公里。可是，在当时军阀割据混战的情况下，各省区大多各自为政，因此公路修建方面可以说既无规划也无标准。

1927 年，国民政府的交通部和铁道部草拟了全国道路规划及公路工程标准，自此中国公路修建开始被纳入到了国家建设规划当中。1932 年，国民政府经济委员会筹备处奉命督造苏、浙、皖三省联络公路，仿照国外中央贷款筑路办法，将筹集到的资金放贷给各省作为补助筑路之用，另外还组织三省道路专门委员会统筹规划工作。1932 年冬，在督造苏、浙、皖三省联络公路的基础上，国民政府又在浙江溪口召开了苏、浙、皖、赣、鄂、湘、豫七省公路会议。此次会议不仅确定了上述七省的公路建设路线，而且还将陕、甘、青等省和赣、粤、闽边境的重要公路纳入了督造计划。此外，会议还决定在西北地区修筑西安—兰州和西安—汉中两条公路，以便陕、甘、川三省的公路交通得以连贯。据统计，截至 1937 年 7 月，全国公路网已基本建成，计有干线 21 条，支线 15 条，公路通车总里程达 10.95 万公路。①

1937 年，抗日战争爆发，平汉线、粤汉线等几条中国主要铁路干线被日军切断，上海、广州等口岸也遭到封锁。在这种情况下，中国在战时改善和抢修了多条公路运输线，并使得公路成为了这一时期的主要陆上交通通道。其中，在西南方向，中国主要修筑和改善了川陕、滇缅、川湘、湘黔、黔桂、川黔、黔滇以及湘桂等重要公路。尤其值得一提的是，西南地区的公路整修工程大多服务于抗战需要，虽然地处自然条件较为恶劣的边陲地带，但施工队克服了勘测艰难、施工艰巨等重重困难，成功打通了联通抗战大后方和沟通国际交通运输线的公路交通要道。

解放战争时期，中国的公路交通仍以军用为主，建设进展不大，且还因为战争持续多年等因素而遭到严重破坏。1946 年 12 月，中国公路总里程达 130307 公里，但到了新中国成立前夕，全国能通车的公路里程数却仅有 75000 公里。

纵观中国公路近现代发展史，中国公路虽然经历了从无到有、从少到多的发展历程，建设标准和修筑技术都有了逐步提高，但是因缺乏资金、缺少规划、战争破坏等种种原因，建成的公路分布不合理、路况条件较差、公路养护严重落后等问题也十分突出，贯通全国的公路交通网还只能说是初具雏形。

2. 印度和缅甸公路交通的近现代发展状况

同属英国殖民地的印度和缅甸，其陆上交通在殖民统治时期呈现出铁路交通与公路交通的发展极度不平衡的状况。英国殖民者出于自身私利，

---

① 陈振江、江沛主编：《中国历史·晚晴民国卷》，高等教育出版社 2001 年版，第286—287 页。

将铁路作为陆上交通基础设施建设的重中之重，因而在很大程度上就忽略并制约了英属印度与英属缅甸的公路建设。英国殖民者从 19 世纪 30 年代开始对印度的商道进行修复，此后则主要修整了从孟买到加尔各答、从加尔各答到白沙瓦、从马德拉斯到班加罗尔的主要公路干线，其中一部分属于新建路线。① 就缅甸的情况而言，其境内的公路里程在 1891 年时约 4000 公里，至 1915 年时达 8000 公里，境内公路纵横上下缅甸，并曾将公路修到了距离滇缅边界不远的茅草地。②

（二）孟中印缅毗邻地区的近现代公路交通通道

与铁路交通相配合，通过修筑近现代公路，打通中、缅、印的陆上交通通道，这是近现代孟中印缅毗邻地区互联互通发展史的重要内容之一。在近现代时期，除了商贸互通的需要之外，孟中印缅毗邻地区的重要公路交通主要是出于战争时期的特殊需要而修建的。

1. 二战以前孟中印缅毗邻地区的公路交通

清末民初，茶马古道的马帮运输路线作为铁路交通的重要补充，在孟中印缅互联互通史上仍然发挥着重要的作用。不过，以茶马古商道为代表的古商道大多线路曲折，崎岖难行，通行不便。因此，英国人等殖民主义者在近现代陆续推出了不少贯通滇缅印交通的计划和方案，重点在英属印度与英属缅甸修建可通往中国西南的铁路。而就中国方面的情况而言，云贵川等西南省份则不仅提出了对外交通的公路修筑计划，而且开始往多个方向修筑通往国外的汽车路。

大致在 20 世纪 20 年代，云南就提出了早期的通往国外的公路修建方案，计划在滇西方向修筑昆明—大理—腾越线，在滇南方向修建昆明—思茅线，两条线路均可通往缅甸。1924 年，云南开始修筑昆明—滇西的可通行汽车的公路。至抗战爆发前夕，可以通车的路段主要有两段，即 411.6 公里的昆明—下关段和 547.8 公里的下关—畹町段。③

印缅之间的陆上交通在第二次世界大战爆发前发展滞后，古代商贸往来的步行道和马行道仍然大量存留，近现代公路则仍未出现，英国殖民者

---

① 林承节：《殖民统治时期的印度史》，北京大学出版社 2004 年版，第 59 页。

② 任佳、牛鸿斌、周智生：《中国云南与印度历史现状和未来》，云南人民出版社 2006 年版，第 60 页。

③ 牛鸿斌、任佳主编：《跨世纪的中缅印通道——重建史迪威公路研究》，云南人民出版社 2005 年版，第 17—18 页。

仅在少数地方为了掠夺资源和驻军调动的需要而整修道路。例如，在缅北方向，至 1930 年有汽车路连通孟拱（Moegaung）、卡马英（Kamaing）和丁格林（Tingring），路段约为 26 英里；在缅甸中部，有从曼德勒西行进入实皆省的跨伊洛瓦底江桥梁；在印缅接壤的阿拉干山区，由于异地通商的发展，有公路可连通孟加拉；等等。据云南学者考证，在第二次世界大战前，印缅之间唯一可通行汽车的一条公路是英军于 1942 年从缅甸向印度撤退过程中修筑的简易公路，起自曼尼普尔因帕尔（Imphal），穿越那加山区和钦敦江后，经德木（Tamu）、葛礼瓦（Kalewa）、耶乌（Yeu）和瑞保（Shwebo）等地，到达曼德勒。①

　　2. 滇缅公路

　　抗日战争爆发后，"拓展和开辟战时对缅交通线成为云南等战略后方的支前主题之一，大大加快了公路建设步伐，其中尤以滇西线和对缅印交通的成效显著"②。

　　1937 年 8 月，云南省主席龙云向蒋介石提出《建设滇缅公路和滇缅铁路的计划》，建议各修筑一条从昆明出发，经云南西部到缅甸北部，最后直通印度洋的铁路和公路。龙云的建议引起国民政府的高度重视，交通部部长随即率领工程考察团赴滇勘测路线。1937 年 11 月，经过选线对比，滇缅公路最终确定了下关—保山—龙陵—芒市—畹町的线路方案，云南方面负责道路修筑，国民政府则提供经费补助。1937 年 12 月，滇缅公路段开始陆续动工，次年 1 月进入建设高潮。由于抗战形势的日益紧迫，滇缅公路的很多路段只好边勘测边施工，国民政府也提出滇缅公路"先求通、后求好"的方针。1938 年 9 月初，滇缅公路全线建成通车，成为中国公路建设史上的一个奇迹。以中国云南省今天的行政区划来说，滇缅公路沿途依次行经了昆明、安宁、禄丰、楚雄、南华、祥云、大理、漾濞、永平、保山、龙陵、芒市、瑞丽等县市，跨越了螳螂川、绿汁江、龙川江、漾濞江、澜沧江、怒江等河流，穿越了点苍山、怒山、高黎贡山等山脉。

　　随着日军进占越南，滇越铁路中断，滇缅公路竣工不久就成了中国与

　　① 任佳、牛鸿斌、周智生：《中国云南与印度历史现状和未来》，云南人民出版社 2006 年版，第 67 页。

　　② 牛鸿斌、任佳主编：《跨世纪的中缅印通道——重建史迪威公路研究》，云南人民出版社 2005 年版，第 17 页。

外部世界联系的唯一的运输通道。这是一条诞生于抗日战争烽火中的国际通道。这是一条滇西各族人民用血肉筑成的国际通道，滇缅公路在第二次世界大战中扮演着重要的角色。

3. 史迪威公路

1941 年 12 月，日军突袭珍珠港，美国被迫直接卷入第二次世界大战，此后太平洋战争由此爆发。此后，日军在当月下旬至次年 1 月迅速占领缅甸毛淡棉等地，进逼仰光，英军同意中国军队入缅布防。为了切断中缅陆上交通，日军从滇缅公路通车后不久便开始对其进行轰炸，并迫使该公路在 1940 年一度封闭和在 1942 年完全中断。

1940 年秋，国民政府交通部建议另建通往印度洋公路通道，并提出以西昌为起点，以印度阿萨姆萨地亚为终点，分为川滇藏印和川滇缅印的南北两条线路方案。经过与美英等同盟国的多次协商，最终确定了起自印度雷多，经缅甸密支那，进入中国边境后与滇缅公路相连接的中印公路基本走向。

1942 年，中印公路开始兴建，至 1945 年 1 月开始通车，总共投入成本约 1.5 亿美元，17000 多名美国工程人员，以及 35000 名当地居民的人力，完工时超过 1100 名美国人员和数量更多的当地劳工死于各项意外。中印公路建成后，蒋介石为纪念约瑟夫·史迪威将军指挥下的盟军部队和中国军队在缅甸战役中以及修筑公路的过程中做出的卓越贡献，以其名字将这条公路命名为史迪威公路。

建成通车后的史迪威公路在中国境内为 320 国道，起点在云南昆明，经安宁、楚雄、南华、大理、永平、保山、龙陵、潞西后，由畹町出境，在缅甸境内经木姐、八莫、密支那、新平洋后，最后进入印度东北边境的雷多，全线通车里程共计 2125 公里，中国境内路段共 850 公里，缅印境内路段合为 1275 公里。其中，中国昆明—缅甸木姐的路段与滇缅公路共线，通车里程为 905 公里。[①]

1946 年，中国远征军又新建中国云南腾冲通往缅甸密支那的公路，即腾密公路，也称新中印公路。这条公路的起点在滇缅公路与中印公路共线的 320 国道保山市，翻越高黎贡山后到达腾冲，在腾冲口岸出境，过伊

---

① 牛鸿斌、任佳主编：《跨世纪的中缅印通道——重建史迪威公路研究》，云南人民出版社 2005 年版，第 27—28 页。

洛瓦底江，在缅甸境内依次经甘坤地、昔董和瓦晓后到达密支那，此后该公路与史迪威公路相接并共线，最终也可达印度雷多。滕密公路全线约长295公里，中国境内约180公里，境外约115公里。①

史迪威公路与滇缅公路相通，共同构成了与海上运输线相连接的中国"抗战生命线"，保障了盟军在太平洋战场的物资供应，有力地支持了滇西和缅北的盟军大反攻，在中美英同盟国反法西斯的远东战略中处于关键环节，在第二次世界大战中发挥了巨大的历史作用。

三　孟中印缅毗邻地区近现代的水路交通和空中交通

在陆路交通兴修建设的同时，水路交通和空中交通也在近现代对孟中印缅毗邻地区的交通连接构成了重要补充和支持。当然，相对于陆路交通而言，这一毗邻地区的近现代水路交通和空中交通的发展还处于起步阶段，发展程度十分有限。

（一）四国毗邻地区近现代的水路交通

水路海运可谓是孟中印缅之间在近现代时期发展起来的重要交通通道之一，且经多个港口串联成为毗邻地区的水路交通网。

在英属缅甸，毛淡棉港在1926年被英国人建成商港，西至仰光165海里，东至勃生港310海里，南至槟城港744海里，与对岸的马达班港隔海相望，直至1852年一直是英属缅甸的最大海港；1853年，仰光也被英国殖民者建为贸易港口，并迅速取代毛淡棉港成为缅甸最大、最重要的港口，至1880—1881年度仰光港进出船舶达874艘，货物吞吐量为598303吨，到了20世纪20年代该港已成为缅甸沿海交通和对外贸易的中心。②在英属印度，加尔各答港自19世纪中叶开始一直保持着印度东部最大港口的地位，位于恒河三角洲胡格里（Hugli）河左岸，距河口约123英里，濒临孟加拉湾的北侧，因主要出口黄麻，又有"黄麻港"之称，从该港驶出的船只主要通往吉大港、新加坡港以及马德拉斯港等。③在中国西南地区，中法战争以前对外水陆联运的主要通道为昆明—蒙自—蛮耗（经

① 牛鸿斌、任佳主编：《跨世纪的中缅印通道——重建史迪威公路研究》，云南人民出版社2005年版，第28—29页。

② 任佳、牛鸿斌、周智生：《中国云南与印度历史现状和未来》，云南人民出版社2006年版，第61页。

③ 孙士海、葛维钧主编：《印度》，社会科学文献出版社2010年版，第260—261页。

红河）—老街—河内—海防—香港的商路；中法战争后，蒙自被迫开关，法国人也以越南为据点加紧向中国西南渗透，并在此过程中开辟了从越南进入中国云南的红河航道，船只可从云南顺红河水道出境，较为便捷地进入缅甸和越南。云南学者评价红河航道在近现代云南对外交通史的地位时指出："近现代红河航运的开辟和蒙自的开关，改变了滇南的交通运输线，红河航道是云南最便捷的出海口。"[①]

（二）孟中印缅毗邻地区近现代的空中交通

中国的航空建设起步于南京国民政府统治的前十年。1929 年 5 月 1 日，中国航空公司宣告成立。7 月，交通部首次开通沪蓉线上海—南京。此后，中航公司与美国飞云公司联合经营，共同开发了渝昆线等航线。1931 年 2 月，交通部成立欧亚航空公司，先后开辟了陕滇线等航线。1933 年，两广、福建、云南、贵州等省联合成立西南航空公司，开辟了广河线和广琼线。到了 1936 年，上述三家航空公司共开辟航线十条，飞机场 31 处，航程达 15316 公里。[②] 1932 年，印度首次开辟了国内航空线。至 1939 年，共有 3 个公司经营空运业务。第二次世界大战前，与欧洲、远东的国际航空线也已开通。[③] 缅甸的航空事业则起步很晚，直到 1948 年缅甸航空公司才成立，经营国内定期客运和货运航班服务，一开始仅有设在仰光的一个机场，尚无国际航线业务。

1942 年 5 月，日军切断滇缅公路，中美两国被迫在印度东北部的阿萨姆和中国云南之间开辟了一条转运战略物资的空中通道。经协商，对中国国民政府进行持续空中补给的任务由美国陆军航空队负责。1942 年 7 月，美国陆军航空队成立新的航空运输司令部，由特纳（William H. Tunner）上校指挥，航空队的成员则由来自美国陆军航空队、英国和印度的英联邦部队、缅甸劳工团伙以及中国国民航空空运科等人员构成。随后，一条西起英属印度阿萨姆省，向东依次跨越喜马拉雅山脉、高黎贡山、横断山、萨尔温江、怒江、澜沧江、金沙江，最后进入中国的云南省和四川省的战时空中航线得以开辟。这条航线全长 500 英里，地势海拔平均为 4500—5500 米，最高海拔达 7000 米，由于该航线飞越被视为空中禁

---

①　李朝春：《从高原走向大海的红河国际大通道》，云南民族出版社 2011 年版，第 229 页。

②　陈振江、江沛主编：《中国历史·晚晴民国卷》，高等教育出版社 2001 年版，第 287 页。

③　林承节：《殖民统治时期的印度史》，北京大学出版社 2004 年版，第 274 页。

区的喜马拉雅山脉，且受山峰高度及当时螺旋桨飞机性能的限制，飞机只能紧贴山峰飞行，因而飞行轨迹高低起伏状似驼峰，故此得名"驼峰航线"。除了要途径高山雪峰、峡谷冰川、热带丛林和原始森林等复杂地形和面对强气流、低气压和冰雹霜冻等恶劣气候条件，"驼峰航线"还需穿越日军占领区，因此飞机失事率高得惊人，"驼峰航线"也被称为"死亡航线"。

最初的驼峰空运由道格拉斯 DC－2 型、DC－3 型、DC－53 型、C－47 型等类型的运输机完成，但这些类型的飞机不适合高负载高空作业，且不能达到一定高度飞越山区地形，故而飞机不得不通过危险的喜马拉雅山隘。后来，道格拉斯 C－87 型和 C－109 型运输机也加入驼峰航线的空运，飞机的飞行高度有所上升，运输吨位有所增加，但此类飞机因事故率较高而不适用于全部战时机场。1943 年，寇蒂斯 C－46 型飞机也加入驼峰航线空运，进一步提高了空运吨位。此外，也是在 1943 年，中国空军美国志愿援华航空队，即著名的飞虎队，在除了协助组建中国空军和承担对日作战任务之外，还协助运输机飞越"驼峰航线"，对运输机穿越日寇封锁把战争物资从印度运输到中国提供了有力援助。据统计，从 1942 年航线开辟至 1945 年史迪威公路开通的三年多时间里，中美两国在付出了损失 563 架飞机、牺牲 1500 多人以及难以统计的失踪机组人员的代价下，通过"驼峰航线"共向中国战场运送了 70 万吨汽油、器械等战争急需物资，输送了包括被派往印度等地从事境外对日作战的远征军士兵在内的 33477 名人员。史迪威公路成功开通后，"驼峰航线"的重要性有所下降，但通过该航线的空中运输行动却一直持续到第二次世界大战结束，飞行时间共计约达 150 万小时，空运总吨位约有 65 万吨。虽然损失巨大，但"驼峰航线"无疑是世界战争空运史上持续时间最长、条件最艰苦、付出代价最大的一次悲壮的空运，不仅在世界反法西斯战争史上占有重要地位，而且也在孟中印缅毗邻地区互联互通的近现代史上写下了浓墨重彩的一页。[①]

四　孟中印缅毗邻地区互联互通的近现代历史发展面貌

通过上文述评，孟中印缅毗邻地区互联互通在近现代的历史发展面貌

---

① 参见任佳、牛鸿斌、周智生《中国云南与印度历史现状和未来》，云南人民出版社 2006 年版，第 76—77 页。

与古代形成了明显差异。总体而言，在这一时期，孟中印缅毗邻地区的"互联"与"互通"出现了差异发展，"互联"的发育程度明显高于"互通"的发展态势，甚至在有的历史阶段孟中印缅毗邻地区还出现了"虽联难通""联而不通"的特殊局面。

（一）孟中印缅毗邻地区互联状况的近现代发展面貌

自 19 世纪后半期开始，孟中印缅毗邻地区的近现代陆水空立体交通网络建设的大幕缓慢拉开。在近现代这个特殊的历时时期，以铁路和公路相连接的近现代陆上交通通道的日益增多是孟中印缅毗邻地区"互联"发展史的主要内容，加之近现代的水运航道和空中航线的逐渐开辟，这一毗邻各地区的可选交通连接方式较之古代大大增加，交通通道多元拓展的趋势进一步加强。总的说来，至第二次世界大战结束的时候，孟中印缅毗邻地区的近现代陆水空立体交通网络初现雏形。根据上一节的论述，这一毗邻地区各地之间的"互联"通道大体可分为单纯的陆上交通通道与庞大的水陆联运通道两种类型，而空中交通运输线的存在时间非常有限且仅在特殊时期具有特殊意义。

1. 陆上交通通道

孟中印缅毗邻地区在近现代时期的陆上交通运输方式主要是铁路交通和公路交通，而纵横该地区的陆上交通互联通道也就主要分为铁路交通运输线、公路交通运输线以及铁路和公路相互衔接的交通运输线等几种线路。兹分述如下：

第一，铁路交通运输线是近现代中印缅之间的主要陆上交通通道之一，由英属印度东孟加拉和阿萨姆省、英属缅甸北部地区以及中国西南地区三大铁路交通网的铁路干支线串联而成。在国有东孟加拉铁路和阿萨姆—孟加拉铁路相互连通之后，加尔各答—萨拉—萨地亚—大吉岭的铁路线与麦沙桑—卡仁甘杰—丁苏吉亚的铁路干线以及锡尔查尔—吉大港、高哈蒂—丁苏吉亚的铁道支线实现贯通。至 19 世纪 90 年代末期，在英属印度的东部和东北部境内，阿萨姆与吉大港之间有了较为便利的铁路交通。在英国殖民者逐渐开辟和修筑英属缅甸铁路交通的过程中，仰光—曼德拉、曼德勒—密支那、曼德勒—腊戍、礼不旦—勃生市、仰光—毛淡棉等铁路运输线陆续建成通车，英属缅甸北部地区铁路交通网大致也在 19 世纪 90 年代末期逐渐形成。因此，大致在 19 世纪末、20 世纪初，英属印度东部、东北部和英属缅甸北部之间实现了铁路交通运输线的相互衔接与相互贯通。第二次世界大战期间，国民党政府在中国云南动工修建滇缅铁路，虽然后因种种困难导致该铁路最终未能建成，但云南腾跃至英属缅甸密支那之间已有铁道线相接，中国西南地区铁路交通线与英属缅甸北部地区铁路交通网也有衔接。因此，若以近现代中印缅的重要交通枢纽密支那为起点，火车北上可从雷多进入英属印度后通往阿萨姆平原；向南可直接通往仰光；向东则先至腊戌和滚弄，再进入云南腾跃。①

第二，公路交通运输线也是近现代孟中印缅毗邻地区的主要陆上交通通道，并先后出现了滇缅公路和史迪威公路两条具有重大历史意义的公路运输线。1938 年 9 月滇缅公路建成通车后，汽车从中国云南的畹町出境后，可先后抵达缅甸的腊戌、曼德勒和仰光。1945 年 1 月史迪威公路北线全线单行道土路段通车后，汽车可从中国云南昆明出发，经龙陵、腾冲后在中缅国界 37 号界桩处出境，进入缅甸密支那后向西行驶，最终抵达印度东北边境的雷多。1948 年 5 月腾冲—保山段通车后，汽车沿史迪威公路南线行驶可从昆明出发，在畹町出中国境，经缅甸八莫、密支那后，最终抵达印度雷多。可以说，滇缅公路和史迪威公路通车后，孟中印缅毗邻地区的近现代公路交通互联网络也基本形成。

第三，到了第二次世界大战结束前夕，孟中印缅毗邻地区近现代的铁路与公路相互衔接的交通通道网络基本形成，主要的几条相互衔接的铁路线和公路线有：云南境内从昆明出发，先沿昆明—畹町—缅甸腊戌的公路线行驶，至腊戌后换乘火车，通过仰光铁路最后抵达缅甸仰光；从云南景洪出发，先沿景洪—猛雷—景栋的公路线行驶，至景栋后换乘火车，通过仰光铁路的支线景栋—东枝段，最后到达缅甸东枝；从云南瑞丽出发，先沿瑞丽—木姐公路线通行，在木姐出境后，换乘火车沿木姐—腊戌铁路线最终到达缅甸腊戌。以上从中国云南进入缅甸北部地区的铁路与公路相互衔接的交通通道线路，均可再借助缅北铁路网的腊戌等铁路交通枢纽，或借助史迪威公路的密支那等公路交通枢纽，换公路交通方式，最终达到印度雷多。

2. 水陆联运通道和空中运输通道

在孟中印缅毗邻地区，历史上形成的云南入缅甸沿伊洛瓦底江出海道

---

① 参见任佳、牛鸿斌、周智生《中国云南与印度历史现状和未来》，云南人民出版社 2006 年版，第 62—66 页、第 69—76 页。

是一条重要的水运航道。到了近现代时期，红河航道的开辟使得云南有了较为便捷的出海口，并进一步提升了云南入缅甸沿伊洛瓦底江出海道的水运通道价值。更为重要的是，云南入缅甸沿伊洛瓦底江出海道与红河航道还与孟中印缅毗邻地区的铁路和公路等陆上交通通道以及印缅之间的主要港口相互沟通，形成了覆盖该地区的庞大水陆联运通道。大体说来，若取道云南入缅甸沿伊洛瓦底江出海道，可从中国云南出发，先沿独龙江航行，从西南方向进入缅甸密支那。到达密支那后，或可继续沿水道从北向南依次到达八莫和曼德勒等主要港口，然后通过伊洛瓦底江水系较为便利的内河航运再到达毛淡棉港、勃生港、仰光港等外贸港口出海，最后航行至当时英属印度的加尔各答港、吉大港和马德拉斯港；也可在密支那变换为陆上交通方式，借密支那铁路、仰光铁路或史迪威公路等，到达仰光、曼德拉、腊戍等陆路交通枢纽后向西通行，从雷多进入印度境内，此后再借助英属印度的铁路交通网或公路交通线通往加尔各答等港口。而若取道红河航道，则大致沿昆明—蒙自—蛮耗（经红河）—老街—河内—海防—香港的商路通行，转经越南后进入缅甸，然后在缅甸境内通过水运交通或陆上交通辗转进入印度，在印度境内则也通过国有东孟加拉铁路和阿萨姆—孟加拉铁路等铁道线通行至加尔各答等港口。①

近现代时期，孟中印缅毗邻地区的空中运输通道仅有驼峰航线一条，且这条翻越喜马拉雅山脉、从印度阿萨姆的丁江至中国云南昆明的空运航线还是在第二次世界大战后期才得以开辟，此外其主要功能也只是承担原滇缅公路的运输任务，并不具备现代空中客运的意义。因此，驼峰航线在孟中印缅毗邻地区近现代的"互联"发展史上仅具有特殊时期的特殊价值，其所承载从空中连接这一地区的作用非常有限。

（二）孟中印缅毗邻地区互通状况的近现代发展面貌

虽然交通连接较之古代大大增加，交通通道多元拓展的趋势也进一步增强，但是在近现代，孟中印缅毗邻地区在各国境内的地理条件艰险、经济发展滞后、社会相对封闭、族群关系复杂以及交通往来不便的劣势区位特征依然改变，加之殖民入侵和战争破坏等因素，该地区的商贸往来、人员交往、文化交流的正常历史发展进程遭遇较为严重的制约和阻碍。或言

---

① 参见任佳、牛鸿斌、周智生《中国云南与印度历史现状和未来》，云南人民出版社 2006 年版，第59—66页。

之，相较于"互联"的逐渐拓展，体现孟中印缅毗邻地区"互通"进程
则出现曲折发展，且发展轨迹与古代截然不同，这主要体现为该地区的正
常交往在很大程度上受到西方列强的操纵，贸易格局发生了显著变化，人
员往来和文化交流受到殖民侵略和战争阻碍等因素的极大限制。

　　一方面，孟中印缅毗邻地区的商路通道具有了和古代截然不同的功能
和性质，贸易格局发生显著变化。英国殖民者在征服与扩张的过程中，在
今天的印度和孟加拉国建立了英属印度，在今天的缅甸建立了英属缅甸，
在中国云南通过《烟台条约》等一系列不平等条约取得了在滇通商特权。
这样一来，英国殖民主义成功地打通了一条从英国至南亚、东南亚再至中
国的水陆联运贸易通道，并且还是滇印缅三地被迫卷入了资本主义的世界
市场体系，成了英国等西方列强的原料出产地和商品倾销地。此外，为实
现从西南方向进一步打通侵略中国内地的路线等目的，英国人在把英属印
度与英属缅甸构筑成为其侵华的主要基地的同时，还把滇缅印之间的传统
贸易路线纳入其贯通滇缅、贯通印藏的近代陆路交通运输线的建设计划之
内，最终使得滇缅印传统商路被迫让位于近现代的铁路交通和公路交通。
换言之，孟中印缅毗邻地区的近现代陆路交通运输线和水陆联运通道取代
了传统商路所承载的历史功能，并且也在很大程度上成了英国等西方列强
的侵略与扩张的陆上线路，因此该地区的商贸往来也就在很大程度上也就
表现出了"贸易跟着侵略走"的特点。

　　另一方面，在整个近现代时期，中国1840年鸦片战争以后逐渐沦为
半殖民地半封建社会，而今天的印度、孟加拉国和缅甸则逐渐完全沦为殖
民地，加之两次世界大战的影响，孟中印缅毗邻地区之间历史上长期延续
的人员相互交往和文化相互交流的正常历史进程也因殖民侵略与扩张以及
近现代战争而受到严重制约和阻碍。就各地人员的相互交往来看，孟中印
缅毗邻地区彼此之间的人员流动已经不再出现大规模的族群迁徙或经常性
的异地通婚等内容，而是主要体现为各地商人利用近现代的交通通道，在
殖民统治和战争影响的夹缝中，往返于中印缅三地进行商品贸易活动，但
是其交易的商品和交易的路线则受到资本主义世界市场体系的影响，相互
贸易的常见商品和大宗商品的类型从古代的丝绸、瓷器、土特产品等向近
现代的棉纺织品、日用百货、茶叶、药材、工业原料乃至黄金、外汇等进
行转变，各地商人的经营范围和交易内容发生了显著变化。此外，在战争
时期，彼此人民相互支援和彼此军队也曾进入对方境内作战，例如，在抗

战后期中国远征军曾进入缅甸北部作战，但这属于特殊历史时期的特殊现象，而不属于正常的人员流动。就文化交流来看，在近现代，西方文化曾一度在孟中缅印处于"入超"的强势地位，而孟中缅印也都大体经历了一个对西方文化从被动接受到主动吸收的过程，与西方文化的交流互动成为这一时期孟中印缅各自境内的对外文化交流的主要内容。再加上近现代殖民侵略和战争破坏等因素的影响，中华文明、印度文明与东南亚文明经由孟中印缅毗邻地区进行相互沟通与相互交流的历史进程遭遇严重障碍，致使遍览文献也难以寻见孟中印缅毗邻地区到了近现代时期在科技、文学、艺术、民俗和宗教等方面进行沟通和交流活动。正是从人员交往不畅、文化交流受阻这个意义上，我们认为，近现代时期孟中印缅毗邻地区的"互联"虽然进一步拓展，但"互通"程度却有所下降，虽有近现代的多种交通通道进行相互连接，但道路的通达并不代表各地之间人民与文化在进行沟通与交往时的方便与顺畅。

第四章

孟中印缅毗邻地区互联互通的现状及问题

孟中印缅合作倡议自提出到推动实施已有 14 年进程。2013 年 5 月中国国家总理李克强访问印度期间，与印度总理辛格共同提出中印缅孟经济走廊建设概念，使该区域合作计划首次提升至国家层面。在多年的区域合作实践中，交通、经贸和能源的互联互通一直是四国取得重大进展和致力于突破的关键领域，了解这三个方面的合作现状从而分析现存问题，有利于我们探寻孟中印缅区域合作务实推进的路径与机制形成。

第一节　孟中印缅毗邻地区交通连接现状

孟中印缅四国毗邻地区山水相连，经贸联系和文化交往源远流长，是世界上国家之间相互交往最早、合作历史最长的地区之一。近年来，四国在区域合作的推动下，交通连接不断取得重大进展和突破，主要表现为公路网建设加速推进，铁路连接呈现起色，水路航运有序开展和航线相继开通等，使得地处中国西南的云南省可通过亚洲公路、泛亚铁路、水路和航空构成的交通网与孟加拉国、印度和缅甸相连。

一　孟中印缅毗邻地区公路连接现状

构想中的"亚洲公路网"已经为孟中印缅的公路连接提供了最基本的线路条件。目前，四国之间跨境连接的公路主要有以下几条。

（一）中国昆明—缅甸仰光路段

具体途经昆明—楚雄—大理—瑞丽—木姐—腊戌—曼德勒—密铁拉—内比都—仰光。

在中国境内，昆明至瑞丽将全线建成高速公路。目前，昆（明）楚

（雄）、楚（雄）大（理）、大（理）保（山）和保（山）龙（陵）已分段建成高速公路并通车。在建中的龙瑞高速公路路线（采用四车道高速公路标准建设）主要位于保山市龙陵县、德宏州芒市和瑞丽境内。主线全长 128.46 公里，设计时速为 80 公里，建设工期为四年。另外，瑞丽—陇川章凤镇高速公路于 2013 年 9 月底已开工建设。该公路的建设总里程为 24.26 公里，路基宽 24.5 米，设计时速同样为 80 公里，建设工期约为三年，预计 2016 年 6 月底建成通车。

在缅甸境内，木姐—曼德勒的路线总长 451 公里，是全年可通车的两车道沥青路。全长 356 英里的曼德勒—仰光高速路也已分两阶段建成通车，分别是 2009 年 3 月通车的仰光—内比都段（221 英里）和 2010 年 12 月 29 日建成通车的内比都—曼德勒段（135 英里）。

除此之外，中国临沧市孟定清水河口岸—缅甸登尼（全长约 98 公里）的二级公路已于 2012 年全面开工建设。该公路已列入中缅瑞（丽）皎（漂）高速公路联络线。[①]

（二）缅甸木姐—印缅边境德木路段

具体途经木姐—腊戊—曼德勒—蒙育瓦—葛礼瓦—德木。

亚洲开发银行提供贷款连接印度东北部曼尼普尔和缅甸德木、曼德勒的公路目前已进入评估阶段。[②] 从曼德勒到缅甸西部边境与印度接壤的德木公路全长 604 公里，有两条路线可从曼德勒至葛礼瓦。其中，从曼德勒至蒙育瓦有铁路和公路相通，距离大约为 92 公里，此后乘船沿钦敦江北上至葛礼瓦，再由葛礼瓦沿公路北行至德木，该路段路况相对较好；而另外一条从曼德勒向北经瑞保、金乌再转西向至葛礼瓦全长 314 公里的公路，路况则较差。印度援建的从葛礼瓦到德木的柏油路早在 2000 年底就已贯通。从曼德勒到德木有客运车通行，从德木过境至印度边境城镇莫雷，也有班车可达印度曼尼普尔邦的首府因帕尔。

（三）中国（昆明）—印度雷多路段

具体途经昆明—保山—腾冲—猴桥黑泥潭—密支那—班哨山口—雷多。

---

① 《中国孟定清水河至缅甸登尼二级公路全面开工建设》，中华人民共和国商务部，http：//www.mofcom.gov，cn/aartic/e/resume/n/201301/201301。

② 《缅甸道路基础设施亟待升级（第一现场）》，人民网，http://www.people.com.cn/24hour/n/2013/1028/c25408 - 23342594.html。

　　该路段就是除亚洲公路外，修于第二次世界大战期间并投入使用的著名的史迪威公路。路线全长 1200 公里，其中中国境内路段约占 45%，路况较好。路线全长为 63.871 公里的保（山）腾（冲）高速公路（除龙江特大桥外）已于 2013 年 2 月 6 日实现贯通放行，该双向四车道设计时速为 80 公里。全长为 200 公里的腾冲至缅甸密支那公路早在 2007 年 4 月 25 日就举行了通车典礼。具体途经缅甸的甘拜地、文莫、沃冲、拉派、昔董、五台山、赛罗、曼门、瓦晓、外莫和密支那。① 这条道路是中国通往印度的最便捷路径。由于缅甸密支那至印度雷多 402 公里的部分路段路况较差，缅甸方面已经在提升改造这一段路。

　　（四）孟加拉国吉大港—缅甸仰光—昆明路段

　　孟加拉国境内从吉大港到孟缅边境的台格纳夫的柏油道路已开通。2002 年 1 月，孟加拉国开通了最南端的台格纳夫河港，这是孟加拉国与缅甸孟都之间最短距离的河道连接。2007 年孟加拉国和缅甸两国在达卡签署了公路交通合作协议，从达卡经吉大港向东南经缅甸若开邦的实兑港、皎漂港北部，再向北经马圭、曼德勒，可达瑞丽抵昆明。向南可至仰光。缅甸边境孟都—皎道（105 公里）的公路已经完成修缮，缅甸仰光和若开省省府实兑之间的公路也依靠缅甸国内资源处于修建进程中。

　　（五）印度—孟加拉国路段

　　"亚洲公路"在印度境内的状况相对较好，几乎全路段都铺设成了两车道或者两车道以上的路面。从因帕尔到道基/塔马比尔（印孟边境）的"亚洲公路"经过蒂马浦、瑙贡、高哈蒂到梅加拉亚邦的西隆。但由于该路段穿越山岭，载有集装箱的重型卡车难以通行。

　　印孟之间经过卡里姆甘吉（印度）和奥斯特拉各拉姆（孟加拉国）两地、从因帕尔至锡尔赫特的这条路程较短，早些时候已得到印度和联合国亚太经社会的认定。取道这条路线可缩短从德木（缅甸）到锡尔赫特（孟加拉国）之间 400 公里的路程。孟加拉国境内从道基（印度）/塔马比尔（孟加拉国）到锡尔赫特以及延伸的路段都按"亚洲公路"Ⅱ级和Ⅲ级标准建成了双车道沥青路。经过贾木纳河上新建成的邦噶邦德大桥，

---

① 《腾冲—密支那公路通车　昆明今年握手印度》，云南信息港，http://news.yninfo.com/yn/jjxw/200708/t20070813_310112.htm。

"亚洲公路"便分成 A1 线和 A2 线。A1 线朝西南方向经贝纳普乐可至加尔各答。[①]

（六）中缅印孟贯通路况

从孟中印缅论坛发起至今，孟中印缅四国首次实现的多边行动和跨国跨部门的合作与协调当数 2012 年 2 月 8 日至 16 日圆满完成的汽车集结赛路况考察和 2013 年 2 月 22 日至 3 月 6 日成功举行的汽车集结赛。经过这两次贯穿四国的交通连接，我们用事实证明和践行了从云南昆明至印度加尔各答的全程贯通之旅。从中国到印度的公路总里程为 2820 公里，需要途经昆明、大理、瑞丽、木姐、腊戌、眉谬、曼德勒、蒙育瓦、格勒、德木、莫雷、因帕尔、锡尔杰尔、格里姆杰根、苏塔坎地、锡莱特、达卡、杰索尔、本纳普、本冈、加尔各答等 20 余个城镇和四次过境。

二　孟中印缅毗邻地区铁路连接现状

虽然"泛亚铁路"网承担着孟中印缅四国主要铁路运输连接的作用，但还尚未连接成网络。印度和孟加拉国历史上有铁路连接，但目前未被充分利用。缅甸现阶段还未与中国（云南）、印度和孟加拉国建立铁路连接。但在"泛亚铁路"框架下有一系列项目正在孟中印缅诸国实施。

（一）中国境内

拟建的昆明（云南）—曼德勒（缅甸）铁路连接。该线途经大理、保山、瑞丽/木姐、腊戌。从昆明至大理（380 公里）的铁路已按标准轨距修建完工并运营。大理—瑞丽段（约 350 公里）已于 2007 年初开工建设。

西藏是茶马古道——连接中国与南亚的国际民间商贸通道的重要商品集散地。2001 年 6 月 29 日正式开工、2006 年 7 月 1 日正式通车运营的青藏铁路东起青海格尔木，西至西藏拉萨，全长 1142 公里。途经纳赤台、五道梁、沱沱河、雁石坪，翻越唐古拉山，再经西藏自治区安多、那曲、当雄、羊八井到拉萨。青藏铁路延伸的拉萨——西藏第二大城市日喀则的铁

[①] M. 拉马图拉：《推进孟中印缅交通连接及对策建议——孟加拉国的思考》，《东南亚南亚研究》2010 年第 3 期。

路，已于 2014 年 3 月 16 日全线铺轨贯通，预计同年 9 月，全长 253 公里、设计时速为每小时 120 公里的拉日铁路将实现通车。另外拉萨—林芝的支线建设也将于 2014 年 9 月全面开工建设，日喀则—亚东的铁路建设已在规划建设中。

滇藏铁路的大理—丽江段已于 2009 年竣工。丽江—香格里拉铁路向北经虎跳峡、小中甸—香格里拉，已于 2009 年 6 月 10 日开工建设，预计 2015 年建成通车。该铁路出中甸后，穿越罗勒山、页卡和白马雪山后至德钦，跨澜沧江，再穿越梅里雪山进入西藏，到达碧土。然后转向北沿玉曲而上，经扎玉、左贡转向西，过田妥离开玉曲，展线下至怒江边，在加腊附近过怒江，沿怒江支流冷曲溯流而上，经八宿沿河谷上至安久拉垭口，之后沿帕隆藏布由东向西经过波密、通麦，再沿拉月曲南行，穿德姆拉隧道到达林芝。

（二）缅甸境内

缅甸境内拟建的"泛亚铁路"始于木姐，南下到缅甸东北部的腊戌、曼德勒、马圭和敏布。但从腊戌到与印度接壤的葛礼铁路属于米轨，而且葛礼—德木 135 公里的路段尚未实现连接。

（三）印度境内

印度东北部铁路网中唯一未连接的部分是德木—吉利布总长 180 公里的路段；吉利布—印孟边境曼森已开通了米轨铁路；而拉姆丁—西尔查—吉利布等路段正在实施轨距改建工程；目前靠近孟加拉国东部的印度特里普拉邦内正在修建一条库马加—阿加尔特拉（119 公里）的铁路。这条线路在修建之初是按米轨标准设计的，后改用宽轨铺设。①

（四）孟加拉国境内

孟加拉国境内铁路唯一未连接的部分是邦噶邦德大桥两侧的双轨距路段；孟加拉国铁道部正在进行帕巴蒂普—吉安托线路的双轨距标准改建工程；目前印度东北部与孟加拉国之间的"泛亚铁路"米轨段已实现在曼森对面的沙巴吉普尔连接；由此铁路可通到库洛拉和阿加尔塔拉对面的边界点阿豪拉。然而，由于缺乏运输量和过境便利化措施保障，通过曼森的这条线多年来一直处于闲置状态；关于在不远的

_____

① M. 拉马图拉：《推进孟中印缅交通连接及对策建议——孟加拉国的思考》，《东南亚南亚研究》2010 年第 3 期。

将来把双轨距标准铁路建设工程延伸至吉大港的意向性讨论已在进行中。若该设想得到落实，那么经过双轨距标准铁路、通过吉大港的货物再无需转运。[①]

三 孟中印缅毗邻地区水路连接现状

虽然中国云南是内陆省份，但具有连接湄公河、伊洛瓦底江和红河的三条国际水运通道。其中，澜沧江—湄公河国际航运和伊洛瓦底江中缅陆水联运通道直接把中国与缅甸相连。澜沧江—湄公河自北向南流经中国、老挝、缅甸、泰国、柬埔寨和越南6国，全长4880公里。上湄公河河段连接中老缅泰4国，已于2001年实现国际通航。近年来完成航道整治工程改造后，中国境内景洪段与中缅243号界碑之间71公里的河段通航能力大幅提高，由原来的6级航道提升为5级航道，实现了至老挝会晒331公里河段的对接，适航船舶吨位也由原来的100吨提高到300吨。伊洛瓦底江中缅陆水联运先从陆路把中国昆明经保山和瑞丽至缅甸八莫港相连，再经1330公里的水路与仰光港相连，最终进入印度洋。20世纪末，中缅陆水联运已进行过联合载货试航运输。

在印度和孟加拉国之间，印度东北部阿萨姆邦的水上运输条件比较优越，布拉马普特拉河贯穿全境后进入孟加拉国流入印度洋，是一条潜力巨大的黄金水道。孟加拉国南部漫长的海岸线边有优良的国际港口，河流纵贯全境，内河和海上运输较发达。1970年孟加拉国和印度签订了两国间运输以及过境运输允许走内河航道的协定。但目前该河道的运量只有1965年前的一小部分。这些曾经最小吃水量为12英尺、能全年通航的一级航道由于缺乏养护而使通航质量日益恶化。1999年10月上述协议经过修订后，规定两国能在平等的吨位基础上共享跨境贸易和过境货物运输。但由于孟印间总过境运量较小、运价过低、缺少回程订单和缺乏停靠港等原因，该协定的签署并未产生实效。目前，印度的停靠港有：加尔各答、哈迪亚、潘都和卡利姆甘吉；孟加拉国的停靠港有：库尔纳、孟拉、纳拉扬甘吉和西拉吉甘吉。

---

① M. 拉马图拉：《推进孟中印缅交通连接及对策建议——孟加拉国的思考》，《东南亚南亚研究》2010年第3期。

四 孟中印缅毗邻地区航空连接现状

在孟中印缅四国合作机制的推动和共同努力下，重要城市间相继开通的直达航线是四国交通连接取得重大突破和快速发展的领域。目前中国昆明已有至印度加尔各答、孟加拉国达卡、缅甸仰光和曼德勒的直达航线。2011 年 7 月云南德宏傣族景颇族自治州州府芒市开通了至缅甸曼德勒的航线后，又增添了云南与南亚和东南亚国家间的"空中走廊"数目。除此以外，近年中国的其他城市还开通了多条通往南亚和东南亚国家的直达航线，如北京—新德里、上海—孟买、广州—达卡、成都—班加罗尔等，都在空间、时间和便利化程度上拉近了中国、南亚及东南亚三大市场的距离。在孟印缅三国间，均开通了首都和重要地区间的航线连接，如达卡—仰光、达卡—新德里和达卡—加尔各答等。

五 孟中印缅毗邻地区交通连接的现存问题

虽然四国合作正呈现稳步上升态势，但交通基础设施落后、各国间连通性差给贸易往来造成极大困扰。尽管现有的基础设施条件在短期内仅能勉强满足过境交通运输需求，但我们必需持前瞻性的战略构想以应对孟中印缅地区间的交通运输发展和需求增长问题。纵观孟中印缅地区交通连接现存的主要问题，可归纳为以下四个方面。

（一）四国对国际陆地交通运输便利化公约重视不足，认识不够，尚未签署《过境运输框架协议》

早在 1992 年联合国亚太经社会通过的 48/11 号公约中就敦促成员国加入有利于促进人员交往和物流运输的七个国际陆地交通运输便利化公约。但均是亚太经社会成员国的孟中印缅四国，对此提议持保留态度。截至 2002 年，中国和印度才各自签署和加入了一个公约，而孟加拉国和缅甸则没有任何行动。当然这与源于欧洲的这些公约对于亚洲发展中国家来说在经济和体制方面过于复杂烦琐不无关系。昆明—吉大港和加尔各答沿线区域地处东亚、东南亚和南亚结合部，地区形势复杂多变，与之密切相关的孟中印缅合作尚处于论坛阶段，在外交、基础设施建设、交通和贸易政策等方面进行沟通和协调的难度大，缺少实质性的区域合作和一体化制度安排，建立囊括四国的互联互通合作机制尚需时日。目前，涉及四国的区域性互联互通协定主要有：2004 年签订的《亚洲公路网政府间协定》、

2006 年签订的《泛亚铁路网政府间协议》、1999 年签订的《大湄公河次区域便利货物及人员跨境运输协定》和 2018 年签署的《国际陆港协定》。其中后两个协定仅涉及中国和缅甸。印度由于地缘政治因素考虑，对加强其与东盟的交通联系更为关注，对四国跨区域的互联互通尚持观望态度。加之孟中印缅四国签署和执行的双边过境协定并不利于扩展次区域贸易，对加入国际公约的重要性和意义认识不够，导致四国过境客货运输的便利化框架协定尚处于空缺状态。

（二）对过境车辆、货物和人员限制较多

就目前而言，中印缅孟四国实行的双边过境协议不利于提升次区域贸易。如，存在对车辆经营权、登记、行驶和第三方责任险的相互认可和认证的诸多限制；对车辆技术标准和规格、交通规定和信号指示不统一；尚未建立标准化和一体化的货物检验检疫、医疗卫生及动植物的检验检疫和海关通关等便利化管理体系，造成查验文本和货物的多次停留不便；实行强制性质量管理检查及对部分货物和货币的特别管理金额控制；人员过境和出入境所需的护照、签证和边境通行证等必备证件申请办理手续烦琐、对携带现金和货币数额进行不合理严控等。

（三）基础设施满足不了需求，交通建设面临较大融资困难

目前孟中印缅四国的公路、铁路网自成体系，要形成互联互通、便捷的地区性交通网络需要新建和改造不少路段，所需资金巨大，再加上配套公路和码头的建设，所需资金还要大量增加[1]。整个孟中印缅地区的"泛亚铁路"网中存在着三种不同的轨距标准以及两处中断的测量点。中国铁路系统采用标准轨距（1435 毫米）修建，而缅甸的铁路系统则采用米轨（1000 毫米）修建。印度除了东北部的一部分地区外，绝大多数地方都建设成宽轨距（1676 毫米）铁路线。孟加拉国西部也是如此。两处测量中断点分别位于云南和缅甸之间以及孟加拉国邦噶邦德大桥东岸的东枝。由于存在不同轨距标准，从云南到缅甸或者经缅甸到云南的过境车次都需要进行不同轨距的转运、换装和换运输代理等工作，运输连贯性被打断，并造成交货环节上的延误，从而增加铁路的运输成本。除此之外，还存在道路、桥梁施工标准不一、有缺失路段和边

---

[1]　刘稚：《建设第三亚欧大陆桥面临的困难和问题初探》，《第三亚洲大陆桥西南通道建设构想》，社会科学文献出版社 2009 年版，第 134 页。

界管理设施落后等问题。交通投资和建设的重点主要集中在缅甸境内。虽然缅甸经过民主改革，但政局时常还会出现动荡，国家财力贫弱，北部尚存多股民族武装势力，并且还受到西方制裁。印度和孟加拉国的经济实力也薄弱。孟中印缅地区涉及的印度地域农业人口达到80%以上，经济发展程度和工业化水平总体较低，人民生活贫困。由于地缘政治的特殊性，印度中央政府对这些地区的外来投资者进行严格审查，客观上增加了其吸引外资的难度。孟加拉国对互联互通的经济支撑能力较弱，主要表现在开放政策缺陷、产业基础薄弱和金融环境不佳等方面。中国由于自身处于高速发展期，也需要庞大资金满足国内建设和民生需求，所以也需要借助外力深化该区域的互联互通现状。要实现跨国交通的连接通常需要与该地区的经济发展状况相匹配。所以对于孟中印缅四个发展中国家来说，筹措所需建设资金还是一个棘手问题，对交通建设的融资是摆在四国面前的一大瓶颈之一。

（四）交通连接线穿越安全敏感区，面临传统海运的竞争和影响

从地缘政治方面看，南亚国家处于欧亚大陆外缘新月形地带的中间地带，是连接太平洋和大西洋，贯通亚洲、非洲和大洋洲的交通要道，在国际政治和军事以及世界经济方面具有重要的战略意义，同时由于地区争端和民族宗教矛盾等问题也是受牵制因素较多的地区。孟中印缅交通连接穿越的地区，从印度和孟加拉国来看，存在非法移民、水资源分配和领土纠纷等悬而未决的问题，加之印度东北部向来是民族宗教冲突的"火药桶"，地区骚乱频频发生，所以对东北部的开放和交通的连接印度中央和地方政府存在不同意见，总的来说，印度国家持保守和审慎态度。在建立四国交通连接中，缅甸是关键和重点。但目前缅甸仅依靠一条南北纵向的米轨铁路和大部分的低等级公路来沟通全国，较难胜任沟通中印孟的陆路交通走廊功能，加上地方民族武装控制地区存在小型武器扩散、毒品贩运、难民迁移、艾滋病传播和反政府势力活动频繁等问题存在，使得跨境交通难以实现。海运由于不受国境线限制、能源需要少和不需修筑道路、节约成本等优势，一直是世界贸易运输的主要方式。如果陆运存在手续繁杂、运费和换装费高、通关能力弱等制约，还是会被传统海运所取代。

第二节　孟中印缅毗邻地区贸易投资
现状及现存问题

　　孟中印缅地区具有较大的发展和合作潜力。经贸和投资合作是该地区长期倡导和推进的重点合作领域之一。经过四方各界的不懈努力，实质性的经济利益已在过去 14 年中得到凸显。经贸和投资合作作为互联互通的重要内容之一，为全面实现孟中印缅区域合作构想提供了有利条件和强大动力。分析把握四国之间的经贸投资合作现状、口岸建设情况及存在问题等是实现经贸目标和加大推进投资与合作力度的必需条件，也是构建互联互通便利化的关键要素。

一　中国及云南与孟加拉国的双边贸易投资现状

　　中国与孟加拉国 1975 年 10 月 4 日正式建交以来，双边经贸合作关系发展迅猛。直至 1989 年，孟加拉国都是仅次于巴基斯坦的中国在南亚地区的第二大商品输出国。自 1983 年 11 月两国成立经济、贸易和科学技术联合委员会以来，迄今为止已召开过 13 次会议。2009 年，席卷全球的金融危机爆发，但中孟双边贸易所受影响不大，依然达到 45.8 亿美元的水平，使中国成为了孟加拉国最大的正式贸易伙伴国。中国从孟加拉国进口的商品主要有：黄麻和黄麻制品、皮革及皮革制品、棉纺织制品、鱼虾类食品、聚氯乙烯等原料性商品。中国向孟加拉国出口的主要商品有：纺织品、机电产品、水泥、化肥、轮胎、生丝、玉米等。虽然孟对华出口在过去几年也有所增加，但中国一直享有贸易顺差地位。为缩小贸易差距，中国采取了多项措施：如 2006 年 1 月起，我国就依据《曼谷协定》框架，对孟加拉国的 84 种商品免除关税；商务部多次派出采购团赴孟，签署总计 1.5 亿美元的采购合同；自 2010 年 7 月 1 日起，我国已向孟加拉国 60% 的输华商品实施了零关税待遇。据中国海关总署提供的统计数据显示，2010 年中孟双边贸易额为 70.59 亿美元，同比增长 54%。2011 年和 2012 年双边贸易额均突破了 80 亿美元的水平。2013 年，在双方共同努力下，贸易额突破 100 亿美元。中国仍然是孟加拉国最大的贸易伙伴，孟加拉国是中国在南亚的第三大贸易伙伴。

孟加拉国既是中国在南亚开展承包工程和劳务合作业务的传统市场，两国这方面的合作始于 1983 年，也是中国的主要受援国之一，中国长期向孟加拉国提供的资金、技术援助和人力资源培训极大地有助于孟加拉国的经济社会发展。迄今为止，中国已向孟政府提供了 37.95 亿元的经济援款，以优惠贷款和卖方信贷方式，为孟加拉国修建了多座友谊桥、国际会展中心、国际会议中心、发电厂和化肥厂等。由中国辽电第三工程公司承建的孟加拉国巴拉普库利亚电厂（Barapukuria Power Plant）已于 2007 年正式投入生产运营，该电厂是孟加拉国第一座燃煤电厂，也是该国西北地区的最大电厂。

随着两国政经关系的日益深化，双向投资均出现可喜增长，领域也日渐拓宽。中国已成为孟加拉国主要的外资来源国，对孟实现的直接投资达 9345 万美元，主要以独资或者合资形式集中于出口加工区，涉及纺织、成衣、皮革、轻工业、农产品和黄麻制品制造等领域。日前中国对孟加拉国的通信和服务行业投资呈现较大增长。孟加拉国在中国制造业发达的广东和浙江地区增加的投资则为其在华投资拓展的新体现①。

孟加拉国是云南省在南亚的第二大贸易伙伴。双边贸易在 21 世纪以来呈现快速发展态势。1996 年云南与孟加拉国的贸易额不足 20 万美元，2001 年已经达到 1700 万美元的水平。2004—2008 年期间，双边进出口贸易额增长了 3.29 倍。2009 年由于受世界金融危机影响，云南省与孟加拉国的进出口总额为 1.45 亿美元，比 2008 年下跌 34%。2010 年和 2011 年连续两年双边贸易额没有较大恢复。2012 年云南与南亚的贸易总体呈现走低态势，与孟加拉国的进出口贸易仅为 7084 万美元，比 2011 年下跌 51.4%。但从长远看，云南和孟加拉国的贸易规模应该存在较大提升空间。2013 年，双边贸易比 2012 年增长 93.5%，达到 1.3712 亿美元，其中中国向孟出口 1.3339 亿美元，从孟进口 373 万美元。

云南向孟加拉国出口的主要商品有：磷化工产品、纺织品、水泥、机械设备、轻工业品、化工产品、粮油食品等。从孟加拉国进口的主要商品为牛马皮革、海产品、尿素及黄麻等。

孟加拉国对云南的投资和经济技术合作处于起步阶段。截至 2011 年

---

① 《中孟双边经贸关系（Bilateral Economic-Commercial Relations）》，孟加拉国驻中国大使馆（Embassy Bangladesh in Beijing, PR China）网站，http://bangladeshembassy.com.cn。

12 月，孟加拉国在云南省有 5 个直接投资项目，而云南省尚未在孟加拉国开展投资和承包工程项目。

表 4 - 1　　　　　中孟、滇孟贸易额（2000—2013 年）　　　单位：亿美元

年份	中孟贸易总额	比上年增幅 ±%	滇孟贸易总额	比上年增幅 ±%
2000	9.18	—	0.08	—
2001	9.72	6	0.17	113
2002	10.99	13	0.21	24
2003	13.68	24	0.28	33
2004	19.63	43	0.51	82
2005	24.81	26	0.74	45
2006	31.89	29	0.65	−12
2007	34.59	8	0.51	−22
2008	46.8	35	2.19	329
2009	45.82	−2	1.45	−34
2010	70.59	54	1.25	−14
2011	82.6	17	1.4	12
2012	84.51	2.30	0.7084	−51.4
2013	103.08	21.98	1.3712	93.5

资料来源：根据中华人民共和国商务部网站数据、云南省商务厅数据整理计算得出。

二　中国及云南与印度的双边贸易投资现状

虽然中印间现代贸易始于 1951 年，但存在贸易额波动大和商品种类单一问题。当时中国向印度出口的主要商品仅局限为粮食和生丝，从印度进口的主要商品是麻袋和烟叶。1962 年两国发生边界冲突后，双边贸易基本完全中断，直到 1978 年才正式恢复。1980 年，两国贸易首次突破 1 亿美元大关。1984 年，两国签署最惠国协定（Most Favored Nation（MFN）Agreement）。20 世纪 90 年代以来，随着两国政治外交关系的改善和发展，两国贸易持续增长。在孟中印缅地区贸易中，中印贸易总额占地区贸易总额的 80% 左右。中国对印度的主要出口商品有机电产品、化工产品、纺织品、塑料、橡胶、陶瓷及玻璃制品等。中国自印度进口的主要商品有铁矿砂、铬矿石、宝石及贵金属、植物油、纺织品等。2000—2008 年，中印双边贸易额从 29.14 亿美元增长到 517.8 亿美元的水平，中国取代美国成为印度最大的货物贸易伙伴。2009 年，由于世界金融危

机影响，双边贸易额仅为 433.81 亿美元，比上年同期下跌 16%。2010 年双边贸易恢复到 617.6 亿美元的水平，比 2010 年增长 42%。其中印度的出口额为 208.8 亿美元，从中国进口 408.8 亿美元，分别增长 52% 和 38%。2011 年，双边贸易额进一步提升 20%，达到 739.18 亿美元的水平。虽然印度对中国的出口和从中国的进口均有增长，但印度仍然维持了 270.8 亿美元的贸易逆差水平。2012 年，双边贸易额为 664.72 亿美元，同比下降 10.1%。其中，中国对印度的出口额为 476.73 亿美元，从印度的进口额为 187.99 亿美元。中印双边贸易额下降凸显了全球经济低迷、需求疲软和贸易增长放缓的现状。2013 年，双边贸易额超过 650 亿美元。目前，印度是中国的第 15 大贸易伙伴（中印双边贸易占中国进出口总贸易的 1.72%）、第 7 大出口市场（占中国出口总额的 2.33%）和第 19 大进口来源国（占中国总进口的 1.1%）①。

从 1954 年至 2011 年，中印之间签署了 58 项关于经贸方面的协定，建立了多个对话合作机制。如，1988 年时任印度总理拉吉夫·甘地访华后两国之间开启了中印贸易与科技部长级对话机制，截至 2012 年底已成功举办了 9 次会议。2003 年印度前总理瓦杰帕伊访华后双方共同设立的联合工作小组进行了中印区域贸易安排联合可行性研究，并于 2007 年完成了研究报告提交两国政府相关部门。除此以外，还成立了贸易、农业和能源联合工作组。2010 年 12 月，中印战略与经济对话机制在两国间启动，已分别于 2011 年 9 月 26 日和 2012 年 11 月 26 日成功举办了两次对话。

中印除双边贸易增长迅速外，经济领域的合作不断得到拓展。印度是中国重要的海外工程承包市场。中国在印度签订的承包工程合同额从 2007 年的 45.6 亿美元增长到 2011 年的 140.6 亿美元，完成营业额也从 19.9 亿美元增加到 74.4 亿美元。截至 2012 年底，中国在印累计签订承包工程合同额 601.3 亿美元，完成营业额 335.2 亿美元②。

近几年，中印之间的双边投资年增长较快。2007 年，中国对印度的

---

① "Trade and Commercial Relations, India-China Bilateral Relations", Embassy of India, Beijing, 印度驻中国大使馆网站，http://www.indianembassy.org.cn/DynamicContent.aspx? MenuId = 3&SubMenuId = 0。

② 《中国同印度的关系》，中国外交部网站，http://www.fmprc.gov.cn/mfa_ chn/gjhdq_ 603914/gj_ 603916/yz_ 603918/1206_ 604930/sbgx_ 604934/。

投资为 1600 万美元，2008 年上升为 4910 万美元。2010 年中国对印度的非金融类直接投资达到 3300 万美元的水平，2011 年增加为 9590 万美元。截至 2011 年 12 月，中对印的累计投资为 5.757 亿美元。2012 年 1—10 月期间，中国对印的投资为 2520 万美元。目前，中国对印度的非金融类直接投资总额为 7.2 亿美元。印度对中国的投资从 2006 年的 5200 万美元增加到 2008 年的 2.57 亿美元，涉及 92 个投资项目。2010 年和 2011 年印度在中国的直接投资分别为 5500 万美元和 4217 万美元，涉及 77 个和 130 个投资项目。截至 2011 年底，印度在华累计投资 723 个项目和 4.417 亿美元资金。2012 年 1—10 月，印度在华新设 40 个企业、实际利用外资 2969 万美元，比上年同期增长约 48%①。

现代云南与印度的官方贸易往来始于 1959 年，属于中国省份中与印度开展经贸合作较早的地区。目前滇印贸易在云南的 130 多个国家和地区贸易伙伴中增长最快，印度已成为云南的第四大贸易伙伴和最大的南亚贸易伙伴。双边经贸合作以贸易为主，且呈逐年增长态势。进入 21 世纪以来，云南与印度的经贸往来日益频繁，快速发展。2011 年与 2000 年相比，云南与印度的进出口贸易额从 4500 万美元增长到 8.42 亿美元，翻了将近 18 倍。尤其值得一提的是，2008 年在世界金融危机影响下，各地进出口贸易呈现普遍下滑局面，云南与印度的贸易额却逆势增长了 75.8%，达到 5.86 亿美元的水平，占全省对外贸易总额的 6.1%。直到 2009 年，在世界金融危机的强劲影响下，云南与印度的贸易才出现了持续 10 年增长后的第一次下跌，比上年同期下降 35%，仅为 3.79 亿美元。2010 年，随着中国和印度经济的复苏和趋稳，云南与印度的双边贸易又恢复了高速增长，贸易额达到 6.78 亿美元，比上年增长 79%，高于同期中国与印度 42% 的贸易增速。2011 年，云南与印度的贸易额为 8.42 亿美元，同比增长 24%，其中云南出口 6.94 亿美元，进口 1.48 亿美元。2012 年，云南与南亚的贸易总体滑坡，与印度的双边贸易比上年同期下跌 45.3%，仅为 4.6092 亿美元。2013 年，滇印贸易额为 5.6377 亿美元，比 2012 年增长 22.3%。

---

① "Trade and Commercial Relations, India-China Bilateral Relations", Embassy of India, Beijing, 印度驻中国大使馆网站，http：//www. indianembassy. org. cn/DynamicContent. aspx? MenuId = 3&SubMenuId = 0。

多年以来，云南向印度出口的主要商品有黄磷、磷酸、磷化工初级产品、有色金属（铅锭、铅锌）、猪鬃、棕榈油、香料油、日用品等；从印度进口的主要商品有铁矿砂、氧化铝、铬化铝、锌矿砂、宝石、蓖麻油等。近期随着双方贸易额的增长，在原有进出口商品规模持续扩大的基础上，云南向印度增加了卷烟、聚氯乙烯、其他环烷烃、高锰酸钾等出口商品和从印度增加了铜锍、沉积铜以及 X 射线应用设备等进口商品。

云南与印度的经济合作相比贸易发展较为滞后。截至 2011 年底，云南省尚未在印度开展直接投资及承包劳务业务。印度在云南省有 7 个直接投资项目，协议投资额为 235 万美元，实际投资 34 万美元。领域涉及制造业、咨询业和应用软件业等。

表 4 - 2　　　　　　中印、滇印贸易额（2000—2013 年）　　　　单位：亿美元

年份	中印贸易总额	比上年增幅 ± %	滇印贸易总额	比上年增幅 ± %
2000	29.14	—	0.45	—
2001	35.96	23	0.57	27
2002	49.46	38	0.58	2
2003	75.95	54	0.61	5
2004	136.04	79	1.23	102
2005	187.03	37	1.25	2
2006	248.61	33	1.4	12
2007	386.47	55	3.33	138
2008	517.8	34	5.86	76
2009	433.81	- 16	3.79	- 35
2010	617.6	42	6.78	79
2011	739.18	20	8.42	24
2012	664.72	- 10.06	4.6092	- 45.3
2013	654.17	- 1.5	5.6377	22.3

资料来源：根据中华人民共和国商务部网站数据、云南省商务厅数据整理计算得出。

三　中国及云南与缅甸的双边贸易投资现状

缅甸是与中国山水相连的友好邻邦，两国长期缔结的传统友谊源远流长。自古以来，两国人民就以"胞波"（兄弟）相称，贸易往来频繁。缅甸是中国商品进入南亚、通向印度洋的便捷通道。1950 年 6 月 8 日中缅正式建交后，于 1954 年签署了第一个贸易协定，此后经贸关系平稳发展。

自 20 世纪 80 年代以来,中国都是缅甸重要的贸易伙伴。近年来,两国经贸合作取得长足发展,合作领域从最初的单纯贸易和经济援助扩展到工程承包、投资和多边合作,双边贸易额逐年递增。1985 年以后,由于边贸是中缅贸易中的重要构成部分,边贸的增长促使双边贸易额大幅提升。中缅贸易额从 2001 年的 6.32 亿美元增加到 2012 年的 69.7 亿美元。其中,中国对缅出口 56.7 亿美元,同比增长 17.7%,从缅进口 13 亿美元,同比下降 22.7%。2011—2012 财年(2011 年 4 月—2012 年 3 月),中缅边境贸易额为 27.19 亿美元,其中缅甸进口额达 10.23 亿美元,比上年同期增长 43.1%;出口额为 16.96 亿美元,比上年同期增长 96.1%[①]。2012—2013 财年,通过木姐 105 码的边贸额超过 15 亿美元。中国出口到缅甸的主要商品有成套设备和机电产品、纺织品、摩托车配件和化工产品等,从缅甸进口的主要商品为原木、锯材、农产品和矿产品等。为缩小缅甸对华贸易逆差,扩大从缅甸的进口,中国先后两次宣布单方面向缅甸 220 种对华出口产品提供特惠关税待遇。

缅甸是中国在东盟地区的重要工程承包市场和投资目的地,中国还是缅甸最大的外资来源国。随着双方政经和外交关系的深化,2011 年,中缅关系提升为全面战略合作伙伴关系。由于缅甸在东南亚国家中拥有较多华人,而且他们大多经商,全国 75% 以上的私营企业都是华人企业,所以约 250 万的旅缅华人华侨在中缅经贸合作中发挥着有利的人缘支撑作用。

云南与缅甸接壤,有六个地州与缅甸有直接的贸易关系。缅甸在云南省的对外经贸合作中占有突出地位。主要表现为云南与缅甸的贸易在云南省进出口贸易中比重较大、缅甸在云南省的边境贸易中占有较大份额。近年来,缅甸已成为云南省在东盟最大的贸易伙伴,也是云南省主要的对外经济技术合作市场。双边贸易从 2001 年的 3.93 亿美元增加到 2011 年的 20.7 亿美元。据缅甸边贸局数据显示,2012 年 4 月至 2013 年 3 月财年间,与中国云南接壤的四个主要边贸口岸(木姐、甘拜地、清水河和拉扎)的边贸额约为 29 亿美元,约占缅甸边贸总额的 83%。云南与缅甸之间进行贸易的主要进出口商品为:机电产品、纺织服装、钢铁制品、石

---

① 《中缅边境进出口贸易额增加》,南博网,http://www.caexpo.com/news/info/import/2012/04/09/3558560.html。

蜡、农产品、建材、五化、食品饮料和矿产品等。

由于地缘相近、人缘相亲和资源优势互补等因素，云南与缅甸的投资和经济技术合作日益升温。截至 2011 年 12 月，云南省在缅甸的投资项目多达 28 个，合同投资额为 84.6 亿美元，实际投资为 7.9 亿美元，主要涉及水电站建设、矿产资源开发及农业合作领域。

表 4 - 3　　　　　　　中缅、滇缅贸易额（2000—2013 年）　　　　单位：亿美元

年份	中缅贸易总额	比上年增幅 ± %	滇缅贸易总额	比上年增幅 ± %
2000	6.21	—	—	—
2001	6.32	2	3.93	—
2002	8.62	36	4.07	4
2003	10.77	25	3.2	-21
2004	11.45	6	6.32	98
2005	12.9	13	5.51	-13
2006	14.6	13	6.92	26
2007	20.57	41	8.74	26
2008	26.26	28	11.93	36
2009	29.07	11	12.27	3
2010	44.44	53	17.6	43
2011	65	46	20.7	18
2012	69.72	7.2	22.71	9.7
2013	101.5	45.6	41.7	83.6

资料来源：根据中华人民共和国商务部网站数据、云南省商务厅数据整理计算得出。

四　孟中印缅次区域内贸易投资现状

地域相邻的孟中印缅四国同属发展中国家，自古就保持着友好交往和经济联系，目前都处于经济高速发展的转型期和大力实施对外开放的战略阶段。但孟中印缅四国接壤的边境地区经济开发和发展程度普遍较低，基础设施建设落后、资金匮乏、非传统安全和贫困等种种问题制约了四国的经贸合作，所以区域内经资合作规模在各自国家和四国总体对外贸易中所占比重均不大。2001 年，四国区域内贸易额为 52 亿美元，仅占四国对外贸易总额的 1% 左右。2011 年，四国贸易总额为 886.78 亿美元，其中中印之间的贸易达到 739.18 亿美元，占四国贸易的 84%。虽然云南与孟印

缅三国毗邻，但 30.52 亿美元的孟滇印缅贸易额在孟中印缅四国贸易中所占比重仅为 3.4%。

表 4 - 4　　　　　孟中印缅、孟滇印缅贸易额（2000—2013 年）　单位：亿美元

年份	孟中印缅贸易总额	比上年增幅 ±%	孟滇印缅贸易总额	比上年增幅 ±%
2000	44.53	—	—	—
2001	52	17	4.67	—
2002	69.07	33	4.86	4
2003	100.4	45	4.09	- 16
2004	167.12	66	8.06	97
2005	224.74	34	7.5	- 7
2006	295.1	31	8.97	20
2007	441.63	50	12.58	40
2008	590.86	34	19.98	59
2009	508.7	- 14	17.51	- 12
2010	732.63	44	25.63	46
2011	886.78	21	30.52	19
2012	818.95	- 7.6	28.01	- 8.2
2013	858.75	4.8	48.6	73.51

资料来源：根据中华人民共和国商务部网站数据、云南省商务厅数据整理计算得出。

　　虽然孟印缅三国之间存在着尚未解决的争端问题，但三国的经贸合作在地区合作势头加强的情况下也有所进展。孟加拉国除东部部分地区与缅甸接壤和南部临海外，与印度有 2400 公里长的边界线，相连的通道较多。两国间贸易除了海路外，主要通过陆路进行。虽然印孟间的经贸关系受两国政治外交关系影响较大，在边境地区，非法移民和恒河水分配等问题上两国间仍存在矛盾和分歧，但孟加拉国依然是印度在南亚地区的最大贸易伙伴国。2011—2012 财年，印孟间的贸易额达到 52.417 亿美元。印度向孟加拉国出口的主要商品有纺织品、机械和运输设备、橡胶制品、化学制品和药品、矿产品等，从孟加拉国进口的商品主要有粗黄麻、无机化学制品和化肥等。除贸易外，印度还向孟加拉国提供铁路建设、防灾扶贫和运输设备等多项经济和技术援助。

表 4 – 5　　　　印孟双边贸易额（2005—2006 财年—2011—2012 财年）

单位：百万美元

	2005—2006	2006—2007	2007—2008	2008—2009	2009—2010	2010—2011	2011—2012
印出口孟	1864.7	2268.0	3364.0	2841.06	3202	4586.8	4743.3
印进口孟	241.96	289.42	276.58	276.58	305	512.5	498.4
贸易总额	2106.70	2557.40	3722.08	3117.64	3507	5099.3	5241.7

　　资料来源：High Commission of India, Dhaka, http：//www. hcidhaka. org/br ＿ politics. phpJHJbrtrade。

　　缅甸独立前，印缅边贸额占缅甸对外贸易的一半以上。1962 年。两国政治关系紧张，经贸关系受到较大负面影响。1988 年，印度与西方国家一道对缅甸实行经济制裁，两国经贸关系跌入谷底，贸易额大幅下滑。20 世纪 90 年代以前，两国贸易额年均不足 700 万美元[①]。20 世纪 90 年代以来，两国贸易稳步增长，印度已成为缅甸最重要的贸易伙伴之一和缅甸豆类产品及其农作物的最大出口市场。

　　2012 年印度从原来缅甸的第 13 大外资来源国一跃成为第 10 大外资来源国。在缅甸累计批准外资达 414 亿美元的 529 个项目中，印度占 2.73 亿美元。

　　2012 年 11 月 2 日缅甸颁布的新《外资法》为外资注入提供了有力保障和动力条件。如，允许 100% 的外国独资企业存在，并且取消了最低 500 万美元的最低投资资金需求规定；在包括制造业、畜牧业、农业和渔业等领域，外资最高持有股份可以增加到 50%；外商拥有 50 年租期的土地租赁权并可以续租；外资企业收入所得享有最初 5 年的免税待遇；对原材料免征关税。目前，印缅已经签署了双边投资保护协定和避免双重征税协定。

　　2008 年，印度联合银行（United Bank of India）与缅甸的 3 家银行（MFTB，MICB and MEB）签订了旨在推进贸易便利化的协定。印缅开展的重要项目包括：卡拉丹河多式联运项目、印缅泰三边公路、瑞 – 提地姆（Rhi-Tiddim）公路、唐巴亚坎（Thanbayakan）炼油厂改造；开设信息技术大学和高级农业研究和教育中心、升级仰光儿童医院和实兑综合医院等。其他项目还有开设塔塔重型卡车组装厂、产业培训中心、塔曼泰

　　[①]　陈铁军等主编：《孟中印缅地区经济合作研究》，云南民族出版社 2005 年版，第 282 页。

（Tamanthi）和水扎邑（Shwezayi）水电项目等①。

印缅双边经贸合作和投资方面有巨大潜力。2011 年印缅第四次贸易联委会召开以后，双边按照现有贸易发展趋势，预测 2015 年的贸易目标额有望达到 30 亿美元的水平。印缅之间存在巨大合作潜力的领域是医药、农业机械、农业化工、电子产品、钢铁、豆类、种植园投资、信息通信和信息技术类产品和服务等。

表 4 - 6　　　　　　　　　　印缅双边贸易　　　　　　单位：百万美元

年份	2009—2010（增幅 ±%）	2010—2011（增幅 ±%）	2011—2012（增幅 ±%）	2012—2013（12 月）
印对缅出口	207. 79（6. 17%）	320. 62（54. 10%）	545. 38（70. 10%）	342. 94
印从缅进口	1289. 80（38. 84%）	1017. 67（-21. 10%）	1324. 82（30. 18%）	570. 18
贸易额	1497. 87（30. 17%）	1338. 29（-10. 65%）	1870. 20（39. 75%）	

资料来源：Embassy of India，Yangon，Myanmar，印度驻缅甸大使馆网站，http：//www. indiaembassyyangon. net/index. php? option = com_ content&view = category&layout = blog&id = 21&Itemid = 122&lang = en.

印缅地域相邻，长期保持着海陆贸易关系。自从两国 1970 年签署贸易协定以来，双边贸易稳步增长，但在 20 世纪 80 年代有所滑落。2005—2006 年，双边贸易为 5. 69 亿美元，2011—2012 年就翻倍增长到 18.7 亿美元。目前印度是缅甸的第四大贸易伙伴（缅甸的第 3 大出口市场和第 5 大进口来源国）。但其实印缅之间的准确贸易数难以统计，一般存在低估的客观事实，究其原因一是因为有通过第三国新加坡的贸易；二是缺少官方完整统计的民间贸易额。农产品贸易是印缅贸易的主要构成部分。缅甸是印度仅次于加拿大的第二大豆类食品供应国，大约占印度进口豆类的 1/3 强，从缅甸进口的豆类价值 10. 09 亿美元。印度从缅甸进口的木材占印度进口木材的 1/5，木材占缅甸出口印度产品的 37%，价值 4 亿美元。其他产品包括皮革、咖啡、茶叶和香料等。印度向缅甸出口的主要商品包

①　"Bilateral & Economic Relations"，Embassy of India，Yangon，Myanmar，印度驻缅甸大使馆网站，http://www. indiaembassyyangon. net/index. php? option = com_ content&view = category&layout = blog&id = 21&Itemid = 122&lang = en。

括药品、钢铁、电子机械、矿物油、橡胶及制品、塑料制品、糖和糖果、肉类等。2011—2012 年，印度对缅甸的出口中，药品占了 23%，价值7609 万美元，超过 10 家印度公司拥有缅甸 40% 的医药市场份额。印度从缅甸进口商品主要有：坚果、干姜、绿豆、姜黄、松香和草药等。

表 4 -7　　　　　　　　　　　印缅边境贸易　　　　　　　单位：百万美元

年份	缅出口	缅进口	贸易额	贸易平衡
2005—2006	11.28	4.13	15.41	7.14
2006—2007	11.02	4.75	15.77	6.27
2007—2008	10.91	3.92	14.83	6.99
2008—2009	5.49	4.43	9.82	1.05
2009—2010	7.79	5.95	13.73	1.84
2010—2011	8.30	4.50	12.80	3.80
2011—2012	8.87	6.54	15.41	2.33
2012—2013	25.09	10.57	35.66	14.52

资料来源：缅甸商务部边贸司。

　　1994 年，孟缅两国正式开通边境贸易。但由于经济基础薄弱，经贸合作互补性不强，贸易量并不大。2005—2006 年，双边一般贸易额为6000 万美元，2006—2007 年增至 7000 万美元。为了扩大双边贸易，两国于 2007 年 8 月底还签订了一份关于共同修筑一条长 25 公里连接两国边境地区公路的协议。目前两国贸易商品品种已超过 1000 多种。孟加拉国还计划在缅甸投资建电厂和搞农业种植①。2008 年，两国商定签署《避免双重征税协定》的相关内容。除边贸外，两国还重视加强海上贸易，于2004 年 7 月签署了相关合作的技术协议。缅甸向孟加拉国年均出口 2.3万吨海产品，是孟加拉国的第 5 大海产品进口来源国。2010—2011 财年，两国的双边贸易额持续保持在 1.37 亿美元的水平，距离 5 亿美元的预期目标尚远。2011 年孟加拉国总理谢赫·哈西娜访问缅甸期间，两国均表达了恢复开通航班的愿望，并希望加强边境贸易和一般贸易规模，实现边贸向正常贸易的转变。为提供贸易便利化，双方希望建立直接的金融系统而终结目前需要通过泰国或者新加坡进行贸易结算的历史。缅甸向孟加拉

---

　　① 《缅甸 - 孟加拉国计划扩大双边贸易》，中华人民共和国驻缅甸曼德勒总领事馆经济商务室网站，http：// mandalay. mofcom. gov. cn/ aarticle/ jmxw/ 200711/ 20071105225754. html。

国出口的商品主要有海产品、豆类品和农产品等，从孟加拉国进口的商品包括药品、棉织品、生黄麻、厨房用品和化妆品等。

五　孟中印缅毗邻地区主要通商口岸建设及经贸现状

（一）中缅边境口岸

目前，中缅边境共开设了约十一个边贸口岸。但中缅边贸主要通过瑞丽（相对应的缅甸口岸为木姐）、那邦（相对应的缅甸口岸为拉扎）、清水河（相对应缅甸掸邦第一特区的清水河口岸）、章凤（相对应的缅甸口岸为留基）和猴桥（相对应的缅甸口岸为甘拜地）五个边境贸易口岸。其中，瑞丽（木姐）口岸不仅是最大的中缅边贸口岸，占主要中缅边贸额的70%，也是缅甸与中国、泰国、印度和孟加拉国四个邻国开放的12个边贸口岸中贸易额最高的。2011—2012财年，中缅边贸额达到29.85亿美元，位居第一，泰缅边贸额其次，为3.43305亿美元，孟缅和印缅边贸额分别为2386万美元和1540.9万美元[1]。

1. 德宏瑞丽口岸——中国和云南对缅贸易最重要的黄金口岸

瑞丽隶属云南西南部的德宏傣族景颇族自治州，西北、西南和东南三面与缅甸山水相连，国境线长140多公里。瑞丽口岸的独特之处在于辖盖总面积为1020平方公里的瑞丽全境范围，与缅甸的国家级木姐口岸（相距4.5公里）相对应，货物可经缅甸的实兑港和仰光港等直接进入印度洋。

瑞丽既是古代南方丝绸之路的重要通道，又是云南省对外开放的前沿，早在20世纪80年代，瑞丽就在全国全省率先实施了沿边开放，创造了"全国边贸看云南、云南边贸看瑞丽"的辉煌业绩，瑞丽也一度成为国家多项陆路口岸开放政策的试验区和"先行者"。1987年，瑞丽口岸被国务院定为国家一类口岸。2000年8月，国务院批准瑞丽市姐告边境贸易区实行全国唯一的"境内关外"管理模式。多年来，瑞丽口岸对缅贸易总额始终占到全省对缅贸易总额的60%以上，占全国对缅贸易的30%左右。2012年，瑞丽口岸共完成进出口贸易总额19.9716亿美元。其中，进出口货运量144.7万吨。2013年1—4月，瑞丽口岸货物进出口货值达

---

①　Myanmar border trade up 58 pct in FY 2011 – 12, China Daily, http://www.chinadaily.com.cn/xinhua/2012 – 06 – 19/content_ 6228055. html.

8.7687亿美元，进出口货运量达83.5万多吨，比上年同期增30%以上。①据瑞丽海关统计，2013年瑞丽口岸的出口贸易额为23亿美元，同比劲增116.1%。

2. 临沧孟定清水河口岸——昆明通往印度洋最近的陆上通道口岸

临沧市拥有290.791公里的边境线，与缅甸毗邻，下辖耿马、镇康和沧源三个边境县。孟定是云南省唯一的副县级镇。2004年，耿马的孟定清水河口岸晋升为国家一类对外开放口岸。除此以外，临沧目前还拥有两个二类口岸（分别是镇康的南伞和沧源的永和）和19条边民互市通道。与缅甸第二大城市曼德勒和皎漂港分别相距443公里和970公里。

目前对在指定场所进行商品交易的中缅两国边民，海关免征关税和进出口环节税。中国的味精、啤酒和日用百货是交易量最大的中国商品，而缅甸的荔枝、南瓜和黄鳝等蔬菜水果和海鲜深受中国民众喜爱。进入21世纪以来，孟定口岸年对外贸易额最高达5多亿元。随着口岸的配套设施不断得到完善，即使在2008年以来的国际金融危机影响下，孟定口岸实现的边贸进出口额也达到了3.6亿元，完成进出口货运量74027吨，实现边民互市2258万元。

2011年5月，国务院出台的《关于支持云南省加快建设面向西南开放重要桥头堡的意见》使耿马（孟定）边境经济合作区、孟定口岸保税区物流节点等项目被提上日程。目前耿马（孟定）边境经济合作区建设正在争取升格为国家级边境经济合作区。2012年，临沧的5个市级代表团访问缅甸，就农业开发、经贸往来、跨境园区建设、公路建设等方面达成共识。临沧市政府与缅甸掸邦政府签订了《关于农业合作的备忘录》，合作建设"缅北农业综合开发区"，计划发展甘蔗、橡胶、咖啡等产业基地220万亩以上②。

3. 保山腾冲猴桥口岸——"西南丝绸之路"的必经之地和走向印度支那半岛南亚诸国的要冲和前沿

腾冲与缅甸山水相连，国境线长148.075公里。2000年4月7日，境内的猴桥口岸被国务院批准为国家一类口岸对外开放，成为连接中缅两国

---

① 《瑞丽：对缅贸易黄金口岸继续焕发新动力》，云南网，http：//yn.yunnan.cn/html/2013-05/25/content_ 2743895. htm。

② "通往南亚的口岸"系列报道（二）——《临沧孟定口岸 边民互市开启滇缅贸易之门》，云南网，http：//yn.yunnan.cn/html/2013-05/26/content_ 2744472. htm。

人民友好关系和经贸合作的重要口岸之一。除此之外，还有 3 条通道分别是胆扎、滇滩、自治以及 11 条便道。猴桥镇北部与缅甸接壤，国境线长72.8 公里。进出口货物主要通过猴桥口岸、滇滩和自治通道进出。

2400 多年前南方丝绸之路就经腾冲进入南亚，自西汉以来，腾冲就成了工商云集的重镇和重要的通商口岸。2011 年腾冲县口岸以 255 万吨的进出口货运量位居云南口岸之首，占全省进出口货物量的 1/4 左右，全县外贸进出口总额为 11.5 亿元人民币。2012 年，腾冲县口岸货运量为145.029 万吨，屈居瑞丽之后，排名第二位，同比减少 43.27%。

近期由于缅北局势动荡，从 2012 年 4 月开始，延续到 2012 年底和2013 年初的战乱使猴桥口岸成了摆设。2012 年，腾冲全县口岸通道流量出现下滑，实现进出口总额仅为 5.6 亿元人民币。据《2013 年腾冲海关统计》显示，2013 年第一季度，腾冲海关监管的进出口货物量仅为44.485 万吨，其中出口 0.505 万吨，同比减少 82.54%。对猴桥口岸发挥出口的主要功能造成了较大影响。

2010 年为了提升猴桥口岸形象，实施了硬件设施改造工程。投资1.56 亿元的猴桥口岸联检楼和查验货场迁建工程目前已正式投入使用。对缅甸甘拜地联检楼的成功援建，促成了甘拜地口岸与猴桥口岸的对等开放。规划面积为 6 平方公里的腾冲猴桥边境经济合作区也将成为构筑云南沿边开放经济带的重要组成部分①。

（二）中印边境口岸

乃堆拉口岸——中印陆路贸易的通商要道

位于中国西藏自治区和印度锡金邦交界处的乃堆拉山口曾是"茶马古道"的重要组成部分。这里距拉萨 460 公里，但距印度锡金邦首府甘托克仅约 24 公里，距印度第三大城市加尔各答约 550 公里。乃堆拉山口是陆路连接中印的最短通道。随着中印关系的改善，2006 年 7 月 5 日中印两国政府重启中断了 40 余年的边境贸易，乃堆拉口岸的仁青岗和昌古边贸市场得以开放，成为中印陆路边贸的唯一口岸。但由于地理、气候条件和配套设施等限制，每年约有 4 个月左右的时间（每年 6 月 1 日开始至当年 9 月 30 日结束）适合贸易和人员货物往来。

---

① "通往南亚的口岸"系列报道（二）——《临沧孟定口岸 边民互市开启滇缅贸易之门》，云南网，http://yn.yunnan.cn/html/2013 - 05/26/content_ 2744472.htm。

目前，中国和印度方面共有 44 种商品可以交易，其中印度可以交易的商品包括纺织品、毛毯、农具、酒、香烟、茶叶、大麦、大米、植物油和当地草药等 29 种，中国可以交易的包括马、山羊、绵羊、牦牛尾、山羊皮、羊毛和生丝等 15 种商品。自乃堆拉口岸开通以来的 6 年内，边贸总额逐年递增，到 2012 年底亚东全县的边贸额已接近 1 亿元人民币。其中仁青岗边贸市场的进出口贸易额为 7041.99 万元，出口额和进口额分别为 1277.31 万元和 5764.68 万元，贸易逆差达 4487.37 万元。2012 年仁青岗边贸市场正式交易日为 90 天，共有中印边民 16000 多人次和车辆 6800 多台次进出。2013 年仁青岗中印边贸市场实现进出口总额 8682.94 万元人民币，同比增长 23.3%，相比开通时的 2006 年增长了近 54 倍，其中进口额为 7236.79 万元，出口额为 1446.14 万元。在 7 个月（5 月 1 日—11 月 30 日）的开放时间中，出入境人数达到 20512 人次，出入境车次达 7990 次。[①]

（三）印缅边境口岸

莫雷（印度）—德木（缅甸）口岸——印缅最主要的边贸通商口岸

印缅边贸是 1994 年 1 月 21 日两国签订边贸协定后于 1995 年 4 月 12 日正式开始实施的。当时开放的边贸口岸有两个，一个是位于印度曼尼普尔邦的莫雷（Moreh）（相对应的缅甸口岸是德木（Tamu）），另一个是位于米佐拉姆昌派（Champhai）县的左哈卡（Zowkhathar）（德木以南靠近印度边境）。但后来因为种种原因，该口岸曾一度关闭，即使开放生意也不如莫雷和德木口岸好。印度方面曾提出开放那加兰邦多对口岸的提议没有得到缅方认可。缅方认为应该先完善和做大莫雷口岸的边贸设施及规模后再做下一步考虑。此后印度政府为提升莫雷口岸的现代化设施水平，拨款 950 万卢比资金修建和完善了公路连接。[②] 近几年来，印度政府正考虑和缅甸政府磋商，把边境贸易扩展为一般贸易，并计划在那加兰邦的奥安昆（Auankhung）开设印缅之间的第三个口岸。关于早年签订的两国边贸协定已经不适用于现代社会发展，印方希望把交易的边贸产品从 22 个增加到 40 个，并且将在口岸设立银行金融体系以方便来往客商结汇。[③] 在

① 《中印仁青岗边贸通道开通 7 年来进出口总额增长近 54 倍》，新华网，http://news.xinhuanet.com/fortune/2013 - 12/10/c_ 118498333.htm。

② 东北部地区发展部网站：http://mdoner.gov.in/index2.asp? sid = 127。

③ "Annual Report 2008 - 09", Ministry of Development of North East Region, p.50.

印缅边境的南帕垄交易市场上，有来自中国、泰国和日本的商品出售，中国的日用百货、服装和毛毯等商品销量很好。在旺季每天开放的 12 个交易小时内，日贸易额可达 200 万卢比。

（四）孟缅边境口岸

实兑和貌多口岸——正在完善中以提升孟缅边贸额

孟加拉国和缅甸之间开通了 4 个边贸点，分别是纳布勒（Nabule）、提克（HteeKi）、实兑（Sittway）和孟都（Maungtaw），其中位于缅甸西部若开邦的实兑和孟都口岸是主要的贸易交易地。近十年来，孟缅边贸额逐年下滑，从 2007—2008 财年的 3152 万美元下跌到 2008—2009 财年和 2009—2010 财年的 2460 万美元和 1848 万美元。因此航运贸易反而成了两国双边贸易的主体构成部分。为增加边境贸易额，孟缅两国政府也采取了一些有利措施，如，缅甸政府在西部边境城市设立了专门的贸易区以促进对孟加拉国海产品的出口，孟缅两国政府还就缅甸虾直接在孟吉大港的销售进行了磋商。

（五）印孟边境贸易现状

印度和孟加拉国的边界线长 4095 公里，其中包括 2979 公里的陆地边界和 1116 公里的水域边界，流经两国的跨境河流共有 54 条。边界线中有一半位于西孟加拉邦内，其余分布在印度东北部的阿萨姆邦、梅加拉亚邦和特里普拉邦。20 世纪 70 年代初，两国由于爆发冲突，边境贸易长期处于停止状态。但两国边界由于地域、农田和村庄甚至房屋相连，成为世界上管理难度大、复杂问题丛生的边界线之一。即使印度边境安全部队对最容易越境的地点加强了监管后，也难以防范非法越境及其活动的发生。近四十年来，这条边界线上的非法移民、人口贩卖、毒品和枪支走私、恐怖活动等非传统安全问题频发。官方统计的 100 多万孟加拉非法移民进入印度并获得公民身份的数据，远远低于数百万的实际数量。

近期随着印度和孟加拉国关系的改善和升温，两国也形成了促进双边经贸往来的共识。2011 年 1 月 22 日，时任孟加拉国农业部长的马蒂亚·乔杜里和印度财政部长普拉纳布·慕克吉在印度西里古里郊区出席了孟加拉国 – 印度开通边境贸易仪式。印孟两国确定要在东北部国境交界地的梅加拉亚邦和特里普拉邦设立 8 个边境自由贸易区，边境自由贸易市场将限定在两国边境线 1.5 公里的范围内。届时两国商人可以进行农产品、矿产品、水产品和禽蛋类产品等的交易，但木材交易不在允许范围内。两国的海关执法检查人员将定期进行巡查和监管。

六　孟中印缅毗邻地区经贸合作中现存的主要问题

（一）中国云南与孟印的经贸形式和合作内容单一，多元化格局尚未形成

作为中方主要参与孟中印缅毗邻地区合作的云南省来说，除与缅甸多年来开展了较多的经济合作项目与投资活动外，云南与孟加拉国和印度的合作还以传统的货物贸易为主，而货物贸易中又主要以一般贸易为主，加工贸易、过境贸易、转口贸易等其他形式的贸易还未开展起来。南亚国家的大宗货物仍需要经印度洋绕过马六甲海峡才能抵达我国沿海港口再运至云南境内。尽管近年来中国与印度和孟加拉国的服务贸易得到了广泛开展，但云南与孟印之间的服务贸易发展仍然十分滞后，贸易多元化格局尚未形成。

（二）贸易和商品结构单一，贸易比重不平衡，短期内难以得到根本转变

中国云南与印孟的贸易以初级产品为主，商品结构单一，而且存在贸易比重不平衡问题。在 2011 年的孟中印缅贸易中，中印贸易占地区贸易总额的 80% 以上，而在孟滇印缅贸易中，呈现出滇缅贸易占比接近 68% 的现状。在云南与南亚的贸易中，云南与印度的贸易又占绝对优势。2008 年云南与印度的贸易达 5.86 亿美元，占云南与南亚贸易的比重超过一半以上，印度成为云南仅次于缅甸和越南的第三大贸易伙伴，成为昆明市的第一大贸易伙伴。

从 2000 年以来，云南与印孟的贸易就一直以原材料和初级产品为主。在从印孟进口的商品中，资源性产品比重一直较高，主要是各类金属矿砂、氧化铝、铁矿石等。出口印孟的商品也主要是磷肥、磷酸、机电产品、农产品等，其中化肥占据主体地位。高附加值、高技术产品不多。2010 年 1—8 月，云南省与南亚贸易同比增长 81.5%，其中化肥出口 3.2 亿美元，占对南亚总出口的 52.5%。这种以原材料和初级产品为主的贸易在交通条件没有大的改善前是难以做大的。

（三）云南与印孟贸易长期处于顺差态势，且顺差有扩大之势

云南与对南亚国家的贸易出口多，进口很少，长期处于顺差态势。2000 年云南向南亚国家出口 3724 万美元，进口 1970 万美元，顺差 1754 万美元。2009 年云南向南亚国家出口 3.9493 亿美元，进口 1.4578 亿美

元，顺差 2.4915 亿美元。其中与印度的顺差为 9016 万美元，与孟加拉国的顺差为 1.4254 亿美元。尽管与印度和孟加拉国存在进出口双向贸易，但是进口量很小。虽然云南与中国同南亚的贸易趋势发展一样，在与南亚国家的贸易中均处于顺差状态，但中国是近几年才逐步扩大，而云南与南亚国家的贸易一直处于顺差状态，且有不断扩大之势。

（四）缺少专门针对孟中印缅的经贸合作平台，难以推动区域内贸易提升

自 1999 年开启孟中印缅地区二轨合作论坛以来，历经 14 年发展在经贸、交通、人文交流以及机制建设等方面取得了诸多成就。当前孟中印缅经济走廊建设也已提上国家议程，首届中国–南亚博览会成功举办，并永久落户昆明等都为深化孟中印缅合作奠定了良好的平台和基础。但专门针对四国区域内经贸合作的交易会和高端商务论坛或者企业家论坛等还处于空缺，难以让商界人士真正投入到解决贸易现存问题的讨论和行动中，难以实质性地提升区域内经贸合作。

（五）通关便利化受到制约，口岸开放不对等

在地区内贸易中，普遍存在通关便利化制约问题。如，对新鲜瓜果蔬菜等货物的检验检疫环节需要更加便利，快捷完成扫描和疾病预防，否则就会因为停放时间过长（通常需要摆放一个晚上）而变质受损。中国与缅甸的口岸开放存在不对等现状，如，孟定清水河是我国的国家一类口岸，而与孟定接壤的缅甸掸邦地区由于局势动荡，口岸处于半开放状态，无法保证稳定的进出口贸易。除此之外，有利于企业自身发展的实质性政策也尚未出台。

（六）经济技术合作领域窄，参与企业少，规模小，影响力弱

从目前云南参与的孟印缅经济合作看，主要集中在云南具有比较优势的工程承包上，如，筑路、修桥、隧道建设等工作，且由云南本土企业直接承包或竞投下来的工程项目不多。技术合作、劳务合作、设计咨询等方面合作基本未开展。这说明云南与该地区的经济技术合作程度不高，合作潜力尚未得到挖掘和发挥。

（七）投资合作水平低，处于起步阶段

云南与印孟之间的投资合作水平很低，不仅云南企业尚未在这些国家开展大规模的投资，而且孟印也没有企业在云南进行大规模投资。这主要因为三方通道不畅、产业结构不合理，且都是发展中国家，资金有限、技

术实力不强，缺乏"走出去"开拓市场和寻找商机的胆略和意识，再加上对彼此的投资环境、政策和市场了解不够，使得三方的经贸合作十分有限。

当然，除经济因素外，交通连接和运输便利化以及非传统安全挑战均是制约四方经贸合作的重要因素。从目前我国与三方国家的合作和互动上看，可以完善和改进的关键和突破口在交通运输方面，重点是与缅甸的连接上。根据中印缅孟各方的利益关切、现实条件和地区合作态势判断，中国需要实施推进建设中国连接缅甸以及南亚国际大通道的国家策略。

第三节　孟中印缅毗邻地区能源合作现状

当今能源的高度战略地位日渐显露，中印缅孟在能源方面合作的主要要求和动力，一是来自友好邻邦的历史感情基础，二是来自现实国家经济利益的客观需求，三是缘于缅甸和孟加拉国待开发的油气资源储量。中印经济发展迅速，但能源短缺造成的能源进口增加使国家安全受到威胁。缅甸和孟加拉国对引进资金开发能源和引进外部资源解决国内经济发展和能源短缺问题有重大诉求。加强能源领域的地区和国际合作，实现能源开发、引进和运输对四国能源安全尤为重要。

一　中国与孟加拉国的双边能源合作现状

中国与孟加拉国多年保持着良好的政治外交关系和经贸合作基础。孟加拉国具备良好的地理区位优势和资源条件，加之双方本着能源领域合作的共同愿望，中孟在过去20多年的时间里已开展了涉及电力、煤炭开采、油气开发等领域的多项工程项目。早在1992年由中国东电三公司承建竣工的吉大港21万千瓦发电厂就是当时孟加拉国最大的发电厂之一。1992年12月两国政府又签署了中方以卖方信贷方式帮助孟开发煤矿的协议书。1994年2月正式签约、由中国机械进出口总公司承建的合同金额为1.95亿美元的巴拉普库利亚煤矿工程在1996年6月正式开工，是当时中国在海外的最大煤矿工程和承包的大型交钥匙工程之一。2001年7月，由中国机械进出口总公司、上海电气总公司和深圳中机能源公司组成的联合体共同承建的巴拉普库利亚燃煤电站项目正式签约，合同总金额为2.2亿美元。巴拉普库利亚煤矿位于孟加拉国首都达卡西北方向 300 公里处，是孟第一个大型现代化煤矿。该煤矿含煤地质储量为 3 亿吨，可采煤量为8403 万吨。在 2004 年 4 月 23 日燃煤电站开工典礼和煤矿出煤仪式上，孟总理强调，中国先后承建的巴拉普库利亚煤矿工程和巴拉普库利亚燃煤电站两个大型工业项目揭开了孟加拉国国民经济发展史上崭新的一页，是孟加拉国弥补电力供应短缺方面的新里程碑，为孟加拉国西北地区工农业的发展奠定了坚实基础。同时中国承建的这两个工业项目也使中孟经贸合作登上了新台阶。

近年来，中国公司在孟加拉国能源合作项目的国际竞标中表现积极，而且中标可能性随着双边经贸合作的深化和政治关系的紧密越来越大。孟加拉国希莱特天然气田有限公司（SGFL）的 "Rashidpur 凝析油分馏厂"和 "Kailashtilla 天然气处理厂" 两项交钥匙工程国际招标项目分别于2006 年 12 月和 2007 年 1 月授予中石化国际事业有限公司，项目金额合计约 2900 万美元①。2008 年 2 月，中国水利水电建设集团公司经过公开招标方式，中标吉大港地区 15 万千瓦电站项目。该项目为保障向孟港口和工业重镇吉大港市输送电力，由孟政府全额出资，造价约为 8200 万美元。2009 年 8 月 27 日，上海电气电站集团中标 Sylhet150MW 单循环燃气电站项目。该项目资金也由孟政府提供，工程总造价为 9715 万美元，是孟新政府上台后的第一个电站项目。除上述大型项目外，中国还在孟加拉国承建过东方炼油厂码头、达卡莫诺瓦造纸厂和电力以及输变电项目等。

鉴于中孟能源合作的巨大发展潜力，高层对此也寄予较大希望。在2010 年 3 月 17—21 日孟加拉国总理哈西娜对中国进行国事访问期间，她强调中方在基础设施、商贸、农业和电力等领域的合作对孟经济社会发展发挥了重要作用。并对展览中心项目、铁路项目、友谊桥项目、帕格拉水处理厂项目、电站建设项目、杂交水稻合作、减债七个方面寻求中方支持。同时双方还签署了两国经济技术合作协定、油气合作谅解备忘录、中孟友谊七桥立项换文和沙迦拉化肥厂优惠贷款框架协议等文件。

二　中国与缅甸的双边能源合作现状

与印度和孟加拉国相比，中国与缅甸的双边能源合作起始时间早，成

---

① 《中石化两项目在孟中标》，中国商务部网站，http://www.mofcom.gov.cn/aarticle/i/jyjl/j/200703/20070304455823.html。

效大，主要集中于电力和油气两个领域。缅甸属于世界最不发达国家之一，经济发展落后，资金极度短缺，技术实力有限，多年来均持引进外资开发国内丰富的能源以促进经济发展和解决能源问题的诉求。在此背景下，中缅能源领域的合作开启于 20 世纪 60 年代，合作形式始于水电站建设。1987 年中国领导人访缅后，双边又开始了石油勘探合作。在水电工程建设和发电设备供应方面，1999 年由云南省机械设备进出口公司与缅甸电力部合作共同建设、2005 年建成投产的邦朗电站是当时缅甸最大的水电站，装机总容量占缅甸全国的 1/4。2006 年 2 月 14—18 日，时任缅甸总理的梭温上将在访问中国期间，又签署了邦朗水电站二期工程相关协议等八个文件。2003 年中缅签署了装机容量为 40 万千瓦、合同金额为 1.5 亿美元的瑞丽江电站项目。2005 年云南省机械设备进出口公司再次与缅甸签署电力设备供应合同协议，2007 年中电投与缅方达成建设两座水电站协议。2008 年 2 月 27 日，中国电力投资集团公司与缅甸第一电力部水电建设司在缅甸内毕都签署了《施工电源电站合同》。根据合同规定，中国电力投资集团公司将在恩梅开江主要支流奇贝河上建设装机容量为 9.9 万千瓦的施工电源电站，为开发恩梅开江、迈立开江和伊洛瓦底江密松以上流域电站建设提供施工电源①。2007 年，缅政府与中国大唐公司签署了在缅北克钦邦建设 9 座电站的协议。目前在克钦邦莫冒地区的太平一级、太平二级电站已开工建设，装机容量分别是 24 万千瓦和 16.8 万千瓦。这 9 个电站中最重要的是距密支那 42 公里处、装机容量 360 万千瓦的敏宋（三江交汇处）电站②。2008 年 3 月 23 日，由中国重型机械总公司与缅甸电力部水电局签订合同、中国公司负责项目设计（含土建）、制造、运输、现场指导安装和调试的位于缅甸勃固省的 KABAUNG 水电站正式投入商业运行。2009 年 8 月 4 日，中国葛洲坝集团国际工程有限公司与缅甸农业部灌溉司签署关于承建缅甸马圭省敏达水电站协议。该协议总额为 1470 万美元，由缅方自筹资金，电站装机容量为 4 万千瓦。2010 年 2 月 11 日，中国华能澜沧江水电有限公司、缅甸 HTOO 公司与缅甸电力一部水电规划司在缅甸共同签署仰光燃煤火电厂项目开发权谅解备忘录。

---

① 《中国电力投资集团公司与缅甸第一电力部签署施工电源电站合同》，中国驻缅甸大使馆经商处，http：//mm. mofcom. gov. cn/article/zxhz/sbmy/200802/20080205405352. shtml。

② 《缅克钦邦将建 9 座电站》，中国驻缅甸大使馆经商处，http：//mm. mofcom. gov. cn/article/zxhz/sbmy/200810/20081005828759. shtml。

该电站预计装机 27 万千瓦，由中缅双方按 BOT 方式投资开发。该项目是华能澜沧江水电有限公司实施"走出去"战略在缅甸规划建设的首个境外火电项目，同时也是缅甸政府引进外资建设火电的首个项目。该备忘录的签订，标志着中缅双方在电力开发与能源合作上的一次新跨越[①]。2012 年 3 月 31 日，由我国广东珠海新技术有限公司承建的缅甸马圭省吉荣吉瓦水电站（又称 KK 电站）落成。该项目是缅政府 2012 年重点推动的第二大水电站项目，建成后可灌溉 9.6 万英亩农田，并每年提供 7400 万千瓦的发电量。

　　进入 21 世纪以来，中缅在油气方面的合作取得实质性进展。2004 年 10 月中海油与缅甸国家石油天然气公司签署了开发缅甸"M"区块陆上石油气的产品分成合同。2005 年中国石化集团云南滇黔桂石油勘探局同缅甸石油天然气公司签署了开发伊洛瓦底江盆地"D"区块的风险勘探开发合同[②]。2008 年 7 月 28 日，中国有色集团、缅甸第三矿业公司和中色镍业有限公司代表签署缅甸达贡山镍矿生产分成合同。值得特别提出的是，20 世纪 90 年代酝酿、2004 年启动双边谈判、历时 6 年艰辛谈判过程、2010 年开工建设的中缅油气管道工程项目已于 2013 年 5 月 30 日全线贯通，将于 2014 年前达到投产要求。中缅油气管道已成为我国第四条能源进口战略通道，投产后每年供气量相当于 2012 年进口量的 1/4，使中国进口能源不必经马六甲海峡。中缅油气管道中的天然气管道在缅甸境内长 793 公里，原油管道在缅甸境内长 771 公里。两条管道均起于缅甸皎漂市，从云南瑞丽进入我国境内后，原油管道经贵州到达重庆，干线长 1631 公里；天然气管道经贵州到达广西，干线长 1727 公里。

三　中国与印度的双边能源合作现状

　　中国和印度处于经济高速发展时期，能源需求巨大，但均面临能源短缺的极大挑战，尤其在石油和天然气方面，能源对外依存度日益加深。目前印度 70% 的石油供应依赖进口，存在一半左右的天然气供应缺口；中国能源供应倚重国际市场。目前，确保能源安全已成为两国的重大国策，

---

　　① 《华能澜沧江与缅甸签署首个外国投资火电项目》，中国驻缅甸大使馆经商处，http://mm. mofcom. gov. cn/article/zxhz/sbmy/201002/20100206787687. shtml。

　　② 陈利君等：《孟中印缅能源合作与中国能源安全》，中国书籍出版社 2009 年版，第 77 页。

能源也是两国取得务实推进的关键和重点合作领域。中国和印度的能源合作始于 20 世纪 80 年代后的能源产品贸易，主要是中国向印度出口煤和焦炭。1991 年印度实行经济改革后，双边能源合作的规模逐渐扩大，领域日渐拓宽。目前，中印能源合作形式主要包括共同开采石油、联合竞购、购买能源设备、相互投资参股、签署合作协议和进行电力工程承包等。在油气开采和签署合作协议方面，2012 年 6 月，中国石油天然气集团公司（China National Petroleum Corp）与印度国有油气公司（Oil & Natural Gas Corp）签署了联手在海外开采油气资源的协议。根据协议内容，印度国有油气公司的海外投资子公司（ONGCVidesh Ltd）将携手中国石油集团在缅甸铺设一条岸上天然气输送管道。此前双方已分别在叙利亚和苏丹共同持有 36 块油气田权益和大尼罗河石油项目（Greater Nile）权益。除此而外，中印在苏丹共同开发的 Malut 油田项目等成功案例成了降低成本、提高效益和技术交流的双边能源合作典范。另外，中国在喀土穆建了一座炼油厂，而印度则修建了一条把成品油输送到码头的管道。在伊朗，印度石油和天然气公司与中国石油化工集团公司共同开采亚达瓦兰（Yadavaran）油田，其中中国公司控制了该油田 50% 的份额，而印方控制了 20% 的份额。在俄罗斯，中印两国石油公司分别与俄罗斯国家石油公司展开油气合作。在哈萨克斯坦，印度石油和天然气公司表示愿意参与修建中哈石油管道①。在联合竞购方面，2006 年 8 月中国石油化工集团与印度国家石油公司以 1∶1 的出资比例购得哥伦比亚—石油公司 50% 的股份，中印双方各持所购股份的一半。印度大型贸易公司－爱莎国际的原材料进口几乎全部购自中国，其中包括电力设备、钢铁生产设备和能源设施等总计约 50 亿美元的商品和服务。在相互投资参股方面，2005 年 2 月，印度燃气公司同中国燃气签订投资 2.43 亿美元购买中国燃气 9% 股份的协议。这是中印两国上市公司的第一次合作，也是中印在能源下游行业的第一次联手。2007 年 2 月，双方再次联手各持 50% 股份、在百慕大注册成立的"中印能源公司"是中国公司首次投资印度的石油天然气行为。2010 年 10 月 30 日，由中国山东电建三公司在印度总承包的电力工程项目——位于奥里萨邦贾苏古达 240 万千瓦的亚临界燃煤电站项目获得 2009 年度印度 Prashan-

---

① 《中印合作：构建亚洲能源新版图》，新浪财经，http://finance.sina.com.cn/roll/20050405/08151487670.shtml。

sa Patra 安全奖，这个奖项主要授予在职业健康、安全、环保领域做出突出贡献或安全管理成绩卓越的公司，山东电建三公司是唯一获奖的外国企业。贾苏古达电站项目是印度第一个以 EPC 方式承包的 60 万瓦机组项目，2006 年 5 月签约后第一台机组已按期高质量移交并网发电。2011 年初，中国哈尔滨锅炉厂有限责任公司成功与山东电力建设第三工程公司签订了向印度古德洛尔 120 万千瓦亚临界项目提供锅炉设备的供货合同。在此之前，中国的这两大战略伙伴合作公司已履行了向印度贾苏古达、蒙德拉、嘉佳等项目提供锅炉设备的供货合同。

四　孟印缅能源合作现状

（一）印度—孟加拉国—缅甸跨国油气管道项目

虽然早在 2005 年 1 月，印、孟、缅三方已在原则上就跨国油气管道工程进行合作达成共识，但同年 9 月时任印度石油部长艾亚尔访孟期间与孟总理和外长等高级官员就管道过境问题谈判并没有取得成功。加之缅甸也表示，在发现新气田或满足中国和印度的进口需求情况下才会考虑向孟加拉国出口油气资源。所以三方的跨国油气管道项目至今还处于意向合作阶段。

（二）孟加拉国与缅甸的双边能源合作

目前孟加拉国存在 55 亿立方英尺天然气和 1200—1500 兆瓦电力缺口。自 2006 年以来，孟加拉国就对从缅甸进口天然气和石油以及修建水电站以引进电力表示出强烈愿望，但至今没有得到缅甸方面的积极回复。2007 年 7 月，虽然两国也探讨了孟加拉国在缅甸若开邦木伊河和雷苗河上建水电站事宜，并就技术和融资等内容进行了联合考察，但实施这个项目还处于规划阶段。2010 年 1 月和 2011 年 12 月两国高层领导再次就能源合作进行商谈。孟加拉国总理谢赫·哈西娜在 2011 年的访缅期间，强调双边加强在航空、水路运输、银行、能源、贸易、教育、建设、农业和地区事务等领域的合作。随着 2012 年 3 月 15 日由国际海洋法庭最终裁决的两国海域争端的和平解决，有助于加强两国在海域方面天然气的勘探合作。

（三）孟加拉国与印度的双边能源合作

同为电力严重短缺国家，孟加拉国和印度的电力合作取得一定成效。2007—2013 年期间两国签署了多项电力合作协定。2007 年 2 月，孟加拉国电力发展局发电公司与印度 Bharat Heavy 电力公司签署建设 24 万千瓦、总造价 113 亿塔卡的电站合同。2008 年 2 月，孟同一机构与印度公司签署在孟北部西莱特地区建设造价 7000 万美元、15 万千瓦特电站合同。2009 年 12 月孟总理哈西娜访印期间，与印度电力部门签署了双边电力合作谅解备忘录。内容涉及在印度孟加拉邦与孟西部接壤地区及孟东部与印度特里普拉邦接壤地区建设发电、电力传输以及两国电网互联等事宜。此外，孟印双方还考虑由孟加拉投资在印度特里普拉邦建设 74 万千瓦燃气电站项目。2012 年 1 月，孟加拉国与印度签署合资在孟加拉国手打达卡附近的巴格哈特区一座建设 1320 兆瓦、总造价约为 15 亿美元的燃煤电厂。该燃煤电厂将成为孟加拉国内最大的电厂。

（四）印度与缅甸的双边能源合作

受地缘政治影响和地缘利益驱动，深化发展睦邻友好的印缅关系已成为印度国家利益重要的构成部分。从印度"东向政策"推行演变到"东进政策"的进程中，缅甸一直都是印度加强与东盟和亚太关系的踏板。作为能源消费大国又面临着巨大能源缺口的印度来说，印度长期看好缅甸的石油、天然气、木材、稀有金属等重要资源，致力于与缅甸加强在能源方面的合作。目前印缅双方就巩固和提升能源合作关系达成了诸多共识。双边能源合作以油气开发为主，而且不断得到扩大深化，水电建设为辅。2006 年 12 月 7 日，缅甸能源部石油与天然气公司（MOGE）、印度 GAIL（India）有限公司和新加坡 Silver Wave Energy 公司在缅甸内比都签署三方按照生产分成的方式合作在若开近海的 A－7 区块开展天然气联合勘探开发的协定[①]。2007 年 9 月，印度时任石油和天然气部长穆利·德奥拉访问缅甸。期间印度的 ONGC 公司与缅甸签署了 AD－2、AD－3 和 AD－9 三个深海油气区块的勘探开采协议，通过其海外投资公司 ONGCVidesh 拥有这 3 个海上区块的全部股份。该协议作为政府间协议，涉及资金较少，因此印度方面对地震和勘探活动进行投资。早前印度 ONGC 公司和印度天然气输送公司 GAIL 控股公司已经在由韩国大宇国际公司作业的缅甸 A－1 和 A－3 海上区块中分别拥有 20% 和 10% 的股份。2008 年 2 月《仰光时代周刊》报道，印度石油公

① 《缅甸石油与天然气公司与印度和新加坡公司签署能源合作协定》，中国商务部网站，http：//www. mofcom. gov. cn/aarticle/i/jyjl/j/200612/20061204116387. html。

司 Essar 将在缅甸西海岸若开邦的一个内地区块钻井勘探天然气，成为继 ONGCVidesh Ltd 和 GAIL 之后在缅甸从事天然气勘探的第三家印度公司[①]。据报道，2010 年 3 月，参与缅甸若开海上 A－1 和 A－3 两个大型油气区块开发的印度能源公司 ONGC 和 GAIL 将经印度政府经济委员会批准后，在上述地区再追加 13.346 亿美元的投资用于油气资源开发。2012 年 5 月 28 日印度总理辛格访问缅甸期间，双方再次强调将加强和深化在包括能源等多领域的互利合作。

缅甸水利资源丰富，对引进外国资本投入电力开发基本持欢迎态度。印度公司于 2008 年正式进入缅甸进行电力领域开发。同年 9 月，印度水电开发公司与缅甸水电发展部签署在缅甸的钦敦江上建两座大型水力发电站的合作协议。根据协议规定，缅甸将接受印度的技术援助在东北部的印缅边界附近修建电站。此前该公司一直在研究钦敦江上装机容量为 120 万千瓦的德曼迪（Htamanthi）水电站和 60 瓦千瓦的瑞色耶（Shwesayay）水电站的建设可行性，并且双方已就此进行了多次商谈。

五　孟中印缅毗邻地区能源合作的现存问题

能源通道建设关乎国家战略、安全和民生大计，易受政府意愿达成和非传统安全等因素影响。印孟之间因受悬而未决的问题困扰和利益分配存在分歧等影响，至今在关于建设油气管道问题上尚未形成共识。而中缅油气管道穿越地区局势存在不稳定因素，能源供应存有潜在挑战。归纳分析四国能源合作的现存问题，主要可列为以下三个方面。

（一）缺少制度保障与合作规划

目前中印缅孟四国次区域合作还停留在一轨半或者双轨并行阶段，尚未形成正式的合作和协调机制。容易出现合作的非稳定性、恶性竞争和整体长远规划缺失等问题。

（二）开发集中，合作有失均衡

缅甸油气资源丰富，目前四国的能源合作与开发均把目标锁定在缅甸，致使缅甸资源处于集中开发阶段。孟加拉国虽然天然气储备富足，但

---

① 《印度公司在缅甸内陆区块勘探天然气》，中国驻缅甸大使馆经商处网站，http://mandalay. mofcom. gov. cn/aarticle/jmxw/200802/20080205405219. html。

由于人口众多，需求巨大，还存在出口能力受限问题。中国和印度的能源潜力以及太阳能、风能、地热能和生物能等新能源并未纳入合作范围。中国和印度由于拥有资金和技术状况相对较好，可在获取能源方面处于有利地位。而缅甸和孟加拉国则处于相对弱势，利益关切可能没有得到足够重视和满足。

（三）受政局动荡和非传统安全等因素影响

缅甸虽然已是民选政府上台执政，但民族地方武装势力尚未完全与政府取得和解，冲突还不时爆发，导致政局和经商投资环境都存在不稳定因素。孟加拉国和印度关系也由于多年存在的非法越境移民、武器走私、水资源分配、恐怖活动袭击、陆路过境通道等问题起伏不定。加之有时国内民意煽动，导致已经开工和在建的项目叫停，不利于外国资本进入进行能源开发和开采。

第五章

国际合作机制对孟中印缅毗邻地区交通
连通的规划和各国的意愿

　　孟中印缅毗邻地区连接东亚、东南亚、南亚，是沟通印度洋和太平洋的陆上桥梁，地理位置十分重要，区位优势十分突出。但要将这一自然优势转化为经济优势，就离不开推进相关各国的现代化交通基础设施建设并加强区域互联互通。因此，本区域的互联互通一直得到相关国际机构、区域合作组织和区域内各国的高度重视。多年来，联合国亚太经社理事会、亚洲开发银行（以下简称"亚行"）等国际机构在东南亚、南亚地区开展的区域互联互通相关研究、提出的发展战略和制定的相关规划很多都涉及本区域；在东盟（ASEAN）、南盟（SAARC）、大湄公次区域（GMS）、孟加拉湾多部门技术和经济合作倡议（BIMSTEC）、湄公河—恒河合作机制（MGC）、南亚次区域经济合作机制（SASEC）等涉及本地区的诸多区域合作机制合作框架下，各方也制定过很多相关的互联互通规划；此外，本区域各相关国家也对各自国家相关地域内的交通发展和区域互联互通提出过设想，制定过相关规划。本章对相关国际机构和区域合作组织，以及区域内相关各国制定的与本区域有关的主要互联互通规划和发展设想进行梳理和介绍。

第一节　本地区互联互通主要国际合作规划与设想

一　泛亚铁路

　　1960 年，联合国亚洲和远东经济理事会（1974 年更名为亚太经社理事会）首次提议建设泛亚铁路。泛亚铁路（Trans-Asian Railway，TAR）是一个统一的、贯通欧亚大陆的货运铁路网络，目的是提供一条长 14000

公里的完整铁路，从新加坡到土耳其伊斯坦布尔，将亚洲大部分地区连接起来，并计划延伸至欧洲及非洲。泛亚铁路计划提出后，由于政治和经济方面的障碍，一直没有取得进展。直到冷战结束，东西方关系正常化后，计划才重现前景。

在 1995 年东盟第五届首脑会议上，马来西亚前总理马哈蒂尔再次提出修建泛亚铁路，建设一条由中国昆明经老挝、泰国、马来西亚到新加坡的国际铁路，通常称为"泛亚铁路东盟通道"。该铁路计划全长为 5500 公里，连接中、越、柬、泰、马、新等国，实现国际铁路联运。通过中国铁路网，连接亚洲北部的蒙古和俄罗斯的远东地区，形成纵贯亚洲大陆的铁路桥，与中吉乌中亚铁路接轨，形成新亚欧大陆桥。

泛亚铁路东盟通道主要有东、中、西线三个方案：

东线为中国昆明—越南河内—胡志明市—柬埔寨金边—泰国曼谷—马来西亚吉隆坡—新加坡。东线方案的优点是缺失路段距离短，新建里程短，可以充分利用既有线路；缺点是线路较长，既有线路多为米轨，技术标准低，运输能力小，运输成本高。

中线为昆明—玉溪—磨憨—老挝万象—泰国曼谷—马来西亚吉隆坡—新加坡。经过老挝的中线方案还有其他备选方案，主要的两个备选方案是通过老挝南部或老挝中部连接越南铁路，再经越南河内连接中国昆明。中线方案的优点是运营里程短，缺点是老挝境内缺失路段较多，新建铁路需要较大投资。

西线为昆明—瑞丽—缅甸仰光—泰国曼谷—马来西亚吉隆坡—新加坡。西线方案的优点是新建较短，缺点是缺失路段所经过的中缅边境地区和泰缅边境地区地形复杂，需要较大投资，铁路修建的技术要求也比较高。

近年来，在以上三个方案的基础上，云南省又根据对外经济合作的实际需要，在线路设想和规划上又对以上方案作了一些调整。一是将西线方案改为从昆明经瑞丽、缅甸曼德勒延伸至缅甸皎漂，与修建中的中缅油气管线线路走向一致；二是提出北线方案，即经云南腾冲、缅甸密支那延伸到印度。

2010 年 4 月，亚洲 18 个国家的代表于在韩国釜山正式签署《亚洲铁路网政府间协定》，筹划了近五十年的泛亚铁路网计划最终得以落实。

泛亚铁路网中的铁路设施大多已经存在，但还面临着不少问题。一是

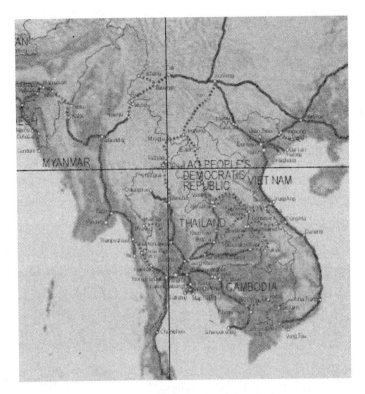

图 5 − 1　泛亚铁路东盟通道示意图

资料来源：联合国亚太经社理事会（注：虚线为主要缺失路段）。

技术问题。亚洲国家的铁路轨距不同，中南半岛国家绝大多数使用轨距为 1000 毫米的窄轨，而中国的铁路是轨距 1435 毫米的标准轨。不同的轨道，有不同的技术标准，卸载换装困难大；二是投资问题。很多东南亚国家财力有限，要投入巨资修建自己境内的铁路还力不能及；三是国家间的协调问题。泛亚铁路线路经过多国，需要多边协调，国家越多，协同的难度就越大。各国不仅需要加强国内海关、质检、移民等相关部门间的沟通协调，加强对外合作，实施交通、通关便利化措施，还要考虑跨境铁路建设对经济、政治、安全、跨境民族等多方面的影响，因此，加强多国间的协调配合不是一件容易的事情。

二　亚洲高速公路网和东盟高速公路网

（一）亚洲高速公路网项目（Asian Highway Project）

亚洲高速公路网由穿过 32 个亚洲国家、连接欧洲的总长 141000 公里的高速公路网组成。该项目由联合国亚太经社理事会在 1959 年发起，目的是增进亚洲区域内以及亚洲与欧洲间的国际交通联系。项目启动后在 20 世纪六七十年代取得了一些进展，但在 20 世纪 70 年代中期因资金问题而停顿。进入 20 世纪八九十年代后，区域内政治局势的新变化和区域经济的快速发展又再次为该项目注入了新的活力。1992 年，在联合国亚太经社理事会第 48 届会议上，亚洲高速公路网项目和泛亚铁路项目（Trans-Asian Railway，TAR）、陆路交通便利化项目（Facilitation of Land Transport Projects）一起成为联合国亚太经社理事会支持的亚洲陆路交通基础设施发展项目（Asian Land Transport Infrastructure Development Project，ALTID）的三大支柱。

2003 年 11 月，《亚洲高速公路政府间协定》获得通过并于 2004 年 4 月向各国开放签署。2005 年 7 月，《亚洲高速公路政府间协定》生效，标志着亚洲高速公路网项目（Asian Highway Project）正式启动。《亚洲高速公路政府间协定》是联合国亚太经社理事会成员国签订的第一个政府间协定，目前已有 28 个国家签署，加入国家有义务使境内路段达到协定要求的设计标准。

根据亚太经社理事会的数据，目前已投入 260 亿美元用于亚洲高速公路网的修建和升级改造中，还有 180 亿美元的资金缺口。亚太经社理事会正与成员国密切合作，寻求资金渠道以进一步提高区域公路交通的能力和效率。

在中国与东盟的交通互联互通方面，最重要的是中国与其他大湄公河次区域（GMS）国家间的高速公路联结。GMS 区域内的亚洲高速公路网如图 5 - 2 所示。

除中国和泰国外，大湄公河次区域（GMS）各国的亚洲高速公路规划路段目前等级低，路况差的问题还比较突出，老挝、缅甸和柬埔寨的情况尤其严重。要改善区域内的交通状况，还需进一步加大资金的投入，大力推动相关路段的建设和升级改造。

表 5 - 1　　　　　GMS 国家境内亚洲高速公路网规划路段路况

国家	主路 km	一级路 km	二级路 km	三级路 km	三级以下 km	其他路 km	总长 km	路况 （年份）
柬埔寨	0	0	510	835	0	2	1347	2010
中国	14859	2076	6280	3460	32	0	26707	2008

续表

国家	主路 km	一级路 km	二级路 km	三级路 km	三级以下 km	其他路 km	总长 km	路况 （年份）
老挝	0	0	244	2307	306	0	2857	2010
缅甸	0	147	0	1798	1064	0	3009	2010
泰国	182	3049	1723	155	2	0	5111	2008
越南	0	382	1847	104	264	0	2597	2010

资料来源：联合国亚太经社理事会。

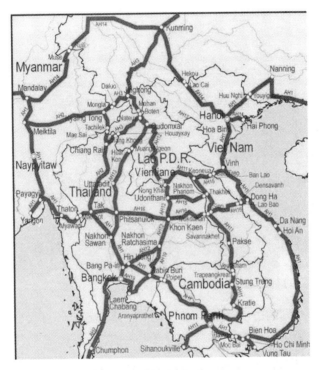

图5－2　GMS区域内的亚洲高速公路网示意图

资料来源：联合国亚太经社理事会。

（二）东盟高速路网（ASEAN Highway Network，AHN）

1999年在越南河内召开的第五东盟交通部长会议上，东盟成员国确定了"东盟高速公路网"计划。该计划提要包括：到2012年，全部国际运输公路规划线路至少达到Ⅲ类标准；到2013年，在所有规划为国际运输的公路上完成路标安装；到2020年，对指定的国际运输公路达到Ⅰ类标准，低车流量的非主干道达到Ⅱ类标准；到2015年，实现AHN与中国和印度边境城市相连。

　　AHN 在大湄公河次区域的主要走向如图 5 - 3 所示。

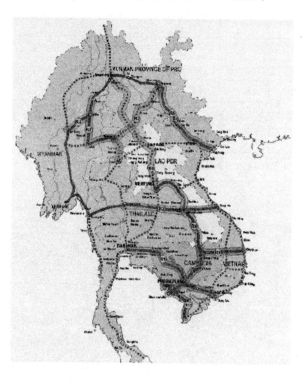

图 5 - 3

资料来源: ASEAN Transport Cooperation Framework Plan (ASEAN Secretariat, 1999)。

　　AHN 所规划的过境运输线路（文莱—柬埔寨—印度尼西亚—老挝—马来西亚—缅甸—菲律宾—新加坡—泰国—越南），如表 5 - 2 所示。

表 5 - 2　　　　　　　　　东盟指定过境运输路线（TTRs）

国家	境内 TTRs 总长（km）	境内 3 级以下 TTRs 路线长度（km）
文莱	168.00	0.00
柬埔寨	1338.00	0.00
印度尼西亚	4143.00	0.00
老挝	2170.00	391.00
马来西亚	2242.00	0.00
缅甸	3018.00	1467.00
菲律宾	3073.00	211.50

续表

国家	境内 TTRs 总长（km）	境内 3 级以下 TTRs 路线长度（km）
新加坡	—	—
泰国	4477.00	0.00
越南	577.00	0.00
总计	21206.00	2069.50

资料来源：ASEAN Secretariat 网站。

表5－2数据显示，在东盟指定的过境运输路线中，老挝、缅甸和菲律宾三国的过境运输路段路况较差，缅甸相关路段的问题尤为突出，三级以下路段几乎达到缅甸境内过境运输全部路段总长的一半。

到目前为止，AHN 的实施已经在东盟成员国之间取得了显著的进展，包括高速公路道路质量的升级和长度的增加。但是仍然有缺失和达不到标准的路段。

东盟高速公路网和亚洲高速公路网联系相关。东盟高速公路网在亚洲高速公路网项目的基础上，根据区域各国交通发展的实际需要，进一步的细化、充实了线路走向规划，突出了一些重要线路。例如，如上所述，亚洲高速公路网在缅甸境内的主要路线是 AH2、AH3 和 AH14。在此基础上，再加上 AH111、AH112、AH123 等三条线路，组成了东盟高速公路网在缅甸境内的主要线路。

三　大湄公河次区域（GMS）经济走廊

1992 年，亚洲开发银行（以下简称"亚行"）在其总部所在地菲律宾马尼拉举行了大湄公河次区域六国首次部长级会议，标志着大湄公河次区域经济合作（GMS）机制的正式启动。目前，GMS 合作范围包括中国（云南省和广西壮族自治区）、柬埔寨、老挝、缅甸、泰国、越南，总面积256.86万平方公里，总人口约3.26亿人。该区域蕴藏着丰富的水资源、生物资源、矿产资源，具有极大的经济潜能和开发前景。GMS 各国历史悠久，风景秀丽，民族文化多姿多彩。长期以来，受多种因素影响，经济和社会发展相对落后。进入21世纪以来，GMS 各国都在进行经济体制改革，调整产业结构，扩大对外开放，加快经济和社会发展已经成为各国的共同目标。近二十年来，在亚行和各成员国的共同努力下，GMS 合作稳步推进，在促进 GMS 各国经济社会发展发挥了积极作用。

2002 年11月，GMS 首次领导人会议在柬埔寨金边举行，批准了《次区域发展未来十年（2002—2012 年）战略框架》，确定了交通、能源、电信、环境、农业、人力资源开发、旅游、贸易便利化与投资九大重点领域，并筛选出 103 个优选合作的"旗舰"项目。2011 年 12 月，第四次领导人会议在缅甸内比都举行，会议审议确定了 GMS 未来十年的合作战略框架。

交通合作一直是 GMS 合作的重点领域。为推进 GMS 交通合作，促进次区域的互联互通，亚行在 GMS 各国支持下确定了 GMS 经济走廊项目，并将其中的主要线路列入亚行重点支持的"旗舰"项目。

GMS 经济走廊项目主要以东盟高速公路网等交通基础设施为基础，结合交通沿线的产业和贸易发展，最终将次区域交通通道建设成产业、贸易和基础设施为一体的、经济较快发展的经济带，带动次区域经济社会发展。

GMS 主要经济走廊有以下几条（走向及主要节点）：

GMS 南北经济走廊东线：云南昆明—广西南宁—越南河内—海防；

GMS 南北经济走廊中线：云南昆明—云南河口—越南河内—海防；

GMS 南北经济走廊西线：云南昆明—云南西双版纳—老挝—泰国清迈—曼谷；

GMS 东西经济走廊：缅甸毛淡棉—泰国彭世洛—老挝沙湾拿吉—越南岘港；

GMS 南部经济走廊：缅甸土瓦—泰国曼谷—柬埔寨金边—越南胡志明市。

以上几条经济走廊是次区域合作的重点。此后，又陆续提出北部走廊（云南昆明—云南大理—云南德宏—缅甸）、南部沿海走廊、西部走廊（印缅泰三国高速公路走向）、东部走廊（越南沿海线走向）等线路，并进行了一些调整。

建设次区域经济走廊，对于加强我国与东南亚、南亚的经济技术合作，进一步发展睦邻友好互信关系，并逐步提高次区域整体经济水平和实力有极重要的现实意义和长远战略意义。

四　区域各国在交通便利化方面签署的有关协议及执行情况

2002 年确立中国—东盟交通部长会议机制，目前已召开了十届。自该会议机制确定以来，中国与东盟国家交通合作取得了显著进展。目前，中国与东盟签署的交通合作协定包括：《中国—东盟交通合作谅解备忘

录》《中国—东盟交通战略规划》《中国—东盟港口发展与合作联合声明》
《中国—东盟海事磋商机制谅解备忘录》《中国—东盟海运协定》《GMS
便利货物及人员跨境运输协定》。其中，在 2008 年的中国—东盟交通部长
会议上通过的《中国—东盟交通战略规划》，确定了中国与东盟未来交通
合作的重点，包括通道建设、枢纽建设、交通基础设施建设、便利运输、
海上交通安全、技术交流与人力资源开发等方面。

　　为实现 GMS 六国间人员和货物的便捷流动，促进该区域的经济发展，
从 2003 年 2 月开始，在亚行协调下，我国交通运输部牵头与老缅泰越柬
五国就《大湄公河次区域便利货物及人员跨境运输协定》（以下简称《便
运协定》）及其附件与议定书进行谈判和签署工作。《便运协定》内容涵
盖人员跨境流动、过境安排、车辆标准、公路标识和信号等，提出了
"一站式"查验等一系列通关便利化措施。2007 年 3 月，GMS 六国柬埔
寨、中国、老挝、缅甸、泰国和越南政府完成了协定 17 个附件和 3 个议
定书的全部谈判和签署工作。2008 年 1 月，我国完成了接受所有《便运
协定》附件和议定书的法律程序。目前，缅甸和泰国尚未完全完成国内
审批手续。

　　在《便运协定》尚未完全得以审批和实施的情况下，为尽快推进区
域跨境运输合作，中、老、泰三方相关部门和企业积极协商推进物流合
作。2014 年 6 月，中老泰三国物流企业签订了跨国物流合作协议。在中
缅合作方面，我国尚未与缅甸签署双边运输协定。为进一步落实《便运
协定》，发展中缅两国间汽车旅客运输和货物运输，促进双方经济贸易关
系，我国交通部门起草了《中缅汽车运输协定》，并多次与缅甸铁道部进
行沟通，提交中方文本，商定双方开展谈判的时间。目前，我国交通运输
部门正积极联系缅方，争取双方尽快就《中缅汽车运输协定》文本交换
意见、尽早启动谈判事宜。

第二节　中国相关省区对区域互联互通的规划和设想

一　云南省的相关规划

（一）云南省对区域互联互通的战略设想

云南省与越南、老挝、缅甸三国接壤，是我国通向印度洋最便捷的陆

上通道。在推进与周边国家交通互联互通方面，云南省的主要诉求是，根据《国务院关于支持云南省加快建设面向西南开放重要桥头堡的意见》（国发〔2011〕11号）和云南省"十二五"规划的要求，围绕把云南建成中国向西南开放桥头堡战略目标，充分发挥自身区位优势，以推进印度洋国际大通道为重点，加快推进肩挑两洋（太平洋、印度洋）、内联两角（长三角、珠三角）的大通道建设，建成航空为先导、铁路主骨架、公路成网络、水运做补充以及通信、管道等全方位一体化的综合交通体系。

云南省的设想可以用"肩挑两洋"通道和三大国际通道来概括。

一是"肩挑两洋"通道。境内主通道东起文山富宁，经文山丘北、红河弥勒、昆明主城区、楚雄、大理、保山隆阳、德宏潞西至瑞丽口岸，由云桂、成昆、广大、大瑞铁路，广州至昆明国高G80、杭州至瑞丽G56高速公路及富宁港、右江航道组成。辅通道东起文山富宁，经红河蒙自、建水、玉溪元江、临沧临翔、保山隆阳、龙陵至腾冲猴桥口岸，结合相关路网布局，连通建设沿此线路的铁路和高等级公路。配合境外中缅公路、铁路的建设，"肩挑两洋"大通道建成后，一边将连接北部湾、珠三角，通向南中国海和太平洋，另一边将经缅甸连接孟加拉湾和更广阔的印度洋沿岸地区。

二是三大国际通道。中越通道由昆河准轨铁路和广州至昆明G80、开远至河口国高G8011高速公路组成；中老泰通道由中老泰铁路通道（泛亚铁路中线）和昆明至磨憨国高G8511（昆曼公路境内段）、景洪至打洛高速公路（境外沿东盟高速公路R3B段经缅甸掸邦东部，至泰国清迈）组成；中缅通道由昆明至缅甸皎漂的铁路和高等级公路、昆明至缅甸密支那的铁路和高等级公路，以及昆明经大理祥云经临沧至孟定口岸的铁路和大理经巍山、南涧、云县、临翔、耿马至清水河的高速、高等级公路组成。

根据"肩挑两洋"通道和三大国际通道的构想，云南"十二五"规划提出了建设七条经济走廊，即昆明至瑞丽辐射缅甸皎漂、昆明至磨憨辐射泰国曼谷、昆明至河口辐射越南河内、昆明至腾冲辐射缅甸密支那连接南亚四条对外开放经济走廊，以昭通水陆交通为枢纽的昆明—昭通—成渝和长三角、以文山水陆交通和物流为节点的昆明—文山—北部湾和珠三角、以滇藏铁路公路为依托的昆明—丽江—迪庆—滇川藏大香格里拉三条对内开放经济走廊。依托对内、对外经济走廊，规划产业布局和区域物流中心布局，最大化发挥沿线地区经济潜力，逐步培育成为全省经济发展新的重要增长极。

在铁路建设方面，根据云南"十二五"规划纲要，"十二五"期间，云南省将继续加快中缅、中越国际铁路通道和云桂铁路、沪昆客运专线长昆段、广大铁路扩能改造等重点项目建设；新开工建设中老泰通道玉溪至磨憨铁路、成昆铁路扩能改造、渝昆铁路、丽江经攀枝花经昭通至毕节铁路、芒市至腾冲猴桥铁路、祥云经临沧至普洱铁路、蒙自经文山至丘北铁路、滇中城市经济圈城际铁路等重点项目；开展贯穿滇南地区的沿边铁路、贯穿滇东地区的曲靖至天保铁路等项目前期工作并力争开工建设。

另外，根据2008年调整的中长期铁路网规划，国家将建设杭州至昆明客运专线，连接西南、华中和华东地区；改建中越通道昆明至河口段，新建中老通道昆明至磨憨段、中缅通道大理至瑞丽段等；新建昆明至百色段铁路；新建丽江至香格里拉铁路；进一步提高既有线能力，实施广通至大理铁路扩能改造工程；进一步扩大路网规模，新建大理—香格里拉线，研究建设香格里拉—波密线，最终形成云南至西藏的便捷通道。

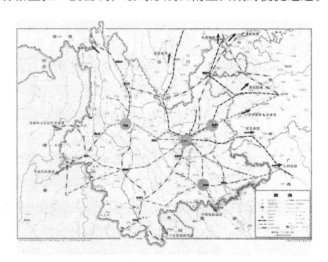

图5－4　云南省"十二五"及中长期铁路网规划示意图
资料来源：云南省"十二五"规划纲要。

以上规划目标如能实现，云南将基本建成现代化综合交通网络，从全国交通末梢变为中国走向东南亚、南亚，连接太平洋与印度洋的重要陆路通道和交通枢纽，实现把云南建成中国面向西南开放重要桥头堡的战略目标，真正达到云南综合交通"服务全国、发展云南"的目的。

图 5 - 5　我国中长期铁路网规划（2008 年调整）示意图

资料来源：国家发展改革委网站：http://www.ndrc.gov.cn/zcfb/zcf-
bqt/200906/t20090605_ 284525. html。

（二）中国瑞丽—缅甸木姐过境交通发展的基础条件和规划设想

瑞丽地处云南省德宏州西南部，三面与木姐地区接壤，是中国、东南
亚、南亚三大市场的连接点和结合部，是中国进入东南亚、南亚最便捷、
最安全、最经济的陆上通道。往北距云南省会昆明 896 公里、州府芒市
97 公里，南行约 1000 公里可直达仰光港、实兑港、吉大港等孟加拉湾国
际港口，为国道 GZ 65 杭瑞高速公路终点及中缅原油和天然气管道、中缅
陆水联运大通道及泛亚铁路西线的交汇点，而且地理、气候条件优越，边
境口岸、跨境通道均可"全天候"利用。瑞丽—木姐区域国境线长 170
公里，没有天然屏障，构成一坝（瑞丽坝）、二国（中国、缅甸）、三省
邦（云南省和缅甸克钦邦、掸邦）、二个对开口岸（瑞丽—木姐、畹町—
九谷）、五区（瑞丽边境经济合作区、畹町边境经济合作区、姐告边境贸
易区、畹町经济开发区和缅甸木姐特殊经济贸易区）、五城（瑞丽、畹
町、姐告和缅甸南坎、九谷）的边境地理特色，以及一桥两国、一寨两
国、一岛两国的特殊地理景观。尤为重要的是，在 2200 余公里的中缅边
界线上，木姐地区是中缅边境唯一长期由缅中央政府有效控制的地区，是
中缅边境合作的最佳区域。

瑞丽在中缅、中印、中孟贸易中地位突出。德宏州对缅进出口总额常
年约占中国对缅甸贸易的 25%，占云南省对缅甸贸易的 60%，是中国最

大对缅口岸。从缅方看，木姐地区进出口贸易总额占缅中贸易的 60% 以上，过货量、出入境人员、出入境车辆为缅甸最大的陆路口岸。常年经瑞丽—木姐地区进出口的商品达 2000 多种，其中瑞丽进口货物的 80% 销往云南省外、出口商品的 80% 来自云南省外、约 50% 的出口商品通过缅甸转销印度、孟加拉和泰国，是我国进出口商品种类最多的边境地区。目前，中方出口商品结构已由传统的边民生产生活日用品占主导地位，逐步向传统商品与机电、机械、成套设备、农机、通信器材、汽配等高技术、高附加值商品并重相结合转移，生活资料所占比重相应逐年减少，生产资料比重逐步提高；进口商品结构由单一的农林渔产品、玉石原料为主，逐步向多样化、可深加工的原材料转变。

　　中缅有良好的合作基础，双方进一步推进合作的愿望强烈。我国和云南省十分重视瑞丽的开放发展。中央在 1952 年就将畹町开辟为国家级口岸，1985 年批准包括瑞丽在内的德宏全境开放为边境贸易区，1992 年批准畹町、瑞丽为沿边开放城市，设立畹町、瑞丽两个国家级边境经济合作区，2000 年设立姐告"境内关外"边境贸易区，2004 年在德宏实施边境贸易出口人民币结算退税试点。作为云南省对外开放的前沿阵地，云南省高度重视德宏州和瑞丽市的开放。

　　缅甸十分重视木姐地区对外开放。围绕"积极谋求民族和解、发展经济、改善民生、独立自主"的目标，缅甸政府高度重视缅中边境地区特别是木姐地区的发展，采取了许多实实在在的对华开放合作行动。如，1988 年开放木姐、九谷为首批边境贸易口岸；1998 年把木姐、九谷的海关等口岸贸易管理部门后撤到距离边境线 14 公里外的 105 码；2004 年把木姐口岸升格为一类口岸，实施与仰光口岸同等进出口权限，并设立 300 平方公里的木姐特殊经济贸易区；2007 年允许使用人民币、缅币及国际货币在 105 码缴纳进出口税费；在近年来的边境会晤中，多次建议我方与之相对应地扩大建设边境自由贸易区，以适应中缅经贸合作的发展。

　　建设中缅瑞丽—木姐跨境合作区计划，已正式列入中国商务部与云南省政府"共同提升云南沿边开放水平合作备忘录"。在瑞丽江两侧河谷地带的 600 平方公里范围内，将建集国际经济贸易、保税仓储、进出口加工装配、国际会展、跨境金融保险服务、跨境旅游购物、跨境投资和边境社会发展事务合作的综合型跨境经济合作区，兼顾国际物流和旅游的贸工型自由贸易区。

瑞丽在推进中缅互连互通方面具有优越的条件。早在公元前，该区域就是南方丝绸之路的要冲，二战时期连接中国昆明—缅甸曼德勒的滇缅公路、贯穿中国昆明—缅甸八莫—密支那—印度雷多的中印史迪威公路和中缅印输油管道等三大交通运输干线以此为中转站。目前，该区域中方已有320 国道、德宏机场通往中国内地，缅方有木姐—曼德勒、木姐—八莫公路、木姐直升飞机场等直通缅甸国内。双边开通了 1 条跨境通讯光缆、2 个对应开放口岸、5 条跨境输电线路、7 条跨境公路及大小渡口和通道 36 个，是中缅边境界碑最密集、渡口通道最多、国家级口岸和特殊经济功能区最密集的区域，形成了完整、常态的双向开放口岸体系。随着大理—瑞丽铁路、国道 GZ65 杭瑞高速公路龙陵—瑞丽段和德宏机场扩建等云南省连接南亚国际大通道重大项目的建设，以及木姐—腊戌铁路的规划建设、中缅陆水联运大通道谈判的重新启动，可以预见，不久的将来，泛亚铁路西线计划将在这一区域率先变成现实，瑞丽—木姐在中国、东南亚、南亚双向互通立体交通枢纽中的地位将全面提升，区位优势和潜力将更加突出。

二　西藏自治区的相关规划

根据西藏"十二五"规划纲要，在"十二五"期间，西藏自治区将加大投入力度，加快建立与经济社会跨越式发展相适应的交通、能源、水利和通信等基础设施体系。

西藏自治区将坚持整体规划、分步实施、统筹兼顾、突出重点，以公路网为基础，以干线公路、铁路和航空运输为骨架，以农村公路和国边防公路为重点，建设通达、通畅、安全的综合交通运输体系。实施区内交通运输通达通畅工程，重点加快青藏铁路沿线和"一江三河"地区交通枢纽建设，加强各种交通运输方式的配合衔接，推进拉萨至日喀则、山南、那曲、林芝 4 小时经济圈建设，提高交通运输效率和辐射带动作用。实施进出藏通道工程，加快建设通达全国各地的快捷大通道，积极建设南亚贸易陆路大通道。

在公路建设方面，重点加快进出藏干线公路整治改建，加强农村公路和国边防公路建设，消除省道断头路，提升公路技术等级和防灾减灾能力。重点进出藏公路工程包括整治改建新藏、川藏、滇藏等进藏公路和中尼公路、吉隆口岸公路，推进滇藏公路新通道建设。

在铁路建设方面，逐步完善区内铁路网络，建成拉萨至日喀则铁路，推进川藏、滇藏铁路西藏段铁路规划研究及建设前期论证工作，开工建设拉萨至林芝铁路，积极提升铁路运营管理、服务水平和保障能力。重点进出藏铁路工程包括建成拉萨至日喀则铁路，开工建设川藏铁路拉萨至林芝段。根据2008年调整的中长期铁路网规划，国家未来还将建设新藏铁路（和田—狮泉河—日喀则），日喀则至樟木口岸的铁路（全长约400公里），以及日喀则至亚东口岸的铁路（全长约250公里）。这些规划建设项目完成后，西藏与新疆、四川和云南的交通条件将大大改善，并建成通往尼泊尔和印度的铁路通道，这对于促进我国西南地区与南亚的合作必将发挥重要作用。

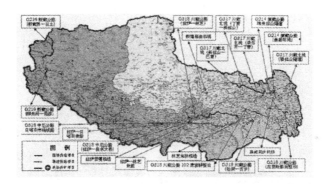

图5-6 西藏自治区"十二五"期间国道、铁路和机场建设项目图

资料来源：西藏"十二五"规划纲要（2011—2015年）。

第三节 缅甸对区域互联互通的规划和设想

缅甸地处东亚、南亚和东南亚的结合部，区位优势十分突出。缅甸意图充分利用好自身的区位优势，建成区域贸易和物流的枢纽。根据缅甸建设部（负责公路修建）和缅甸铁道部的宣示，缅甸将按照泛亚铁路、亚洲高速公路和东盟高速公路网项目的要求，推进与区域内各国家的互联互通。

但是，由于独立后到1988年的四十年间，缅甸基本没开展像样的铁路和公路基础设施建设，欠账太多，加之资金、技术能力十分有限，缅甸自1988年至今的主要建设重点仍是国内铁路、公路的建设，在与周边国家的互联互通方面没有显著进展。

　　在泛亚铁路建设方面，十多年前缅甸与周边国家的铁路系统间存在的缺乏路段至今仍然存在，如图 5 - 7 所示。

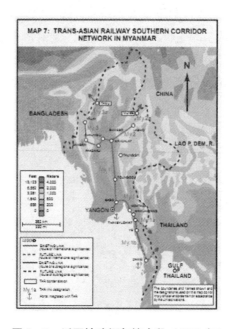

图 5 - 7　泛亚铁路缅甸境内段（1999 年）

资料来源：联合国亚太经社理事会（注：虚线代表缺失路段）。

　　1988 年以来，缅甸建设大量铁路，这些铁路大多为了实现国内区域平衡发展而修建，虽然许多铁路线路通向偏远、边境地区，但没有一条是联通周边国家的国际铁路。

　　在公路方面，缅甸境内的亚洲高速公路主要由亚洲高速公路一号线（AH1）、二号线（AH2）、三号线（AH3）和十四号线（AH14）组成。各线路走向和路况如表 5 - 3。

　　除了一小部分外，在缅甸的大部分亚洲高速公路规划路段均需要改造升级。截至 2011 年 3 月，近 1/3 的缅甸境内的亚洲高速公路规划路段还处于三级以下标准，近 2/3 为三级公路。二级以上的高等级公路很少。近 1/3 的亚洲高速公路路段仅有一车道，还有 518 公里的路段未铺路面。2011 年 11 月，仰光经内比都至曼德勒的总长约 600 公里的高速公路全线贯通，缅甸核心地区的交通状况得到显著改善，但偏远地区、边境地区的交通状况，特别是周边国家的互联互通状况没有实质性改进。缅甸境内亚洲高速公路路况见表 5 - 3。

表 5 - 3　　　　　　　　　　缅甸境内亚洲高速公路路段路况

路线	走向	路况				
		总长公里	一级	二级	三级	三级以下
AH1	妙瓦底（Myawadi）—仰光（Yangon）—密铁拉（Meiktila）—曼德勒（Mandalay）—德木（Tamu）	1656	80	144	984	448
AH2	大其力（Tachileik）—景栋（Kyaing Tong）—密铁拉（Meiktila）—曼德勒（Mandalay）	807	—	6	344	457
AH3	勐拉（Mongla）—景栋（Kyaing Tong）	93	—	—	93	—
AH14	木姐（Muse）—腊戌（Lashio）—曼德勒（Mandalay）	453	67		386	
总长		3009	147	150	1807	905

资料来源：原始数据来自联合国亚太经社理事会（UNESCAP），并经核对整理。

http：//www. unescap. org/ttdw/common/TIS/AH/files/wgm4/Countries/Status/Myanmar. pdf。

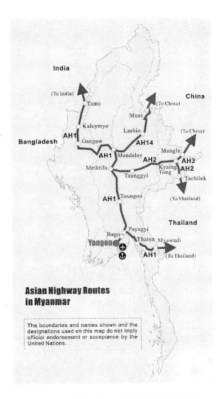

图 5 - 8　缅甸境内的亚洲高速公路

资料来源：联合国亚太经社理事会。

近年来，缅甸积极开展国际合作，加强了公路规划工作。目前，韩国
咨询公司正在为缅甸制定干线公路网总体规划。韩国咨询公司为缅甸制定
的干线公路网总体规划如图 5 - 9 所示。

图 5 - 9　缅甸干线公路网总体规划图

资料来源：缅甸建设部公共工程局。

第四节　印度对区域互联互通的规划和设想

孟中印缅毗邻地区涉及的印度部分主要就是印度的东北部，由于面临
分离主义、毒品走私等问题，印度东北部一直在印度政府的严密控制下，

处于相对封锁的状态。20 世纪 90 年代初，印度提出了"东向"政策，这一政策的提出有区域政治、区域经济、区域社会和文化发展三个不同层面的政策考量：（1）在区域政治方面，以政治现实主义的态度扩大区域安全空间；（2）在区域经济方面，以新自由主义为指导扩大区域自由贸易；（3）在区域社会文化建设方面，利用印度东北部地区民众与周边国家民众在血缘和文化上传统的亲密关系，打造区域内的共同体意识，扩大印度软实力对周边国家的影响。三个不同层面的政策考虑导致了不同的政策取向。由于不同政策取向间存在固有的冲突和矛盾，印度在选择途经缅甸的贸易通道时不得不进行艰难的平衡和取舍。

首先，印度对区域内更大的安全空间的追求要求其扩大与东南亚、东亚国家在安全领域的联系，以平衡中国在上述区域不断增强的影响力。印度一直不否认与中国在东南亚存在竞争，印度前总理瓦杰帕伊就曾公开声称两国在该地区存在"健康的竞争"。

其次，印度"东向"政策中的另一个重要组成部分就是要发展被边缘化的东北部地区。印度希望通过贸易通道的建设和区域经济自由化为封闭落后的印度东北部地区打开通向经济繁荣和社会稳定的道路。

另外，印度也希望充分利用好东北部地区和东南亚国家传统的血缘和文化上的联系，培养区域内各国的共同体意识，扩大印度软实力的影响力。

上述三个不同的政策取向间存在一个固有的矛盾：在不断强化印度与区域内国家特别是缅甸的经济、社会和文化联系的同时，印度想努力平衡、回避中国在区域内不断扩大的政治、经济和文化影响。这是排他性的地缘政治诉求和开放性的经济文化发展趋势间的矛盾。

尽管如此，我们看到，近年来，为了促进东北地区的经济发展，印度政府也开始着手于东北地区的建设，其中很重要的一个部分就是加强东北地区的互联互通，包括和周边国家地区的联通。

一　印度东北部地区的道路规划情况

目前，在印度东北地区的交通建设项目，按照类型和管理部门分，可以分为以下七类：

（1）印度公路运输和高速公路部（MoRTH）管辖的项目：包括印度东北地区道路加速发展特别项目（SARDP-NE），印度高速公路发展局下的东北地区项目（NHAI），印度中央道路基金会（CRF）下的项目和印度边境道路组织（BRO）管理下的项目。

（2）印度东北地区发展部（M/DoNER）管辖的项目：包括印度"固定中央资源库"（NLCPR）项目，沙地工业发展基金（SIDF）下的项目和亚洲开发银行的道路建设项目（ADB-Road Project）。

（3）印度计划委员会管辖下的项目：包括各邦的邦级道路的建设计划。

（4）国外其他基金的项目。

（5）印度边境发展项目（BADP）、落后地区补助基金项目（BRGF）、乡村建设发展项目（PMGSY）等。

（6）地方级的公路建设项目、林间公路建设项目、城市公路建设项目。

（7）印度边境道路组织（BRO）管理下的"战略通道"（Strategic Roads）建设。

在这些项目当中，有三大项目在印度政府对印度东北地区的道路规划中占有重要地位，第一个项目是国家高速公路项目的第三阶段计划（NHDP，Phase-III），即专门针对东北地区高速公路发展的规划；第二项是"东北地区道路加速发展计划"（SARDP-NE），是政府在 2010 年特别批准通过的为促进东北邦发展的计划，该计划下又有三个子项目；第三部分是国家高速公路项目的第二阶段（NHDP，Phase-II）下的印度东西走廊建设（East West Corridor）部分。三个项目的基本情况见表 5 - 4。

表 5 - 4　　　　　　印度东北部道路交通发展主要项目概要表

项目	长度（公里）	花费（亿卢比）
国家高速公路项目第三阶段计划 NHDP，Phase-III	110	40
东北地区道路加速发展计划 SARDP-NE	394	395
国家高速公路项目第二阶段计划——东西走廊 东北地区段 East West Corridor	670	714
共计	1174	1035 （约合 17.24 亿美元）

资料来源：Ministry of Development of Northeastern Region. Presentation on Action Plan of North Eastern States in Respect of Ministry of Road Transport and Highways. 2012 - 6 - 27。

（一）国家高速公路项目第三阶段计划

印度国家高速路管理局网站显示，目前印度高速路共计里程数为92851.05公里，其中印度东北姆邦的里程数为12967.546公里，约占全国总里程数的13.96%。印度国家高速路的建设分为7个阶段进行，从第3个阶段起，公路的建设及运营按照公私合营的方式进行。中央政府负责国家级公路的建设及维护，其中35979公里的公路由国家公共事务管理部门负责（PWDs），28126公里的公路由国家高速公路委员会负责，3565公里的公路由边界公路管理局负责。为保证公路建设的顺利进行，政府还专门设立了财务及实施进度常规监测计划，用于解决一些瓶颈问题，如，土地权、森林移除、环保问题等。为了引进私人投资，印度政府允诺将拨付40%的建设资金帮助私人投资建设，10年内免除该私人企业的所有税款，BOT项目下的企业还被允许征收并享有相关路段的过路费。

第三阶段计划着重于对现存公路的改造和升级，其基本目标为：（1）保证东北邦的主要城市相互连通。（2）保证通往各邦首府的道路为四车道道路。（3）建设西里—马亨德拉甘杰（Hili - Mahendraganj）走廊、加尔各答—伯西尔哈德—库尔纳走廊，作为连接西孟邦和孟加拉国的替代道路。（4）新建隧道和桥梁，把锡金的甘托克和曼尼普尔的因帕尔连接起来，以减少运输成本，降低环境破坏。

在该计划下，曼尼普尔邦拥有建设优先权。印度东北地区发展部的报告建议在曼尼普尔邦分两个阶段修建四车道道路，首先是科西马－因帕尔的道路，该路段要通过那加兰部落区，其次是希尔恰尔—因帕尔的道路，该路途径6座桥和5座山谷。考虑到因帕尔拥有重要的地缘战略价值，报告建议印度公路运输和高速路部在此路段修建一条能穿越隧道和山谷的四车道高速路。

报告特别提到，作为亚洲高速公路的签约国，从因帕尔一直到印缅边界的莫雷—德木交界处都属于亚洲高速路的范畴，此段道路应该严格按照亚洲高速路的标准来建设，此交界处也是印度东北部通往外界的十分重要的节点。

对于米佐拉姆邦来说，报告建议政府建设一条通往印缅边界处左林浦伊（Zorinpui）的四车道道路，以实现该道路与卡拉丹河道的无缝对接，这条道路如能建成，将是印缅通道的一条替代道路，并能促进对卡拉丹河道更有效地利用。政府也应该考虑让米佐拉姆邦成为曼尼普尔邦之后的第二座桥头堡。

表 5 - 5 　　　　　　　　　　印度东北邦公路改造升级计划

序号	公路序号	路线	公里数
		阿萨姆邦	
1	31	西孟邦边境—噶伦堡（Gouripur）—北部萨马拉（North Salmara）—比杰尼（Bijni）—卡拉良明岗（Charaliamingaon）—国家高速路 - 37（NH - 37）	307.25
2	31B	北部萨马拉（North Salmaria）—阿巴耶普里（Abhayapuri）—国家高速路 - 37（NH - 37）	19.66
3	31C	西孟邦边境 - 科冲岗（Kochugaon）—西地居（Sidli Ju），在比杰尼（Bijni）处与国家高速路 - 31（NH - 31）汇合	92.2
4	36	阿萨姆邦的纳加奥恩（Nagaon）—多博卡（Dabaka）—阿玛拉基（Amlakhi）—那加兰邦边境	161.83
5	37	阿萨姆邦首府迪斯布尔（Dispur）—瑙贡（Nowgong）—奴玛力加尔（Numaligarh）—焦耳哈德（Jorhat）—焦汗兹（Jhanzi）—迪布鲁加尔（Dibrugarh）—丁苏吉亚县（Tinsukia）—马库姆（Makum）—阿萨姆邦的萨克红甘特（Saikhoghat）	696.27
6	37A	库瓦里塔尔（Kuwari Tal）—直通往靠近国家高速路 - 52（NH - 52）的提斯普尔（Tezpur）	23.1
7	38	马库姆（Makum）—雷多（Ledo）—里克哈帕尼（Likhapani）	56.35
8	39	奴玛力加（Numaligarh）—闹贾（Naojan）—博卡詹（Bokajan）—那加兰边境	106.78
9	44	梅加拉亚边境—巴达尔普尔（Badarpur）—卡里甘特（Karimgant）—帕特拉康迪（Patharkandi）—特里普拉边境	110.77
10	51	派桑（Paikan）—梅加拉亚边境	21.87
11	52	白哈塔（Baihata）—查拉利（Charali）—曼噶代（Mangaldai）—德基亚久利（Dhekiajuli）—提斯普尔（Tezpur）—戈赫普尔（Gohpur）—邦得底瓦（Bander Dewa）—北拉金普尔（North Lakhimpur）—德马吉（Dhemaji）—库拉贾（Kulajan）—通至印方所谓"阿鲁纳恰尔邦"边境，再在邻近萨克红甘特（Saikhoagha）处与国家高速路 - 37（NH - 37）汇合	540.76
12	52A	戈赫普尔（Gohpur）—通至印方所谓"阿鲁纳恰尔邦"边境—德瓦（Dewa）	9.39
13	52B	库拉贾（Kulajan）—迪布鲁加尔（Dibrugarh）	79.32
14	53	邻近国家高速路 - 44（NH - 44）的巴达尔普尔（Badarpur）—锡尔杰尔（Silchar）—拉基普尔（Lakhipur）—曼尼普尔边界	73.55
15	54	多博卡（Dabaka）—卢姆丁格（Lumding）—朗庭（Langting）—哈普隆（Haplong）—锡尔杰尔（Silchar）—底瓦邦得（Dwarband）—米佐拉姆邦边界	337.34
16	61	杰哈尼兹（Jhanzi）—阿姆古里（Amguri）—那加兰邦边界	17.51
17	62	杜哈奈（Dudhnai）—达马拉（Damara）—梅加拉亚边界	8.6
18	151	海拉坎迪（Karimganj）—孟加拉国边界	14.06

续表

序号	公路序号	路线	公里数
19	152	从帕塔查库奇（Patacharkuchi）—哈著阿（Hajua）—不丹边界	38
20	153	雷多（Ledo）—莱哈帕尼（Lekhapani）—印方所谓"阿鲁纳恰尔邦"边界	23.7
21	154	巴达尔普尔（Badarpur）—布哈拉比西（Bhairabhi）—米佐拉姆边界	88.23
22	315A（New）	印方所谓"阿鲁纳恰尔邦"边界–纳霍卡提亚（Nahorkatia）—丁苏吉亚县（Tinsukia）—国家高速路–37（NH–37）	64.22
23	127B（New）	斯里姆拉姆普尔（Srimrampur）—杜布里（Dhuburi）—梅加拉亚边界（Meghalaya Border）	74
24	127C New	施亚姆太（Shyamthai）—奇朗宗县（Chirang District）的国家高速路–27–不丹的噶里格布（Galegphu）	40
25	127D New	朗吉亚（Rangiya）—国家高速路–27的分支达郎嘎美拉县级公共工程路段–不丹的桑姆得郎普君克哈（Samdrupjunjkhar）	45
26	627 New	奈利（阿姆索伊门）（Nelle, Amsoi Gate）–连接国家高速路–27的拉贾岗（NH–27 connecting Rajagaon）—克霍巴克乌朗格索（Doyan Gmukh, Umrangso, Khobak）—位于国家高速路–27旁的哈蓝葛兆市（Harangajao）	244
27	427 new	国家高速路–27旁的霍沃利（Howli on NH–27）—巴尔佩塔（Barpeta）—哈乔（Hajo）—国家高速路–27旁的加鲁克巴利（Jalukbari–on NH 27）	64
28	329 new	连接国家高速路–29附近的迪普（Diphu）—曼扎（Manja）—新的国家高速路27旁边的卢姆丁格（new NH No. 27 near Lumding）	50
29	117A	国家高速路–17附近的比拉西帕拉（Bilasipara）—科克拉贾尔（Kokrajhar）—国家高速路–27新段的嘎鲁布哈萨（Garubhasa）	45
30	715A	国家高速路–27附近的纳克霍拉（Nakhola）—贾吉罗阿德（Jagiroad）—马里加奥恩（Marigaon）—考帕提（Kaupati）—罗塔（Rowta）—乌德尔古里（Udalguri）—科里拉巴里（Khoirabari）—印度和不丹在阿萨姆邦的交界处（Indo/Bhutan border in the State of Assam）	130
31	127E	国家高速路–27附近的巴拉马（Barama）—苏班可汗塔（Subankhata）—印度和不丹在阿萨姆邦的交界处（Indo/Bhutan border in the State of Assam）	40
32	702 New	索纳里（Sonari）—新的国家高速路–215附近的萨派可哈提（new NH No. 215 near Sapekhati）	32
33	52B	属于铁路部门管辖路段（Under Railway Deptt.）	14
34	37E	以BOT方式建设的国家高速路长度	26
		共计	3675.06
曼尼普尔邦			
1	39	曼尼普尔/那加兰边界–茂松桑（Maosongsang）—马然木（Maram）—卡戎（Karong）—康泊科（Kangpokpi）—因帕尔（Imphal）—投煲（Thoubal）—旺凌（Wangling）—普勒尔（Palel）—司邦（Sibong）—印缅边界	242.595

序号	公路序号	路线	公里数
2	53	曼尼普尔/阿萨姆边界 - 昂纳隆（Oinamlong）—努把（Nungba）—因帕尔（Imphal）	221.14
3	150	曼尼普尔/米佐拉姆边界 - 帕巴（Parbung）—滩隆（Thanlon）—俳木（Phaiphengmum）—楚拉昌普（Churachandpur）—墨让（Moirang）—比希努普（Bishnupur）—因帕尔（Imphal）—浒帕（Humpum）—有库（Ukhrul）—科瑞（Kuiri）—曼尼普尔/那加兰边界	532
4	155	Passam 到曼尼普尔/那加兰边界	5
5	102A（New）	起于国家高速公路 2 号线的他杜比（Tadubi）止于国家高速公路 202 号线的曼尼普尔邦的有库（Ukhrul）。	115
6	102B（New）	起于国家高速公路 2 号线的楚拉昌普（Churachandpur）连接曼尼普尔邦的印缅边境公路。	178
7	137	起于国家高速公路 37 号线的卡桑（Khongsang）止于曼尼普尔邦的腾隆（Tamenglong）。	65
8	129A（New）	马然木（Maram）（国家高速公路 2 号线）- 那加兰边境	108
9	702A（New）	那加兰边境 - 捷萨姆（Jessam）（国家高速公路 25 号线）	2
10	102C（New）	帕勒（Palel）（国家高速公路 102 号）—昌德尔（Chandel）	20
		共计	1488.735
梅加拉亚邦			
1	40	梅加拉亚/阿萨姆边界 - 巴尼（Barni Hat）—弄普（Nongpoh）—邮宁（Umsning）—巴帕尼（Barapani）—西隆（Shillong），再通往梅加拉亚/孟加拉国边界	217.061
	40&44	分支线	48.76
2	44	农格斯托伊恩（Nongstoin）—西隆（Shillong）—梅加拉亚/阿萨姆边界	255.725
3	51	梅加拉亚/阿萨姆 - 巴静达（Bajengdoda）—杜拉（Tura）—卡拉帕拉（Kherapara）—布戎帕拉（Burengapara）	126.412
4	62	达姆拉（Damra）—达部（Dambu）—巴马拉（Baghmara）—布戎帕拉（Burengapara）	195.4
5	127B（New）	阿萨姆边境（Assam border）—福尔巴里（Phulbari）—杜拉（Tura）—戎然木（Rongram）—戎帧（Ronjeng）—农格斯托伊恩（Nongston）	361
		共计	1204.358
米佐拉姆邦			
1	44A	米佐拉姆/特里普纳边境 - 图卡拉（Tukkalh）—马米提（Mamiti）—赛朗格（Sairang）—艾藻尔（Aizawl）	130

序号	公路序号	路线	公里数
2	54	米佐拉姆/阿萨姆边境－其木龙（Chhimlung）—比哈斯（Bilkhawthr）—考拉斯（Kolasis）—巴拉匹（Bualpui）—穆璐木（Mualvum）—阿扎（Alzawl）—扎巴（Zobawk）—旁扎（Pangzawl）—肋惕（Leite）—皂巴（Zobawk）—萨瑞（Sairep）—塞哈（Saiha）—加拉丹（Kaladan）—推磅（Tuipang）	522
3	54A	林雷（Lunglei）连接至 NH–54 公路附近的皂瓦（Zowawk）	9
4	54B	赛哈（Saiha）	27
5	150	米佐拉姆/曼尼普尔边境－塞萨（Thingsa）—拉特（Ratn）—达拉（Darlawn）—伐棱（Phaileng）—色令（Seling）	140
6	154	米佐拉姆/阿萨姆边境连接至 NH 54 公路附近的布普（Bualpui）	58
7	502A（New）	隆特莱（Lawngtlai）—缅甸边境	100
	302 New	海瑞特（heriat）—林雷（Lunglei）—隆瑟尼（Lungseni）—萃虹（Tuiehong）—德马格（Demagiri）	100
	6 New	坎普（Kanpui）—艾扎瓦（Aizawal）—色令（Selling）—卢翠（Lumtui）—哈斯（Khawthlir）—退森（Tuisen）—奈达（Neihdawn）—查派（Champai）	95
		共计	1181
那加兰邦			
1	36	那加兰/阿萨姆边境－迪马布尔（Dimapur）	7.29
2	39	迪马布尔（Dimapur）—此楚（Cichuguard）—扣码（Kohima）—维斯码（Viswema）	107.3
3	61	扣码（Kohima）—娜荷马（Narhema Tseminya）—沃卡哈（Wokhal）—莫卡寸（Mokokchung）—禅潼各（Chantongia）—么荣空（MerangKong）再通至那加兰/阿萨姆边界	240
4	150	科希马（Kohima）—赤扎米（Chizami）—再通至那加兰/曼尼普尔边境	116
5	155	莫卡寸（Mokokchung）—屯桑（Tuensang）—桑普里（Sampurre）—阿克沃（Akhegwo）—么卢瑞（Meluri）再至曼尼普尔边境	326.5
6	129A New	佩任（Peren）—基阿鲁（Jaluki）—匹码（Pimla Junction）—然付（Razaphe Junction）—迪马普尔（Dimapur）	63
7	702 new	昌底加（Chantongia）—郎岭（Longling）—郎赤（Lonhching）—氓那（Mon）—拉普（Lapa）—提兹（Tizit）（阿萨姆边境）	98
8	702A New	米科春（Mokokchung）—津内博托（Zunheboto）—佩可（Phek）—曼尼普尔边境	88
		共计	1046.09
锡金			
1	31A	甘托克（Gangtok）—兴塔（Singtam）—然婆（Rangpo）—再延伸到锡金/西孟邦边界	52

续表

序号	公路序号	路线	公里数
2	310 (New)	冉尼普尔（Ranipaul）　（NH-31A）—本达克（Burduk）—门拉（Menla）—娜拉（Nathula）	87
3	310A (New)	塔斯（Tashiview point）—丰当（Phodang）—曼甘（Mangan）	55
4	710 New	梅里（Melli）—曼尼普尔（Manpur）—南奇（Namchi）—丹木塘（Damthang）	45
5	510 New	斯穆（Singtham）—丹木塘（Damthang）—兰格西普（Legship）—葛境（Geyzing）	70
6			
		共计	309
特里普拉邦			
1	44	特里普拉/阿萨姆边境 - 阿姆巴萨（Ambasa）—昌都巴瑞（Chandras-adhubari）—巴佳拉（Barjala）—乌代浦尔（Udaipur）—萨目（Sabrum）	335
2	44A	特里普拉/米佐拉姆边界 - 萨卡汉（Sakhan）—曼奴（Manu）.	133
3	108A New	贾勒巴瑞（Jolaibari）（new NH No. 8）—百隆那（Belonia）—印度孟加拉国边界	15
4	208 New	库马尔加特（Kumarghat）—卡勒马萨（Kailashahar）—考委（Khowai）—泰利亚穆拉（Teliamura）	94
印方所谓 "阿鲁纳恰尔邦"			
1	52	阿萨姆边境 - 巴昔卡（Pasighat）—达木布克（Dambuk）—罗营（Roing）—帕雅（Paya）—德泽（Tezu）—哇卡（Wakro）—纳姆塞县（Namsai）—阿萨姆边境	335
2	52A	阿萨姆边境 - 伊塔纳加尔（Itanagar）—阿萨姆边境	50.76
3	153	阿萨姆边境 - 缅甸边境（史迪威公路）	32.49
4	229	达旺 - 邦迪拉（Bomdila）—拿起普（Nechipu）—色帕（Seppa）—桑格勒（Sagalee）—泽洛（Ziro）—达波里约（Daporijo）—阿朗（Aalong）—巴昔卡（Pasighat）（NH-52）	1040.66
5	52B Ext.	印方所谓 "阿鲁纳恰尔邦" 内的纳期克（Namchik）—昌朗（Chang-lang）—孔萨（Khonsa）—卡布瑞（Kanubari）—阿萨姆邦的迪布鲁格尔（Dibrugarh）	266.64
6	37 Ext.	把 NH-37 号高速路的终点——位于阿萨姆邦的塞卡瓦（Saikhow-aghat）扩展，连接上位于印方所谓 "阿鲁纳恰尔邦" 的国家高速公路-52（NH-52）。	19.5
7	315A (New)	孔萨（Khonsa）—胡坎朱里（Hukanjuri）—阿萨姆边境	35
	共计	1780.05	
合计			12967.546

资料来源：印度东北地区发展局（http：//www. mdoner. gov. in/content/national-highways）及印度道路交通与高速公路部（http：//www. morth. nic. in/showfile. asp? lid=366）。

（二）东北部道路交通加速发展特别计划

2005 年 9 月，印度道路运输和公路部（Ministry of Road Transport & Highways）提出了旨在发展东北地区交通连接的发展规划，名为"东北部道路交通加速发展特别计划"（Special Accelerated Road Development Programme in North East）（SARDP-NE），在随后的几年内，该计划不断得到调整和补充，2010 年 4 月 8 日印度内阁经济事务委员会（Cabinet Committee on Economic Affairs）（CCEA）正式批复了三个阶段的方案，该项计划得以开始全面执行。该发展计划囊括了长度共计 10141 公里的东北部地区道路建设，同时还包含长度为 1503 公里的 28 条支线的建设。该计划共分为三个阶段，第一阶段是批准执行或者原则上同意执行的路段，该阶段下的公路总长为 4099 公里；第二阶段是针对个别项目的"具体项目计划"（Detailed Project Reports），总长度为 3723 公里（表 5 - 6）；第三阶段则涉及我国的藏南地区的道路建设规划，共计长度为 2319 公里。

SARDP-NE 项目主要为了实现以下五大目标：（1）对地区内的国家级道路进行升级改造，实现双车道或四车道通行，并使这些道路与各邦首府相连。（2）为东北部地区所有的 88 个主要城镇提供至少双车道通行的道路联通。（3）为东北偏远落后地区提供道路连接，以推动这些地区的社会经济发展。（4）提升具有重要战略意义的边境地区的道路建设。（5）提升和改善与周边国家的道路联通。

表 5 - 6　　　　　　"东北部道路交通加速发展特别计划"概况

	批准执行的路段		原则上同意的路段		"特别项目计划"的准备阶段		批准总计	
	长度（公里）	预计花费（千万卢比）	长度（公里）	预计花费（千万卢比）	长度（公里）	预计花费（千万卢比）	长度（公里）	预计花费（千万卢比）
第一阶段	3213	12821	886	8948 ①			4099	21709
第二阶段	–	64			3723		3723	64
第三阶段②	2319	11703					2319	11703
合计	5532	24588	886	8948	3723	0	10141	33536

资料来源：印度东北地区发展局（http：//www. mdoner. gov. in/content/sardp - ne）。

说明：① 仅有 97 亿卢比被批准用于进行前期建设，项目本身的预算还有待内阁基础设施事务委员会（Cabinet Committee on Infrastructure）（CCI）商议和批准。

②该阶段涉及的领土为争议地区，并不得到中国政府承认。

　　该计划前两个部分涉及与孟中印缅地区的互联互通，是印度东北部与周边国家道路联通的布局和规划，具体规划情况为：

　　第一阶段，也被称为 A 项目，早在 2005 年 9 月 22 日就被内阁批准执行，当时该项目覆盖 17 条道路，总长度为 1310 公里，包含 1110 公里的各类国道支线和 200 公里的邦级及以下路线的改造。接下来，该项目计划又被多次的修改和补充，最终于 2010 年被内阁基础设施事务委员会批准通过。现在，A 项目涉及改造路段总长度为 4099 公里，预计投资为 2177 亿卢比，截至 2012 年，已有 2389 公里的路段已经被正式批准执行，预计支出为 1015 亿卢比，有 451 公里的路段正处在评估和招标阶段，A 项目计划完成时间为 2015 年 3 月。截至 2012 年，678 公里的公路改造已经完成，另有共计 2152 公里的支线项目已被批准，该项目具体明细见表 5 - 7 及 "印度东北地区发展路线规划图"。①

表 5 - 7　　　　　　　　　A 计划项目明细表

	所在邦	工程明细	道路类别	道路长度（公里）
1	阿萨姆	把国道 NH - 37 即纳加奥恩—迪布鲁格尔（Nagaon-Dibrugarh）的道路从 2 车道扩展至 4 车道	国道	301
2	梅加拉亚邦	修建一条新的西隆（Shillong）支线，使其与国道 NH - 40 和 NH - 44 相连	国道	50
3	梅加拉亚	把国道 NH - 40 上从高哈蒂—巴拉帕尼（Jorabat-Barapani）的道路扩展至 4 车道	国道	62
4	那加兰	把国道 NH - 39 上从迪马布尔—科希马（Dimapur-Kohima）的道路，包括支线，扩展为 4 车道	国道	81
5	阿萨姆	把现有的国道单行车道 NH - 36、51、52、53、54、61、152、153 & 154 扩展至有路肩的双车道，包括锡尔杰尔（Silchar）的支线	国道	576
6	曼尼普尔，梅加拉亚，米佐拉姆及阿萨姆	把国道 NH - 44、53、54 & 154 扩展至双车道，包括梅加拉亚邦的焦瓦伊（Jowai）支线	国道	180
7	梅加拉亚	改造现有的位于 NH - 40 上的从巴拉帕尼—西隆（Barapani-Shillong）的双车道路段，同时一并改造西隆城内的立交桥	国道	54
8	阿萨姆	改造从迪布鲁格尔—鲁派（Dibrugarh-Rupai）的双车道 NH - 37 国道，加强其路肩的修筑，把史迪威公路及国道 NH - 38 提升为双车道并修筑路肩	国道	161

---

①　Ministry of Road Transport and Highways. Outcome Budget 2012 - 13. p. 33.

	所在邦	工程 明细	道路 类别	道路长度 （公里）
9	特里普拉	提升国道 NH－44 上的阿加尔塔拉—萨布罗奥姆（Agartala to Sabroom）段至双车道	国道	130
10	阿萨姆	修筑 NH－37 的经由迪布鲁格尔的双车道支线	国道	14
11	锡金/西孟邦	新修筑一条通往甘托克（Gangtok）的高速公路		242
12	曼尼普尔/那加兰	修筑双车道的从麦拉姆－帕伦（Maram to Paren）的邦级公路，以把曼尼普尔邦和那加兰邦连接起来	邦级道路	116
13	锡金	把位于边界地区的从甘托克—乃堆拉的道路从单行道扩展至双车道	地方级道路	87
14	米佐拉姆	建立两一条新的双车道高速路，从米佐拉姆邦的隆莱（longlai）至缅甸边境，以支持缅甸加拉丹多种方式过境运输计划（Kaladan Multi-modal Transit Transport Project）的执行	邦级道路	117
15	锡金/西孟邦	把国道 NH－31A 的 西沃克—拉尼普尔（Sevoke-Ranipul）段提升至双车道	国道	80
16	梅加拉亚	提升农格斯托伊恩—西隆（Nongstoin-Shillong）段为双车道	国道－44E	83
17	阿萨姆	提升哥拉加特—蓝卡拉贾（Golaghat-Rangajan）段为双车道	邦级道路	7
18	阿萨姆	提升卢姆丁格—迪普—曼扎（Lumding-Diphu-Manja）段为双车道	邦级道路	56
19	阿萨姆	提升哈夫隆格—贾亭加（Haflong-Jatinga）段为双车道	邦级道路	8
20	阿萨姆	提升杜布里—高里普尔（Dhubri-Gauripur）段为双车道	邦级道路	8.5
21	阿萨姆	提升巴斯卡—班巴拉（Baska-Bamara）段为双车道	邦级道路	25
22	阿萨姆	提升莫里高恩—加吉（Morigaon-Jagi）段为双车道	邦级道路	23
23	阿萨姆	提升巴尔佩塔—豪里（Barpeta-Howly）段为双车道	邦级道路	12
24	阿萨姆	提升戈尔帕拉—颂马里（Goalpara-Solmari）为双车道	邦级道路	6.5
25	阿萨姆	提升科克拉贾—克里岗（Kokrajhar-Karigaon）为双车道	邦级道路	18
26	阿萨姆	提升乌德尔古里—洛塔（Udalgiri-Rowta）为双车道	邦级道路	13
27	曼尼普尔	提升达门隆—康松（Tamenglong-Khonsang）为双车道	邦级道路	40
28	曼尼普尔	提升帕莱尔昌德尔路（Pallel Chandel road）为双车道	邦级道路	18

续表

	所在邦	工程 明细	道路 类别	道路长度 （公里）
29	那加兰邦	提升龙兰—昌同亚（Longleng-Changtongya）为双车道	邦级道路	35
30	那加兰邦	提升蒙—耽鲁—米兰库（Mon-Tamlu-Merangkong）为双车道	邦级道路	100
31	那加兰邦	提升佩可 – Pfutzero（Phek-Pfutzero）为双车道	邦级道路	79
32	锡金	提升塔库—纳穆齐（Tarku-Namchi）为双车道	邦级道路	32
33	锡金	提升吉亚尔斯兴格—辛格塔姆（Gyalshing-Singtam）为双车道	邦级道路	85
34	特里普拉邦	提升拉萨哈尔—库玛格特（Kailasahar-Kumarghat）为双车道	邦级道路	22
35	梅加拉亚	提升农格斯托伊恩—容吉恩—图拉（Nongstoin-Rongjeng-Tura）双车道	邦级道路	201
36	那加兰	尊赫博托—察喀巴马（Zunheboto-Chakabama）为双车道	地方级道路	128
37	梅加拉亚	农格斯托伊恩—帕里布里务—瓦哈卡吉—马萨巴哈（Nongstoin-Pambriew-Wahkaji-Mawthabah）为双车道	地方级道路	68
38	梅加拉亚	提升农格斯托伊恩—拉姆布莱—米尚—柴岗（Nongstoin-Rambrai-Myrshai-Chaigaon）为双车道	地方级道路	71
39	梅加拉亚	提升 Mawthabah Wahkaji-Phiangdiloin – Ranikor 为双车道	地方级道路	47
40	梅加拉亚	提升 Ranikor-Nonghyliam-Maheshkhola – 巴格马拉（Baghmara）为双车道	地方级道路	139
41	锡金	梅里—曼普尔—纳姆奇（Melli-Manpur-Namchi）为双车道	地方级道路	33
42	锡金	提升 Legship-Naya Bazar 为双车道	地方级道路	26

第二阶段，也被称为项目 B，包含 34 条公路的改造，总长度为 3723 公里。目前，内阁只是通过了关于"特别项目计划"下的前期预算计划，预计支出为 1500 亿卢比。如果计划最后获得通过，它将会在 2012—2013 年开始执行，该项目具体明细见表 5 – 8。

表 5 – 8 　　　　　　　　　　　B 计划方案明细表

	所在邦	工程 明细	道路 类别	暂定道路 长度 （公里）
I. 国道				
1	梅加拉亚	修建从阿萨姆/梅加拉亚边界至达鲁（Dalu）的双车道公路，途径巴格马拉（Baghmara）	NH – 62	161

续表

	所在邦	工程 明细	道路 类别	暂定道路 长度 （公里）
2	米佐拉姆	艾藻尔—特维旁（Aizawl-Tuipang）的双车道公路	NH-54	380
3	米佐拉姆	隆格莱伊—特莱特（Lunglei-Theriat）的双车道公路	NH-54A	9
4	米佐拉姆	Zero point-赛哈（Zero point to Saiha）的双车道公路	NH-54B	27
5	那加兰	瓦卡—途里（Wokha-Tuli）的双车道公路	NH-61	150
6	那加兰	科希马—那加兰/曼尼普尔边境的双车道公路	NH-150	132
7	那加兰	莫科克琼格—捷萨米（Mokokchung-Jessami）的双车道公路	NH-155	340
8	特里普拉	摩奴—特里普拉/米佐拉姆（Manu-Tripura/Mizo-ram）边境的双车道公路	NH-44A	86
		总长度（Ⅰ）		1285

Ⅱ．邦级道路

	所在邦	工程 明细	道路 类别	暂定道路 长度 （公里）
9	阿萨姆	新建一条从巴拉克谷—高哈蒂（Barak Valley (Silchar)-Guwahati）的双车道替代道路，并经过哈蓝葛兆市（Harangajao）	邦级道路	285
10	梅加拉亚	威廉·纳加尔（William Nagar）通往 Nengkhra Road 及其他路段的双车道路段	邦级道路	22
11	梅加拉亚	提升及改造从多梅萨特（Domiaisat）至南斯托（Nongstoin）的双车道路段	邦级道路	54
12	梅加拉亚	新建一条从博科—农格斯托伊恩（Boko-Nongstoin）的双车道路线，改线途经高哈蒂（Guwahati）	邦级道路	125
13	米佐拉姆	隆格莱伊—迪玛戈伊（Lunglei-Demagiri）双车道路段	邦级道路	92
14	米佐拉姆	柴姆帕—托湖（Champai-Thau）的双车道路段	邦级道路	30
15	那加兰	浦特塞罗—查迈（Pfutsero-Zhamai）的双车道路段	邦级道路	18
16	那加兰	阿提邦—克亥玛（Athibung-Khelma）的双车道路段	邦级道路	55
17	那加兰	派伦（Peren）—科希马（Kohima）的双车道路段	邦级道路	96
18	特里普拉	提升和改造从库奇托（Kukital）—萨布罗奥姆（Kukital to Sabroom）的路段	邦级道路	310
18A	曼尼普尔	从山克厦（Shankshak）—滕诺浦（Tengnoupal）的双车道路段	邦级道路	202
		总长度（Ⅱ）		1289

续表

	所在邦	工程明细	道路类别	暂定道路长度（公里）
Ⅲ. 地方级道路				
19	米佐拉姆	柴姆帕—塞林（Champai-Seling）双车道路段	地方级道路	150
20	锡金	甘托克—芒格阿恩（Gangtok-Mangam）双车道路段	地方级道路	68
		总长度（Ⅲ）		218
Ⅳ. 战略路段				
21	藏南争议段①	提升和改造 维杰耶纳加尔—米奥（Vijaynagar-Miao）段至双车道	印缅公路段	157
22	藏南争议段	提升和改造米奥－南切克（Namchik）段路线	印缅公路段	17
23	藏南争议段	提升和改造昌朗（Changlang）-西米扬（Khimiyang）段路线	印缅公路段	35
24	藏南争议段	提升和改造西米扬—桑库哈维（Khimiyang-Sangkuhavi）段路线	印缅公路段	33
25	藏南争议段	提升和改造桑库哈维（Sangkuhav）—拉祖村（Lazu）段路线	印缅公路段	40
26	藏南争议段	提升和改造拉祖村（Lazu）—瓦卡乡（Wakka）段路线	印缅公路段	75
27	藏南争议段	提升和改造瓦卡乡（Wakka）—卡奴（Khanu）段路线	印缅公路段	21
28	藏南争议段	提升和改造卡奴（Khanu）—孔索（Konsa）段路线	印缅公路段	30
29	藏南争议段	提升和改造孔索（Konsa）—旁哨（Panchao）	印缅公路段	29
30	藏南争议段	提升和改造旁哨（Panchao）—那加兰边境段路线	印缅公路段	25
31	藏南争议段	提升和改造营琼（Yingkiong）—评西（Bishing）段路线	邦级道路	160
32	藏南争议段	提升和改造吉都（Zido）—辛哈（Singha）段路线	邦级道路	94
33	藏南争议段	提升和改造班戈旁戈（Pango）—桥境（Jorging）段路线	邦级道路	90
34	藏南争议段	提升和改造萨卡姆—辛加（Sarkam Point-Singa）段路线，中间途经埃科—多平（Eko-Domping）路段	邦级道路	125
		总长度（Ⅳ）		931
		总里程数		3723

说明：①该段主要位于我方不承认的印方所谓的"阿鲁纳恰尔邦"。

截至 2012 年，SARDP - NE 计划共投资 160 亿卢比，除此之外，2012
年 1 月 31 日，政府又投放了 130 亿卢比来实施该计划。截至目前，共有
892 公里的道路完成改造，见表 5 - 9。

表 5 - 9　　　"东北部道路交通加速发展特别计划" 发展概要 2006—2012 年

年份	批准里程（公里）	批准费用（千万卢比）	完成里程（公里）	财务实施状况（千万卢比）	
				拨款金额	花费金额
2006—2007	501	1285	刚启动	550	450
2007—2008	240	615	150	700	652
2008—2009	187	835	290	1000	637
2009—2010	188	1070	156	1200	676
2010—2011	1615	9439	146	1500	1065
2011—2012	992	4752	150	1950	1940
合计	3723	17996	892	6900	5420

资料来源：印度东北地区规划发展局（http：//www. mdoner. gov. in/content/sardp - ne-
JHJint）。

从表 5 - 9 中可以看出，除了 2008 年完成里程接近 300 公里以外，其
他年份完成里程数均在 150 公里左右，进展缓慢。印度东北地区发展局的
一份报告对此表示："虽然我们期望该项目在近几年能够迅速发展，但是
如果不把每年的完成数提高到至少 300 公里的话，该项目的完成只能是遥
遥无期了，即使提高至 300 公里，完成 A 项目也至少需要 10 年。故建议
政府将每年的拨款增加至 300 亿—500 亿卢比，以促进该项目的顺利进
行。"①该报告还提到，该项目原本预期在 2020 年之前完成。

（三）东西走廊

在印度东北地区，东西走廊始于西孟邦的斯里拉姆普尔（Sriram-
pur），经比杰尼（Bijni）、纳尔巴里（Nalbari）、高哈蒂（Guwahati）、索
那普尔（Sonapur）、南高（Nagaon）、达博卡（Daboka）、卢姆丁格
（Lumding）、迈邦格（Maibong）最后终止于阿萨姆邦的锡尔恰尔（Sil-
char），总长度为 670 公里，预计花费 715 亿卢比，为四车道道路，该走

---

① Ministry of Development of North Eastern Region. Report of the "Working Group on Improvement
and Development of Transport Infrastructure in the North East for the National Transport Development Poli-
cy Committee"（under Planning Commission）Chaired by Shri Vivek Sahai, former Chairman, Railway
Board, June, 2012. p. 22.

廊的开通是为了促使印度东北邦与印度其他地区道路的连通，整个走廊都在阿萨姆邦境内，除了山区地段预计在 2014 年 3 月完成外，其他地段的预计完成时间为 2011 年 12 月。但是由于土地权、树林清除和电力等问题，该项目一直处在拖延状态，截至 2012 年 6 月底，仍然有 621 公里的路段在施工中。[①] 该走廊的路线图如图 5 - 10 所示。

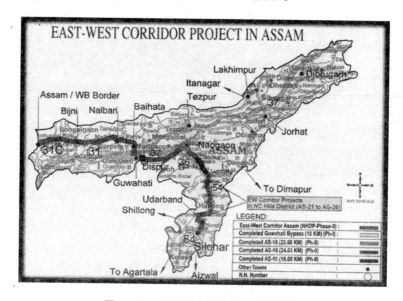

图 5 - 10　印度东北部东西走廊路线图

资料来源：Ministry of Development of Northeastern Region. Presentation on Action Plan of North Eastern States in Respect of Ministry of Road Transport and Highways. 2012 - 6 - 27。

二　印度东北地区与周边国家地区的互联互通

在印度东北发展局 2006 年提交的一份报告中[②]提到关于提升东北地区与周边国家地区互联互通以促进边贸发展的几点意见，其中关于公路规划的意见如下：（1）提升和改造公路，如把现有单行道扩展至双车道，修建立交桥等，并建设公路收费站。（2）以雷多（Ledo）为起点开启史

---

①　Ministry of Development of Northeastern Region. Presentation on Action Plan of North Eastern States in Respect of Ministry of Road Transport and Highways. 2012 - 6 - 27.

②　Planning Commission Government of India. Report of Task Force on Connectivity and Promotion of Trade and Investment in NE States. Oct. , 2006.

迪威公路,以连接缅甸和中国。(3) 重新开启从印度阿萨姆邦的卡里姆加杰 (karimganj) 到孟加拉国的锡尔赫特 (Sylhet) 再通往达卡 (Dhaka) 的路段。(4) 重新开启印度阿萨姆邦的阿姆古里 (Amguri) 至那加兰邦的莫科克琼格 (Mokokchung) 最后通至与缅甸相毗邻的那加兰邦德图埃恩桑格 (Tuensang) 路段。(5) 把阿萨姆邦和那加兰邦交界处的西布萨加尔 (Sibsagar),索纳里 (Sonari) —奈图拉 (nemtola) 路延伸至那加兰邦的仑瓦。(6) 提升和改造 NH – 40,NH – 62,NH – 62E 号路段,使他们经由迪马普尔 (Dimapur) 和锡尔杰尔 (Silchar) 后,与印度与孟加拉国边界相连。(7) 提升和改造 NH – 40,NH – 62,NH – 62E,使它们经由达乌基 (Dawki) 连接印度 – 孟加拉国边界。(8) 把印度东北地区与泛亚公路连接。(9) 建设印缅泰三国高速公路,即印度莫雷 (moreh) —缅甸蒲甘 (bagan) —泰国美索 (Maesot) 的高速路。(10) 开通高哈蒂 (Guwahati) —因帕尔 (Imphal),高哈蒂 (Guwahati) 经由西隆 (Shillong) 到达达卡 (Dhaka),高哈蒂 (Guwahati) 经由图拉 (Tura) 到达达卡 (Dhaka) 的大巴服务。

(一) 昆明—加尔各答公路 (印度段)

云南省与印度西孟加拉邦经济合作论坛自 2002 年发起至今,已经走过了十年的光辉历程。十年来,K2K 合作论坛取得了一系列的积极成果,先后召开了 7 次会议,促成双方省邦高层领导多次交流,民间交往不断拓展,开通了昆明至加尔各答航线。目前,"K2K" 论坛是中国与印度之间建立的唯一一个省邦合作机制及合作平台,得到了两国外交部门的支持和肯定。

昆明—加尔各答公路是省邦合作机制得以成型的重点,根据云南省"肩挑两洋"通道和三大国际通道的构想,云南"十二五"规划提出了建设七条经济走廊的规划,其中两条涉及昆明—加尔各答公路,即昆明至瑞丽辐射缅甸皎漂、昆明至腾冲辐射缅甸密支那连接南亚。印度国际关系和发展研究中心 (Centre for Studies in International Relations and Development) (CSIRD) 主任米什拉 (Binoda Kumar Mishra) 表示:"中国对这条公路的态度很认真,我们同样也感到这条公路的重要性,因为经由昆明,印度可以同东南亚相连接。"①

---

① Saibal Dasgupta. Road from Kolkata to Kunming? Times of India, Nov. 27, 2012.

　　昆明—加尔各答经济走廊初步规划的走向目前有两种选择，一条是史迪威公路（昆明—腾冲—缅甸密支那—印度雷多—加尔各答）走向，另一条是绕经缅印口岸城市德木和孟加拉国首都达卡（昆明—曼德勒—德木—因帕尔—达卡—加尔各答）。这两条线路都要经过印度东北部地区，这对云南提出的昆明—加尔各答经济走廊的走向方案形成了一定阻力。

　　2012 年 11 月 21 日 "K2K" 合作论坛第八次会议在昆明闭幕，双方签署了关于加快交通连接的行动计划，《印度时报》报道称，中印两国已经完成了连接印度最大城市加尔各答市和中国昆明市的公路会谈，印度将这条公路称作为 "陆上走廊"，其间将经由缅甸。中印双方在搁置三年后重新启动了关于这条公路的会谈。[1]作为对行动计划的支持，加尔各答和昆明方面已经开始了互动。印度国际关系和发展研究中心和加尔各达大学已经展开关于西孟邦和云南之间经济互补型的研究，探索在两地之间修建一条最具可行性的道路，以促进双边贸易和旅游的增长。[2]

　　随着云南境内公路的修建取得相当大的进展，在孟中印缅合作机制的推动下，云南与其周边国家地区的互联互通不断推进，印度方面开始意识到，以往的封锁东北地区的做法并非长久之计，为了促进东北地区的经济发展，印度政府开始做出一些改变。上文所述印度东北地区发展规划就囊括了印缅边界道路，其中特别提到 K2K 框架体系下的道路 NH – 39。NH – 39 段是印度国家级高速路，该路段从位于印缅边界的曼尼普尔邦的莫雷（Moreh）经普勒尔（Palel）到达曼尼普尔邦首府因帕尔（Imphal），再由因帕尔向西北方向延伸，穿过那加兰邦的科希马（Kohima），到达阿萨姆邦的努马利加尔（Numaligarh），全长 436 公里，是连接印缅边境的国家级高速路。该路段的边境处可以直接与缅甸的德木（Tamu）相连。而目前莫雷—德木已经形成了初具规模的边贸互市，但鉴于印度政府对东北地区的担忧仍在，这个边贸口岸仍然是按照非官方的形式进行着。目前，该路段在东北地区道路加速发展计划之下，印度政府将对该路段实行改造和升级。

---

　　① Saibal Dasgupta. Road from Kolkata to Kunming? Times of India, Nov. 27, 2012.

　　② Binoda Kumar Mishra. Institutionalisation of the of BCIM Forum: The K2K Way. Presentation on 11th BCIM Forum.

（二）加拉丹河贸易通道

2008 年 4 月 2—6 日，缅甸国家和发委副主席貌埃副大将访问印度，期间，双方签署了两国政府间卡拉丹河流域全面开发运输合作框架协议。该协议项目投资额约 54 亿卢比，印方已表示出资实施。据该协议，缅甸西北地区的重要港口城市实兑和印度东北地区的主要城市加尔各答之间将建造一条运输通道。具体内容为：将实兑改造成为一座港口贸易城市，卡拉丹河沿线河流实施运河修筑、河道疏浚和公路建设等项目，以建设一条从实兑通往印度米佐拉姆邦（Mizoram）的便利运输通道。这一项目的实施意味着印度可以向东北偏远地区进行物资的运输，从而带动该地区的发展。目前对印度米佐拉姆邦的运输只能通过尼泊尔和不丹与印度相连接的狭窄内陆通道进行。①同时，印度投资 1.35 亿美元，对缅甸实兑港进行改造，将其建成一座港口贸易城市。根据双方协议，实兑深水港建设项目将于 2008 年底开始实施，而"加拉丹河全面开发项目计划"（Kaladan Multi-modal Transit Transport Project）也按计划于 2012 年 5 月完工。

"卡拉丹河全面开发项目计划"按照行政区域划分为缅甸段和印度段。缅甸段的建设由印度外交部负责，印度内陆水路管理局（Inland Waterways Authority of India）负责实施，预计花费为 545.85 亿卢比；印度段即米佐拉姆邦境内由印度公路交通及高速公路部（Department of Road Transport and Highways）管理，米佐拉姆邦公共事务部（Public Works Department, Govt. of Mizoram）负责实施，预算为 550 亿卢比。

卡拉丹河道并非可以全程通航，只有缅甸境内从孟加拉湾的实兑港至卡里瓦（Sittwe Port to Kaletwa）段适合航行，剩下的河段由于河床低浅、水流湍急无法通航，从卡里瓦至印缅边境一段的运输将由公路承担。印度方面认为，"考虑到西里古里走廊面临的压力以及孟加拉国在孟印公路连接方面给予的阻力，卡拉丹河道运输路线的重要性十分凸显"。②

---

① 中国驻缅大使馆参赞处：《缅甸与印度将合作实施卡拉丹河运输线路全面开发计划》［EB/OL］. http://mm. mofcom. gov. cn/article/ddgk/zwjingji/200804/20080405485120. shtml。

② 印度东北地区发展局：《卡拉丹河运输线路计划》，http://www. mdoner. gov. in/content/introduction–1JHJstatus。

表 5 - 10　　　　　　　　　　卡拉丹河运输工程概述

	路段	路段形式	长度（公里）
1	加尔各答—实兑	海路	539
2	实兑—卡里特瓦（卡拉丹河段）	内陆水道	225
3	卡里特瓦—印缅边境	公路	62

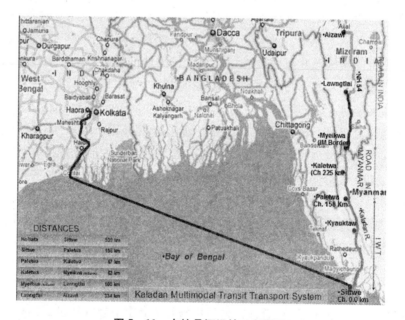

图 5 - 11　卡拉丹河运输工程图示

资料来源：印度东北部发展局。Presentation on Kaladan Multimodal Transit Transport Project（Port & IWT component）. 23rd February 2011。

　　印度东北地区发展局表示，水路和港口的建设工程以及卡里特瓦至印缅边境的公路，在 2011—2012 年间完成。

　　另外，根据前述的印度"东北部道路交通加速发展特别计划"A 项目，印度政府还将新建一条从米佐拉姆邦的隆莱（Longlai）至缅甸边境的双车道高速路，作为加拉丹河全面开发项目计划下的另一条辅助通道（参见表 5 -11）。

　　项目还包含港口建设计划，即建设内陆水道的终点站实兑港，建设内陆水道终点站帕里特瓦（Paletwa），建造 6 艘内河通行船，每艘的吨位为 300。2010 年 6 月签订的印缅协议计划在 36 个月内完成港口和内陆港的建设。

2010 年 12 月，实兑港开工建设，由印方成立了现场工作指导办公室，场地由缅方提供。工程的具体进度计划（仅限实兑—帕里特瓦段）见表 5 –11。

表 5 –11　　　　　　　　实兑—帕里特瓦段工程进度计划表

	工程	第 1 年			第 2 年			第 3 年		
1	a）绞吸挖泥船及相关配件、管道等准备完成，安置到实兑	■								
	b）建立项目工程指挥部及后勤部	■								
2	a）疏通实兑港管道淤泥，设计工程所需的管道尺寸			■	■					
	b）修建防护用的碎石堤			■						
3	河道疏浚							■	■	
4	建设实兑港的港口及内陆入口							■	■	
5	建设帕里特瓦的内陆入口港								■	■
6	安装航海标志								■	■
7	实兑离岸水道和口岸的清淤及建设						■	■		
8	采购内陆河道航行用的船只				■	■				

资料来源：印度东北地区发展局卡拉丹河运输线路计划，Status As On, 04. 05. 2012。

2012 年 5 月，印度、缅甸领导人在缅甸会面后发表联合声明，联合声明提到，印度河全面开发项目理辛格、缅甸总统登盛（Thein Sein）对于印度开发缅甸卡拉丹河全面开发项目的进度感到满意。两国 4 月决定在印度东北米佐拉姆（Mizoram）邦左林浦伊（Zorinpui）设立陆上海关站，将有助拓展双边贸易和人民往来。[①]

卡拉丹河贸易通道项目对印度来说确有许多有利之处，特别是从安全和地缘政治角度考虑对印度十分有利。首先，相对于印度东北的其他邦，米佐拉姆邦政局较为平静，较少受到分离主义武装的骚扰，也不存在类似曼尼普尔邦与那加兰邦间的邦界纠纷，有利于贸易的开展；其次，这一项目可以绕过孟加拉国。由于印度不同意给予孟加拉国通过印度西里古里（Siliguri）走廊与尼泊尔相连的权利，孟加拉国对印度通过其国土的通道

---

① 印缅全方位合作 . http：// www. chinese. rfi. fr/% E6% 94% BF% E6% B2% BB/20120531 – % E5% 8D% B0% E7% BC% 85% E5% 85% A8% E6% 96% B9% E4% BD% 8D% E5% 90% 88% E4% BD% 9C. 2012 – 5 – 31.

连接计划也基本上持反对态度。印孟间还存在棘手的孟加拉国非法移民问题。卡拉丹河通道由于绕过孟加拉国，可以避开复杂的陆上纠纷；再次，实兑港附近海域有丰富油气资源，卡拉丹河通道建设显然有利于印度开发实兑港附近的油气资源。这对于油气资源缺乏的印度来说具有重要的战略意义；最后，这条贸易通道直接为东北部地区打开一条通海的贸易路线，可以使印度最大程度地避开中国的影响。

但是，在促进东北部地区区域经济自由化和加强其与外部的社会和文化联系方面，这条通道的作用就比较有限了。根据上文对印缅边境贸易的分析，东北部边境地区本地产品的交易量小，而过境产品的交易量大。大部分过境莫雷—德木口岸的商品（以德木附近地区、缅北、中国和泰国为最终消费市场的商品）估计不会绕道海路出口印度再从陆路折回到原本就在附近的最终消费市场，而东北部地区用于海路出口的产品又较少。这条路线经过的是缅甸较为偏远的有众多穆斯林居住的若开邦地区，这与印度欲以印度教和佛教等传统文化纽带来加强区域内社会和文化联系、培养区域文化共同体意识的意图也不合拍。

（三）印缅泰三国高速公路

2002 年，印度、缅甸和泰国三国外长在仰光举行了三国交通联网会议，拟议修建一条从印度莫雷经缅甸中部城市蒲甘（Bagan）至泰缅边境的泰国城市湄索（Mae Sot）的全长 3200 公里的高速公路。此前，印度已于 2001 年出资 10 亿卢比为缅甸修通了其西北边境 160 公里长的德木至葛利瓦（Kalewa）公路。余下直至泰国边境的路段大部分已修有公路，只需按高速公路标准进行必要的改扩建即可。湄索位于大湄公河次区域东西经济走廊泰国边境一侧，在缅甸境内一侧建有缅甸第二大的边贸区妙瓦底贸易区。印缅泰高速公路将印缅边境贸易口岸和泰缅边境贸易区连接起来，并通过大湄公河次区域东西经济走廊与缅甸毛淡棉港和越南岘港相连，水陆交通十分便利，发展前景十分广阔。

这条建设中的印缅泰高速公路起点就在莫雷—德木口岸。如上文所述，尽管莫雷—德木口岸的正式贸易额比较小，非正式贸易额却十分巨大，发展潜力巨大。该通道途经缅甸古都蒲甘，未来对促进区域旅游业的发展，加强区域内部文化联系有不可替代的作用，具有其他通道所不能比拟的优势。

目前，印度边境公路管理局和印度内政部已经按照印度内阁经济事务委员会（CCEA）的要求开始建设印缅边境地区的道路，印度方面特别指出，印缅泰三国高速路是印度与东南亚国家间最重要的连接。2013 年 5 月印度总理辛格访问泰国时，把印缅泰三国高速公路提上议程，印度政府和泰国政府均希望该公路在 2016 年之前完成。[①]

三国高速路的建设目前有两种方案，一种是经过曼德勒，另一种是不经过曼德勒。同时，从因帕尔到曼德勒的大巴汽车服务即将开通，因此目前的考虑是偏向经由曼德勒。两条路线的规划分别如下。

不经过曼德勒的路线：莫雷（Moreh 印度）—塔穆（Tamu）—葛里瓦（Kalewa）—昌马（Chaungma）—因马宾（Yinmabin）—佩尔（Pale）—奇亚德（Kyadet）—林甘德（Lingadaw）—木各具（Pakokku）—蒲甘（Bagan）—皎勃东（Kyaukpadaung）—密铁拉支线（Meiktila bypass）—东吁（Taungoo）—鄂克温（Oktwin）—勃亚基（Payagyi）—登扎耶（Theinzayat）—塔通（Thaton）—哈潘·卡瓦里克（Hpaan Kawareik）—瓦迪（Myawaddy）—美索（Mae Sot，Thailand）

经过曼德勒的路线：莫雷（Moreh，India）—塔穆（Tamu）—葛里瓦（Kalewa）—雅格伊（Yagyi）—昌马（Chaungma）—蒙育瓦（Monywa）—曼德勒（Mandalay）—密铁拉支线（Meiktila Bypass）—东吁（Taungoo）—鄂克温（Oktwin）—勃亚基（Payagyi）—登扎耶（Theinzayat）—塔通（Thaton）—哈潘·卡瓦里克（Hpaan Kawareik）—瓦迪（Myawaddy）—美索（Mae Sot，Thailand）。

东盟多边事务办公室（ASEAN Multilateral Division）公布了一份三国公路的建设明细，见表 5 – 12。

表 5 – 12　　　　　　　　印缅泰三国高速路建设项目明细

序号	路段	备注
1	德木—葛里瓦（Tamu-Kalewa）	印缅友谊公路（Friendship Road）的一部分，路况良好
2	葛里瓦—雅格伊（Kalewa-Yagyi）	缅甸希望印度方面来负责建造这段公路

---

① B. Muralidhar Reddy. India, Thailand hopeful of trilateral highway by 2016. http：//www. thehindu. com/news/national/india – thailand – hopeful – of – trilateral – highway – by – 2016/article4766782. ece.

序号	路段	备注
3	雅格伊—昌马—蒙育瓦（Yagyi-Chaungma-Monywa）	印度方面希望由缅甸负责该段公路的建设，据了解，该段公路是按照 BOT 模式①在建设
4	蒙育瓦—曼德勒（Monywa-Mandalay）	该路段已经竣工
5	曼德勒—密铁拉支线（Mandalay-Meiktila Bypass）	印度外交部负责公布该段路数据
6	密铁拉支线—东吁—鄂克温—勃亚基（Meiktila Bypass-Taungoo-Oktwin-Payagyi）	该段公路属于仰光—曼德勒高速公路段，已经建好
7	勃亚基—登扎耶—塔通（Payagyi-Theinzayat-Thaton）	印度外交部负责公布该段路数据
8	塔通—毛淡棉—高格力（Thaton-Mawlamyine-Kawkareik）	有迹象表明，缅甸政府向亚洲发展银行贷款以进行该段路的建设
9	高格力—瓦底（Kawkareik-Myawaddy）	缅甸政府即将完成该段路的建设
10	瓦底—美索（Myawaddy-Mae Sot）	印度外交部负责公布该段路数据

资料来源：印度东北地区发展部。BI – Lateral Projects with Myanmar & Indian Projects to Promote Connectivity & Trade with NER。

但出于战略考虑，印度还是希望同时建设连接印度东北部经老挝万象再到柬埔寨的道路。

尽管印度政府在推进印缅泰三国高速路方面态度积极，但是，这条贸易通道经过的曼尼普尔邦还存在着频繁发生的分离主义活动，这条通路经过的印缅边境地区也还缺乏有效管理，印度对跨境分离主义活动也还存有担忧。另外，由于这条通道距离毒品泛滥的"金三角"地区比较近，印度也担心边境地区毒品走私问题失控。

更重要的是，印度对非正式贸易中大量存在的第三国产品的疑虑可能也影响了印度发展这条贸易通道的态度。缅甸方面参与交易的许多商品，特别是非正式交易涉及的商品中有很多是来自中国、泰国、日本和韩国等第三国的商品。中印间尽管还没有开展正式的过境贸易，但中缅贸易中的确有部分中国出口缅甸的商品通过沿线商人一站接一站"接力"的方式，

---

① BOT（Build-Operate-Transfer）模式是指私人资本参与基础设施建设，包括建设（Build）、经营（Operate）、移交（Transfer）三个过程。政府通过契约授予私营企业（包括外国企业）以一定期限的特许专营权，许可其融资建设和经营特定的公用基础设施，并准许其通过向用户收取费用或出售产品以清偿贷款，回收投资并赚取利润；特许权期限届满时，该基础设施无偿移交给政府。

转销到了印度东北部地区。由于制造业基础较薄弱，印度对中国、泰国或其他国家有较强竞争力的工业制成品借道缅甸大量涌入其国内抱有一定警惕心理，担心大量制成品的进口会对印度的国内工业造成冲击。这可能也是印度对正式边境贸易品种限制较严，并且还不愿意在印缅边境贸易中开放工业制成品交易的一个重要原因。

（四）史迪威公路（印方路段）

史迪威公路全长 1726 公里，其中印度境内 61 公里，中国境内 632 公里，缅甸境内 1033 公里。史迪威曾经在二战期间发挥过重要作用，在印度独立后，该路就被关闭了。史迪威公路印度段也称为雷多公路（Ledo Road），它开始于阿萨姆邦的雷多，从印缅边境的班哨垭口（Pangsau Pass）出境通往缅甸，是史迪威公路最短的一截，但尽管如此，它对该地区的互联互通有巨大的意义。从历史上讲，史迪威公路途经古代的南方丝绸之路，重开史迪威公路对于恢复历史悠久的印度与中国间的经济和文化的陆路交流具有重大意义。中印两国间途经缅北的民间"接力"式过境贸易的存在，也说明两国间有发展贸易的巨大潜力。这一公路两端的阿萨姆邦政府和人民以及云南保山地区政府和人民都热盼着这条贸易通道的早日开通。从现实上讲，它的重启将有效地把印度、缅甸、中国以及其他东南亚国家联系起来，降低该地区间的运输成本，促进区域经济的发展。

现在，印度政府特别是阿萨姆邦政府认为有重新开启该路段的必要性，一方面是他们看到中国方面在该路段上做出的努力，另一方面是印度政府也意识到，史迪威公路沿线具有极大的经济发展潜力，它的开通将有效地促进印度东北地区与周边地区的经济往来，促进东北地区的发展。印度和平与冲突研究所一位研究人员撰文指出："在乃堆拉走廊（Nathu La corridor）重新开启后，史迪威公路的重开应该被列上议程，印度政府应该采取有效措施促进该路段的重启。"[①]

根据印度东北地区发展部最新的报告，史迪威公路被列入印度东北邦和东北地区道路加速发展项目的 A 项目下，其中主要有以下几个方面涉及史迪威公路的提升改造：第一，NH - 153 号公路项目，该路段专为改造史迪威公里而设，从莱哈帕尼（Lekhapan）通至贾瑞普（Jairampur），

---

① Mirza Zulfiqur Rahman. Northeast India's Border Roads. http：//www. ipcs. org/article/china/ northeast - indias - border - roads - 2474. html. 14 January 2008.

全程 23.7 公里，预计花费 4.6 亿卢比。第二，把阿萨姆邦的国道 NH－37 扩展至四车道，该国道与 NH－153 号公路相连。第三，把阿萨姆邦的国道 NH－38 提升为双车道并修筑路肩，该路段也与史迪威公路相连。

第五节　孟加拉国对区域互联互通的规划和设想

孟加拉国的公路规划和管理是由孟加拉国交通部下属的公路管理局（Roads and Highways Department）负责执行的。截至 2005 年，孟加拉国总通车里程为 21264 公里，其中国道约 3570 公里，省道 4323 公里。在 3570 公里的国道中，四车道国道为 313 公里，二车道国道为 2307 公里，2—4 车道混合道路为 800 公里，单车道国道为 65 公里。孟加拉国的国道主要为 2 车道道路。2009 年孟加拉国制定了未来 20 年的公路远景规划（Road Master Plan），预计总投资将达 98 亿美元。按照该计划，孟加拉国在未来五年将保养和维修国家公路 4780 公里。孟加拉国的高等级公路建设资金的主要来源是对外援助，包括亚洲开发银行、日本、中国等国。

孟加拉国对与中国开展跨国交通基础设施建设合作态度积极，特别是希望中国支持吉大港和孟缅通道建设。在区域交通基础设施合作领域，孟加拉国希望中国以援建斯里兰卡汉班托塔港的方式帮助孟加拉建设吉大港，并希望中国支持孟加拉国建设连接孟缅两国的公路和铁路，特别是连接吉大港和孟缅边境的 100 多公里的公路和铁路。

孟加拉国有关专家提出，孟加拉国通向云南主要有两条通道，一条是孟缅通道，即由吉大港向东南经孟缅边境，经过缅甸若开邦，再向北经马圭、曼德勒、瑞丽抵达昆明（见图 5－13）；另一条是孟印缅通道，该线路由孟加拉国首都达卡向东穿过印度东北部地区，经印度因帕尔、缅印口岸城市德木、缅甸曼德勒、瑞丽至昆明。

一　孟缅通道

相比较而言，孟加拉国倾向于优先建设孟缅通道，并希望中国对吉大港建设和吉大港至孟缅边境的公路、铁路建设提供资金和技术支持。

孟缅公路的走向为达卡—吉大港—台克纳夫（孟加拉国）—孟都（缅甸）—皎道（Kyauk-taw）—实兑（sittwe）—仰光。（见图 5－13）孟加拉国的目标是通过达卡至仰光公路线的开通，开展与泰国和中国的直接贸易。公路建成后将极大地方便从孟加拉国进入泰国、马来西亚、新加坡以及亚洲的高速公路。孟缅公路不经过印度东北部地区，路程相对较远。

目前，孟加拉国境内的达卡到吉大港已经建有国道；孟加拉国计划将达卡到吉大港的国家高速路提升为四车道；吉大港到仰光的公路已经实现了部分联通。详细情况如下：吉大港（Chittagong）到台克纳夫（Teknaf）（孟加拉国最南端、孟加拉与缅甸接壤的边境城市）已实现全程联通。从达卡到台克纳夫（Teknaf）的高速公路是编号为 N1 的孟加拉国家公路。

孟加拉国台克纳夫（Teknaf）与缅甸孟都之间为台克纳夫（Teknaf）河所隔，目前尚无桥梁。孟加拉国已在台克纳夫（Teknaf）修建了一个内河港口，该港口可成为跨越纳夫河（Teknaf River）、到达孟都镇（Maungdaw）的最短距离连接，并最终将成为两国进行大宗进出口贸易的门户。

缅甸段仰光（Yangon）到若开省（Rakhine）省府实兑（Sittwe）之间的公路已修通；皎道（Kyauk-taw）—实兑（sittwe）也已经通公路；目前，从皎道（Kyauk-taw）到缅甸边境孟都（Maungdaw）的军用公路已经建成。从长远看，一旦这条连接孟缅的南部新公路建成，就可将亚洲公路段的曼德勒（Mandalay）和仰光（Yangoon）连接起来，那么只要昆明—实兑（sittwe）之间的公路建成，就可以实现中缅孟三国的陆路连接。

据孟加拉国交通部的一位官员说，该条路线的第一期工程将接通孟加拉国境内的果白沙镇至雅木甘堵镇路段，该路段长约 23 公里，第二步将向若开邦的皎夺镇延伸。直通两国的公路线全长 153 公里。2012 年 4 月 28 日，双方有关代表已在内比都就修筑该条路线事达成共识。这位官员还说，孟方的目标是，通过达卡至仰光公路线的开通，开展与泰国和中国的直接贸易。

二　中缅孟通道

2009 年 5 月，缅甸外交部一名高级官员表示，缅甸政府已经提议将计划修建的缅甸与孟加拉国之间的公路延长到中国，从而使三国公路互相连接。

这名官员表示，这一提议是缅甸外长吴年温在接待来访的孟加拉国外长迪布·莫尼时提出的，双方还讨论了飞机直航以及铺设通信光缆的问题。吴年温对孟加拉国外长莫尼说："缅甸和中国对于建设三国公路的方

图 5 - 12　孟缅通道走向图

资料来源：孟加拉国智库——政策对话中心（Centre for Policty Dialogue，CPD）。

案都感兴趣。"

　　尽管缅甸和孟加拉国在 320 公里的边境线上有两个中转站，但两国之间并没有直通的公路相连。2007 年 7 月，孟加拉国和缅甸两国政府签署协议，准备建设一条长约 25 公里的公路连接两国，并将在不久后开工。孟加拉国将为这条公路的建设提供资金。公路的大部分将位于缅甸境内，孟加拉国境内只有 2 公里。两国都认为，这条公路的开通将有助于推动双边贸易的进一步发展。现在，两国贸易额仅为 6000 万美元。①

　　2010 年 9 月，时任云南省长秦光荣前往孟加拉国进行访问并拜会了孟加拉国总理哈西娜，他希望加强双方合作，尽早建成中缅孟国际大通道，并称中国政府会提供一切合作。哈西娜说，"孟加拉国期待建立穿越缅甸到中国的公路与铁路直接连接"，在公路、铁路建设方面与中国加强合作。她表示，云南地理位置十分重要，是中国通往南亚与东南亚地区的门户，而孟加拉国已原则同意在昆明开设领事馆。中国和孟加拉国计划建设一条横越缅甸的公路和铁路，连接孟加拉国吉大港和云南昆明，中缅孟

---

① 《缅甸提议修公路连接中国》，《环球时报》2009 年 5 月 18 日。

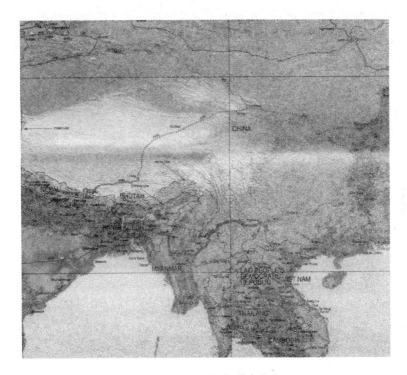

图 5 - 13　孟印缅通道走向图

资料来源：孟加拉国智库——政策对话中心（Centre for Policty Dialogue，CPD）。

三国已有共识。这条陆路通道将有助中国进入南亚市场，缩短运输路线，经济意义重大。

　　美国之音引述孟加拉国际战略研究所研究主任阿卜杜勒汗（Abdur Rob Khan）说，这条陆路连接的最大意义在于穿越缅甸，因为孟加拉国与缅甸间没有直接的公路连接，只能透过亚洲公路经印度进入缅甸。公路铁路建成后，中国能够直接进入南亚地区，比缅甸港口更具战略意义。而且印度已经获得吉大港的货物中转使用权，中国希望比照印度模式办理。①

　　整体而言，中国对实现孟中印缅互联互通持积极态度，并基本完成了相关公路和铁路的国内段建设，并出资兴建了部分境外段。印度为其东北部的路网建设也进行了大量的规划和建设，但建设进展较慢；此外，印度东北部的整体路网建设是"内向型"的，即目前主要还是致力于实现印

---

① 《中国与孟加拉国将建穿越缅甸通道直通南亚》，《环球时报》2010 年 9 月 2 日。

度东北部内部各邦之间和主要城市之间的连通。孟加拉国对实现互联互通持积极态度，尤其是希望实现中缅孟的互联互通；为此孟加拉国已经制定了前期规划，并具备了一定的基础，但限于经济发展水平和缅甸的态度，目前进展有限。缅甸是实现孟中印缅互联互通的关键枢纽，不管是拟议中的那条通道都必须经过缅甸；而缅甸相对落后的基础设施、近年来边境地区频繁发生的武装冲突使缅甸面临较多困难。

第六章

孟中印缅毗邻地区互联互通的人文基础

　　互联互通很重要的一个方面是人与人的联系和沟通，没有人际之间、族群之间经济往来和文化交流的渴望，就不会有道路的开辟。由于早期的民族迁徙，中国西南边疆地区与东南亚、南亚地区之间形成了跨境民族，因此，这一地区的跨境民族在认同各自所居住的国家的同时，与同源民族一直保持着密切的联系，这个群体也就成为了联系孟中印缅地区的一条天然纽带。作为多民族地区，孟中印缅地区同源民族在内的各民族间长期保持着友好往来，这一往来的历史主题是区域间在经贸上的互通有无，文化上的相互影响和各个民族间的和谐相处，成为中外关系史上的重要内容之一。21 世纪以来，中国云南在大湄公河次区域合作和孟中印缅地区经济合作的推进过程中，加大了与周边国家的人文交流力度，为这一地区四国的互联互通奠定了坚实的人文基础。

第一节　孟中印缅地区的文化交流

　　民心相通是互联互通的重要内容，而文化交流是促进民心相通的重要渠道。近年来孟中印缅各国均重视发展对外文化交流，如 2006 年的"中印友好年"，两国商定的 38 个交流项目中，文化项目占了一半。近年来，云南积极走出去，开展文化交流与合作，向世界推广云南文化，营造云南品牌。如，2008 年下半年云南赴东南亚、南亚多个国家举办了文化周和旅游推介会，同时开展了青年互访、文艺巡演等活动。同时，东南亚、南亚国家也向昆明汇集，如，参加昆交会南亚国家商品展等。2013 年由国务院批准的中国—南亚博览会（简称"南博会"）落地昆明，一系列交流活动密切了孟中印缅四国人民之间的往来。此外，"南博会"期间，如，举办第四届中国东南亚、南亚电视艺术周为展示各国政治、经济、社会、文化面貌等方面发挥着积极重要的作用。

经过十多年的发展，孟中印缅地区的经贸合作日趋加深，人员交往也日益密切，不仅政府官员、民间商会、公司团体等相互间的访问与交流日趋频繁，而且教育、文化、学术界等领域的合作与交流也不断增加。这为推动孟中印缅地区的人文交流与合作奠定了基础。

一　中印文化交流

中印文化交流已经有两千多年的历史，甚至可以追溯到先秦时代。即便在两国关系出现挫折的时期，文化交流和民间往来依然没有中断。中印交流始于秦代，到两汉时逐渐频繁，在隋唐时趋于高潮，宋元时更加深入。在这两千多年的交往史中，文化交流是重点，文化在中印双边关系中持续发挥着极其特殊的作用。印度佛教、音乐、舞蹈、天文历算、文学语言、建筑和制糖等传入中国。同样，中国的造纸、蚕丝、瓷器、茶叶、音乐传入印度，也极大地丰富了印度文化。中印解放和独立后，两国文化交往再度繁荣。由于文化交流是巩固友谊的基础，中印两国政府都非常重视文化的作用。伴随着两国关系的每次重大突破，两国文化合作方面也得到不断的加强。进入 21 世纪以来，中印文化交流进入了一个新时期。

（一）增进佛教文化的交流

在 2003 年，瓦杰帕伊总理承诺在河南洛阳兴建印度风格的佛教寺院，2010 年 5 月，帕蒂尔总统在访问中国期间为该寺院揭幕。2007 年 2 月，玄奘纪念堂在那烂陀揭幕。2008 年 6 月，双方联合发行了一组邮票，其中一枚邮票描绘了菩提伽耶的摩诃菩提寺，另一枚则描绘了洛阳的白马寺。2003 年，北京大学设立了印度研究中心[①]，以语言文化的教学为主，培养语言人才。深圳大学设立了印度研究中心[②]。

（二）双边文化活动丰富

2010 年 10 月，在中国总理温家宝访印期间双方表示加强在表演艺术

[①]　社科动态网：《印度瓦杰帕伊总理出席北京大学"印度研究中心"成立暨揭牌仪式》，http：//www. sinoss. net/2003/0725/689. html。

[②]　印度之窗：《深圳大学印度研究中心简介》，http：//www. yinduabc. com/exchange/3866. htm。

家、官员、作家、档案工作者和考古学家之间的互访，并组织文化节、电影节以及在大众媒体、青年事务和体育领域内开展交流活动等。2012年3月，在胡锦涛主席为参加"金砖五国"峰会到访印度期间，两国领导人共同决定将2012年定为"友好合作年"，决定进一步加强两国人民之间的文化交流，并鼓励两国青年间的交流。在2012年2月和11月，一个由100人组成的中国青年代表团访问了印度。2012年12月，一个拥有47名成员的宝莱坞歌舞剧团在中国巡演。著名的婆罗多舞舞蹈家拉塔·瓦伊迪耶纳坦女士于2012年3月在北京进行了演出并受到热烈欢迎。作为大使馆的旗舰级中文刊物，《今日印度》拥有超过2万名读者，并且读者群仍然在快速增长。为使中国人民能够感受到印度丰富文化传统的不同侧面，印度驻华大使馆举办了多项旨在向中国朋友们教授印地语、传统印度音乐、舞蹈、瑜伽以及推广印度电影、印度茶和印度食品的活动。已有越来越多的印度艺术家应中央音乐学院、国家大剧院和北京舞蹈学院等著名机构邀请直接参与演出。2014年对中印关系而言是一个特殊年份，两国在2013年底就达成共识，共同办好2014年"中印友好交流年"及和平共处五项原则发表60周年纪念活动。2014年6月28—29日，和平共处五项原则发表60周年纪念活动在北京举行。中国国家主席习近平、缅甸联邦共和国总统吴登盛、印度共和国副总统安萨里出席了该活动。

（三）智库和学术界交流日益频繁

20世纪90年代初，西南地区学术界和印度学术界开展了学术交流。自1997年由云南省社科院第一个学术代表团首访印度以来，印度加尔各答大学、德里政策研究中心、德里大学发展中国家中心、中国研究所（ICS）、加尔各答阿萨德亚洲研究所（MAKAIAS）、尼赫鲁大学（JNU）、德里大学（DU）、浦那大学（Pune University）、国际大学、泰戈尔大学等与云南省社科院、云南省政府发展研究中心、云南大学等云南的智库和学术机构建立了合作关系，学术交流和互访日益增多。"孟中印缅地区合作论坛"、"中国—南亚国家智库论坛"、"K2K合作论坛"等智库交流活动在昆明举办，邀请了中国和印度等南亚各国的重要智库机构和对政策决策有影响的知名学者，推进了中印等国间智库机构的交流与合作。另外，为了促进中印知识分子开展更多交流，中国驻印度大使馆、印度驻华大使馆举办了与"中印关系"主题相关的学术会议和智库峰会①。

（四）双方启动了文化精品互译工程

早在 1944 年，著名汉学家普拉波德·钱德拉·巴格奇（Prabodh Chandra Bagchi）完成了具有历史意义的专著《印度与中国一千年文化交流》（*India & China：A Thousand Years of Cultural Relations*），详细记录了中印两国学者的交流历史，该著作后来在中国出版。2011 年 5 月，中印两国签署了"中华人民共和国政府和印度共和国政府关于编撰'中印文化交流百科全书'备忘录"，在中印双方的密切配合与共同努力下，《中印文化交流百科全书》编纂工作进展顺利。2013 年 5 月，李克强总理访问印度期间，中印两国总理将《中印文化交流百科全书》编撰工作确定为文化交流事项。2014 年 6 月 30 日，中国国家副主席李源潮在北京人民大会堂与印度副总统安萨里共同出席《中印文化交流百科全书》发布会②。同时，2013 年 5 月，中印两国总理签署了《中印经典和当代作品互译出版项目备忘录》。根据备忘录，中国国家新闻出版广电总局和印度外交部将全面负责推动两国经典和当代作品互译出版，双方同意在 5 年间各自翻译出版对方国家 25 种图书。2013 年 5 月 28 日，印度文化关系委员会（Indian Council for Cultural Relations，ICCR）前总干事、资深外交官、学者帕斯卡尔·艾伦·纳扎里斯（Pascal Alan Nazareth）大使演讲会暨《甘地：杰出的领袖》（*Gandhi's Outstanding Leadership*）中文版首发式在北京大学成功举行。另外，《新剑桥印度史》已由云南省社科院和云南人民出版社组织翻译出版。

二　中孟文化交流

早在公元 6 世纪，唐朝著名僧人玄奘为学习佛经，在孟加拉地区生活了 7 年之久。公元 11 世纪，孟加拉国僧侣阿底侠在西藏宣扬了 17 年的佛教。明代，中国著名航海家郑和带领船队驶入印度洋，并由此创造了中国

---

① 印度驻华大使馆：《印度和中国之间的文化联系：一以贯之的传统》，http：//www. indianembassy. org. cn/Chinese/DynamicContentChinese. aspx？ MenuId = 4&SubMenuId = 0。

② 新华网：《李源潮同印度副总统安萨里出席〈中印文化交流百科全书〉发布会》，http：//news. xinhuanet. com/photo/2014 - 06/30/c_ 126691478. htm。

的海上丝绸之路。郑和第六次下西洋时访问了孟加拉国的吉大港①。1979年11月，中孟签署两国政府文化合作协定。其后每三年商签一次文化交流执行计划。协定签订后，两国文化领域的交流与合作不断加强。2003年，全国政协主席贾庆林对孟加拉国进行正式友好访问，双方签署了《中孟文化合作协定 2004—2006 年执行计划》。中孟双方签署了《中孟文化合作协定 2009—2012 年执行计划》。2014 年 4 月，中孟双方就尽快签署《中孟文化合作协定 2014—2017 年执行计划》等事项达成了共识。

为庆祝中孟建交 30 周年，2005 年 4 月温家宝总理访孟，双方宣布2005 年为"中孟友好年"，并合作举办了系列大型文化活动，包括组派中国艺术团赴孟加拉访演、互派友好团组，组织大型图片展、举办大型联谊活动等。同年，北京至达卡直航开通，昆明与吉大港市建立友城关系。2009 年 8 月，孟加拉国文化部长赴华参加第十一届亚洲艺术节暨亚洲文化部长圆桌会议。2011 年 11 月，北京市委书记率团访孟，期间北京市政府、中国驻孟加拉国大使馆、孟加拉国国家艺术院合作组织了《北京之夜》大型文艺演出，在达卡引起轰动。2012 年 5 月，中国文化部代表团访孟，出席亚太地区文化多样性部长级论坛。2012 年 6 月，中国驻孟加拉国大使馆与孟中友谊中心合作，组织中国残疾人艺术团来孟加拉国访演，在孟加拉观众中引起强烈反响，成为近年来孟加拉国媒体关注度最高、报道密度最大的中国演出。2012 年 8 月，在中国文化部的大力支持下，中国驻孟加拉大使馆与孟中友谊中心合作创办"美丽中国，美丽孟加拉"中孟青年画家交流项目，首批赴华孟画家团于 2012 年 11 月在京举办《意会中国》联展，首批访孟中国画家团于 2013 年 7 月在孟拉杰沙希市举办《美丽中国，美丽孟加拉》联展。

孟加拉国是云南省的重要周边国家之一，云南边境地区通过缅甸到孟加拉国仅 1000 公里左右，滇孟之间具有悠久的友好交流合作传统。21 世纪以来，云南与孟加拉国的友好交流合作关系进入全面发展阶段，尤其是在高层交流、进出口贸易、教育合作、文化交往和学术交流等领域取得了较大进展。21 世纪以来，中国云南与孟加拉国的高层互访和政治对话持

---

① 中国新闻网：《中国驻孟文化参赞：在中孟间搭建文化之桥》，http：//www.chinanews.com/gj/2014/05 – 18/6182543. shtmlhttp：//news. sina. com. cn/w/2014 – 05 – 18/105630160981. shtml。

续不断，而主旋律则是推动滇孟友好交流合作的深化发展、全面发展。

三　中缅文化交流

缅甸的地理位置十分重要，远在公元前就成为我国西南通往印度乃至欧洲的陆上途经要地和海上交通的中转站。比如，我国的丝绸外传，后来逐渐发展成为与政治、外交、宗教、文化乃至人民生活和增进友谊都发生了密切关系的媒介，并产生了深远的影响。历史上，中缅两国通过友好交往，互通有无的贸易和各种形式的经济文化交流，彼此学习，共同提高，互相影响，不断进步、使我们两国灿烂的文化，更加丰富多彩，更加发扬光大。

中缅建交60多年来，两国文化交流稳定发展，部长级文化代表团互访不断。20世纪60年代两国总理奠定了良好的文化交流关系。21世纪以来，两国的传统友好关系进一步推动了文化交流。两国在文学、艺术、电影、新闻、教育、宗教、考古、图书等领域进行了广泛的合作与交流。中华人民共和国成立后，中缅两国的友好关系不断发展。1960年10月，吴努总理率领由文化、艺术、电影代表团组成的400多人友好代表团访华，并在北京举办了"缅甸文化周"。1961年1月缅甸独立节期间，周恩来总理率领由文化、艺术、电影代表团组成的530多人代表团回访缅甸，并在仰光举办了"中国电影周"。两国领导人率如此庞大的友好代表团互访，充分体现了中缅两国之间的"胞波"情谊，成为两国文化交流史上的佳话。1996年1月两国在北京签署了《中华人民共和国文化部和缅甸联邦文化部文化合作议定书》。中国国宝级文物佛牙舍利继1955年、1994年和1996年三次应邀到缅巡礼之后，2011年缅甸总统吴登盛访华时提出再次迎请佛牙舍利来缅贡奉的请求，2011年11月6日至12月24日中国佛牙舍利第四次巡礼，赴缅甸内比都、仰光、曼德勒等地接受贡奉，受到缅甸各界的热烈欢迎。

双方文化活动频繁。2005年6月，"中国文化月"系列活动在仰光成功举办；2008年9月，文化部长钦昂敏少将率团正式访华，并参加亚洲艺术节；2009年8月，钦昂敏部长赴华参加在内蒙古鄂尔多斯举办的亚洲文化部长圆桌会议，并组派12人的艺术团参加第11届亚洲艺术节演出活动；2010年为纪念中缅建交60周年，中缅两国邮政通讯部门联合发行了"中缅建交60周年"首日封、纪念邮票和邮政明信片。2010年6月温家宝总理访缅期间，中国艺术团同时访缅，两国艺术家在内比都联袂演出。此后，中国艺术团还先后赴仰光、曼德勒举行了"中缅建交60周年专场文艺演出"。2010年8月，缅甸艺术团应邀赴北京、天津、昆明等城市访问演出。2011年10月，缅甸宣传部长兼文化部长吴觉山率团参加了在重庆举办的以"东盟文化周"为主要内容的第12届亚洲艺术节。2011年10—11月，中国残疾人艺术团应邀到内比都、仰光等地演出。2012年4—5月，中国杂技团应邀访缅，受到内比都、仰光、曼德勒观众的热烈欢迎。

在体育合作方面，2010年11月，缅奥委会主席、体育部长杜拉吴埃敏率118人缅甸体育代表团，参加了在广州市举办的第16届亚运会。2011年12月，国家体育总局刘鹏局长率团访缅，并与缅甸政府饭店与旅游部长兼体育部长吴丁山续签了《中华人民共和国国家体育总局与缅甸联邦共和国体育部体育合作协议》①。

四　孟印缅三国文化交流现状

两千多年来，"南方丝绸之路""茶马古道"等连接孟加拉国、印度、缅甸的古老通道，为孟加拉国、印度、缅甸文化交流与传承做出了重要贡献。历史上，该地区文化交流主要通过商品贸易、人员往来、宗教传播、战争等方式。其中，物质文化的传播主要靠商品贸易；艺术文化以宗教传播为手段。如，印度将佛教、伊斯兰教等宗教文化传播到了缅甸。印度的壁画、雕像艺术文化，也通过宗教传播到了缅甸。

（一）印孟文化交流

孟加拉国总理谢赫·哈西娜在2010年1月对印度访问，期间两位首相同意联合缅怀泰戈尔诞辰150周年。2011年4月7日，印度文化部副部长和孟加拉国文化部副部长就双边文化交流事宜进行了讨论，就2010—2012年期间双边文化交流项目进行了鉴定②。一是双方互派10名艺术、文化和文学领域的学者进行互访。二是双方交换舞蹈、音乐、哑剧等艺术团体。三是双方互派一名学者（2—3周），互相学习对方的文化遗产。四是英迪拉·甘地国家中心艺术（IGNCA）和孟加拉国对应学术机构或博

---

① 中华人民共和国驻缅甸联邦共和国网站：《中缅文化交流简介》，http：//mm. china - embassy. org/chn/zmgx/whjl/t964638. htm。

② India-Bangladesh Cultural Cooperation，http：//gurumia. com/2011/04/07/india - % e2% 80%93 - bangladesh - cultural - cooperation/。

物馆进行学者互访。五是印度将向孟加拉国剧院提供培训方案，双方交换表演剧院及舞台设计领域中的专家和学生。六是双方交换图书管理员和阅读材料。七是双方在体育和大众媒体领域也有合作①。2011 年 9 月，印度与孟加拉国电视台之间签署了合作谅解备忘录。根据该协议，这两家公共广播机构将加强电视节目的合作。印度广播电台将为孟加拉国广播电台提供技术及人员培训等方面的辅助②。

（二）印缅文化交流

21 世纪以来，印缅关系取得了突破性进展，两国高层互访频繁，合作的领域和深度都得到了极大的拓展。2001 年 2 月，印度外长辛格访缅，这是自 1987 年拉吉夫·甘地总理访缅以来印度政府部长级官员对缅甸的首次访问。2003 年 11 月，印度副总统谢卡瓦特率团访问缅甸，与缅甸领导人进行了深入会谈。谢卡瓦特是自 1987 年印度总理拉吉夫·甘地访问缅甸后，16 年来出访缅甸级别最高的印度领导人。谢卡瓦特访缅期间，印缅两国同意加强在经济、贸易、教育、文化、技术和防务方面的合作，签署了一系列重要的协议，发表了富有实质内容的《联合公报》，表明印缅关系正在迅速发展。2000 年 1 月，缅甸文化部长吴温盛访问了印度，两国签署了《文化交流与合作协定》。缅甸国家和平与发展委主席丹瑞 2004 年 10 月访印期间，双方签署了《2004—2006 年文化交流计划书》。2014 年，3 月 17—21 日，印度代表团赴缅甸展示印度的文化，包括印度的舞蹈文化、饮食文化、佛教文化、电影文化、瑜伽文化等。印度代表团此次出访缅甸，让缅甸人民更加了解印度文化、促进了两国人民的友谊③。

（三）孟缅文化交流

缅甸于 1972 年 1 月承认孟加拉国，3 月在达卡开设使馆，1974 年 4 月，奈温访孟。1977 年 7 月，孟加拉国总统拉赫曼访问缅甸。1979 年 5

---

① The Cultural Exchange Programme (CEP) between The Government of the People's Republic of Bangladesh and the Government of the Republic of India for the Years 2010—2012, http://www. hcidhaka. gov. in/pages. php? id = 53.

② NetIndian, MoU on Cooperation between Doordarshan (DD) and Bangladesh Television (BTV).

③ NetIndian, Festivals of India to be held in Laos, Cambodia, Vietnam, Myanmar, http://netindian. in/news/2014/02/05/000027896.

月，奈温访孟时，两国签署陆地边境协定。1981 年 2 月，孟缅两国就边界问题签署了备忘录，解决了陆地边界问题。2002 年，丹瑞访问孟加拉国，缅孟关系有了实质性的改善。丹瑞访孟时表示，缅甸愿意加强与孟加拉国经济、文化等各领域的合作。近年来，随着高层互访不断增强，加强了双边的文化交流。2011 年，哈西娜访问缅甸，双边同意加强经济、文化方面的交流与合作。

第二节　孟中印缅地区的旅游合作

旅游业作为一个综合性产业，对增进孟中印缅各国人民的相互了解、对促进地区和平都具有重要意义。中国西南、印度北部和东北部、缅甸、孟加拉国毗邻地区拥有丰富多彩的旅游资源，开展旅游合作基础条件较好，潜力巨大。旅游业应当成为中缅印孟区域经济合作的首选领域之一。孟中印缅四国可以说是世界上旅游资源最为富集的地区之一，除各具特色的自然风光外，四国都同样拥有悠久的历史和璀璨的文化，拥有大量的世界知名旅游品牌。目前，孟、印、缅三国都已成为中国公民出境旅游目的地国家，三国旅游部门也都与中国国家旅游局签署了旅游备忘录。此外，孟中印缅四国旅游合作呈现出发展的良好态势。

一　中印旅游合作

法显、玄奘西天取经，郑和下西洋，丝绸之路的开辟等，这些古代的旅游活动在中印两国人民亲近友好交往史上留下了不可磨灭的印记。此外，1879 年 3 月，由四川总督丁宝桢派遣前往考察的黄懋材取道缅甸入印，逗留 6 个月。李鸿章于 1881 年派遣马建忠在吴广霈的陪同下于 7 月 5 日抵达加尔各答，此后巡游印度 25 天。清朝官吏马建忠、吴广霈的旅游行记《南行记》和《南行日记》。由此可见，旅游活动就一直伴随着中印友好交往的发展。

中印两国是中印缅孟区域中旅游业发展相对较快、层次较高、基础设施条件相对较为完善的国家，每年都有大量的外国游客前来观光游览。中印作为世界人口最多的两国，近年来旅游合作也不断增加。不仅中印两国旅游部门的合作与交流不断加强，而且云南也充分利用自身的区位优势加强与印度的旅游合作。自 2002 年中印两国政府签订了《旅游合作协定》后，双方旅游部门签订了许多旅游合作备忘录或协定，印度已成为中国公民自费出国旅游目的地。2007 年是中国和印度两国领导人倡导的"中印旅游友好年"。为了落实两国领导人达成的共识，中国国家旅游局和印度国家旅游部筹划了一系列活动。2007 年 8 月，中国旅游代表团访问印度，举办了中印旅游高峰论坛、中国驻新德里旅游办事处揭牌仪式、"中国旅游之夜"等活动，旨在推进与印度旅游界的交流与合作。2007 年昆明国际旅游交易会，印度作为"主宾国"之一，不仅在昆明举办了"印度之夜"活动，极力推介印度，而且带来了印度"万里之旅"的全新线路。2007 年 10 月 30 日昆明直飞印度加尔各答航线正式开通，为推进双边的合作奠定了更加坚实的基础。2008 年 1 月 30 日，"2007 中印旅游友好年"闭幕式在昆明举行。"2007 中印旅游友好年"在两国政府的高度重视和支持下，取得了良好的成绩，结出了累累硕果。仅 2007 年，两国间人员往来已达 53 万人次。其中，中国赴印度的旅游人数比上年增长了 48%，印度来中国旅游人数比上年增长了 14%，达 46 万人次。旅游合作成为增进两国人民友好交往的重要渠道，为深化两国睦邻友好，发挥更加积极的作用①。2008 年 11 月云南省省长率云南代表团参加了在印度加尔各答市成功举办的"七彩云南之夜"旅游文化交流促销活动和旅游推介会。云南省旅游部门与当地旅游业界开展广泛的交流座谈，并签订了《云南省旅游局与印度旅行商协会合作协议》。2009 年 1 月云南省派代表团参加了西孟加拉邦文化旅游节。同年 6 月，云南省旅游局与印度西孟加拉邦旅游部、印度驻广州总领馆、印度驻北京旅游办事处在昆明共同举办了"印度西孟加拉邦—中国云南旅游合作与交流研讨会"，双方围绕共同开辟旅游线路、互送游客、鼓励本地区旅游企业在对方城市设立旅游企业的分支机构及为双方旅行社增加更多的商业机会等方面进行了沟通和探讨。西孟加拉邦旅游发展有限公司和云南世博旅游控股有限公司签订了拓展双方旅游产品与服务市场开拓协议。2010 年 1 月云南省旅游代表团和演出团第二次参加了在印度加尔各答市举行的印度西孟加拉邦文化旅游美食节。"2011 中国国际旅游交易会"于 2011 年 10 月在昆明举办，交易会组委会

---

① 国家统计局贸易外经司编：《中国贸易外经统计年鉴—2007》，中国统计出版社 2007 年版，第 754 页。

组织安排印度旅行商考察云南旅游线路。这使得云南省与印度特别是与印度西孟加拉邦的旅游合作进一步深化。近十年来，印度来华和来滇人数不断增加。2003 年印度来华旅行人数达 2119 万人次，2004 年增长为 3019 万人次，2005 年为 3516 万人次，2006 年为 4015 万人次，2007 年突破 50 万人次[①]。2008 年，印度来华旅游人数达 43.63 万人次，2009 年为 44.89 万人次，2010 年为 54.93 万人次，2011 年为 60.65 万人次，2012 年为 61.02 万人次，2013 年为 67.67 万人次[②]。2014 年 1—3 月，印度赴华游客 14.33 万人次[③]。其中，2011 年印度来滇游客超过 2.5 万人次，同比增长 88%。2012 年 1—9 月，来滇印度游客为 2.5478 万人次，印度成为云南的主要客源国之一[④]。中国到印度的游客也在不断增加。在出国游的中国人中，2003 年仅有 5 万人次到印度，2010 年，9.9 万人次到印度。到 2013 年，赴印度旅游的中国游客增长至 14.5 万人次。[⑤]

二　中孟旅游合作

近年来，中孟两国的旅游合作不断加强。2005 年 4 月，孟加拉国成为中国公民出境旅游目的地国家。2011 年 3 月 24 日，孟加拉国与马尔代夫旅游部长同时访问斯里兰卡，并与斯经济发展部长巴扎尔·拉贾帕克萨举行了会谈，商讨推动该地区旅游业共同发展。鉴于中国经济强劲的发展势头，三国部长计划建立一系列联合项目，以吸引更多中国游客赴该地区旅游。2005 年 5 月昆明达卡航线开通。2007 年中国东航云南公司首次参加了"达卡旅游展"，向孟加拉国人民宣传和推广中国及云南的旅游资源和风土人情，以吸引当地人到中国旅游。2010 年 2 月开通了昆明—达卡—迪拜航线。2010 年云南省政府与孟加拉国旅游部门签署了《旅游合作谅解备忘录》。2013 年 6 月 25 日中国云南省省旅游发展委员会和孟加拉国旅游局在达卡共同主办了"中国云南·孟加拉国旅游研讨会"，孟加拉国民航和旅游部长法鲁克·汗在会上说，孟加拉国目前正在孟东南部城

---

①　国家统计局贸易外经司编：《中国贸易外经统计年鉴—2007》，中国统计出版社 2007 年版，第 754 页。

②　中华人民共和国国家旅游局官网：《来华旅游入境人数》，heep：//www.cnta.gov.cn.

③　同上。

④　《云南与印度越走越近》，《云南日报》2012 年 12 月 26 日。

⑤　中华人民共和国国家旅游局官网：《来华旅游入境人数》，http：//www.cnta.gov.cn.

市科克斯巴扎尔修建一座国际机场，建成后将开通科克斯巴扎尔到昆明的直航航班，以吸引中国游客。中国驻孟加拉国使馆表示，中方愿向孟方提供帮助，改善道路等基础设施，促进孟加拉国旅游业的发展。孟加拉国也积极开展对中国及云南旅游市场的宣传促销，以吸引中国游客到孟加拉旅游。近几年孟加拉国积极参与在中国举行的国际旅游交易会、上海旅游节、桂林旅游博览会、昆明进出口商品交易会、中国—南亚博览会以及2010年上海世博会等，以加强对中国的旅游宣传。随着中国到孟加拉国旅游人数的增长，为吸引更多中国人到孟加拉国旅游或经商，孟加拉国旅游局官员甚至建议在达卡郊区建立中国城。通过这些活动，不仅进一步加深了中孟两国之间友好关系，而且也促进了云南省与孟加拉国之间的认识和了解，双方的旅游人数不断增加。现每天往返昆明—达卡的航班都满载，越来越多的中国人到孟加拉旅游经商、看海购物，或经由孟加拉国到迪拜观光游览。同时，孟加拉国到中国旅游的人数也日益增多。

三　中缅旅游合作

近年来，中缅两国交往日益频繁。2000年12月2日中国国家旅游局同缅甸旅馆与旅游部签署了《关于中国公民自费赴缅旅游实施方案的谅解备忘录》（以下简称《备忘录》）。《备忘录》确定，中国政府批准将缅甸列入中国公民自费出国旅游目的地国家。2006年在大湄公河次区域旅游合作框架下中国云南和缅甸在旅游方面对旅游人员的培训、目的的宣传促销、旅游规划研究、实施旅游开发建设项目、推进旅游手续简化等方面已形成较为紧密的合作关系。2007年3月西双版纳州旅游局与缅甸第四特区（勐拉）旅游局重新签订旅游合作协议。保山腾冲县城—猴桥口岸—缅甸密支那的"中缅友谊路"也于同年建成通车。2008年11月中国国家旅游局批准开通云南腾冲—缅甸密支那边境旅游线路，云南省8个边境州市的居民可持边境通行证到密支那旅游。2011年7月8日，云南德宏傣族景颇族自治州芒市开通了至缅甸曼德勒的航线，由中国东方航空公司执飞。芒市正在计划开设"昆明—芒市—曼德勒—额布里"的跨境精品旅游线路。另外，云南每年有不少代表团访问缅甸。如，2012年3月云南省省长率云南省代表团出访缅甸，与缅甸旅游部门商谈了进一步深化旅游合作事宜。通过双方努力，中缅两国已合作开辟了 5 条边境旅游线路①，缅甸已成为中国主要客源国之一。2010 年来华缅甸游客为 49. 34 万人次，位列中国入境游主要客源市场第 18 位。在 2012 年 12 月 11 日举办的《中缅旅游友好合作交流会》云南德宏州将充分利用边境区位优势积极与缅甸开展精品旅游线路，发展边境旅游业。并且德宏旅游业协会与缅甸缅中旅游合作发展监理会签署中缅边境跨境旅游友好合作协议，将新增五条边境跨境旅游线路。缅甸 2012 年已位列中国入境游主要客源市场第 15 位。同时，缅甸也成为许多中国游客向往的旅游目的地②。2013 年，国家主席习近平会见缅甸总统吴登盛，会谈后两国元首共同出席两国政府经济技术合作协定等双边合作文件签字仪式，这个协议有利于推进中缅旅游等方面的合作。

四 孟印缅三国旅游合作

目前，孟印缅三国都在积极利用自己的资源优势，大力发展旅游业。缅甸自 2010 年开始新的政治经济改革后，政府十分重视发展旅游业，不仅制定了旅游发展的中长期规划，提出了把旅游业建设成为支柱产业的目标，而且不断改善旅游政策环境，提出要加快交通、仰光新国际机场③、景区道路、通信等旅游基础设施建设，大力培养旅游人才、提高旅游服务标准、支持外国投资者参与旅游资源开发及投资酒店业，简化旅游签证手续，开展电子签证系统，延长赴缅旅游者逗留期限（从过去的 7 天延长到 14 天又放宽到 28 天），开放中泰与缅甸的边境旅游，允许包机包船入境，允许一些国家的航空公司直飞缅甸旅游胜地曼德勒、蒲甘、东枝等，积极改善交通运输、通信等设施，与反政府少数民族武装签订停火协议，打击鸦片种

---

① 包括保山腾冲—缅甸密支那 3 日游、瑞丽（畹町）—腊戌 3 日游、瑞丽—八莫 3 日游、瑞丽—曼德勒 6 日游等。

② 5 条边境旅游路线分别是中国畹町—缅甸九谷—缅甸 105 码—缅甸木姐—中国瑞丽姐告；中国畹町—缅甸九谷—缅甸 105 码—缅甸木姐—缅甸南坎—中国瑞丽弄岛；中国瑞丽姐告—缅甸木姐—缅甸南坎—中国瑞丽弄岛；中国瑞丽姐告—缅甸木姐—缅甸南坎—中国瑞丽姐告；中国瑞丽姐告—缅甸木姐—中国瑞丽姐告，这次《旅游友好合作交流会》会晤机制等五方面强化旅游区域合作，以进一步深化中缅双方的旅游区域合作，促进中缅双方旅游产业的共赢发展。

③ 新机场名为汉达瓦底，选址距仰光 80 公里处，投资约 15 亿美元，设计年客运量 1200 万人次，预计 2018 年初投入运营。汉达瓦底国际机场比现有仰光国际机场大 9 倍。新机场建成后，国际航班将转至汉达瓦底机场，现机场将作为国内航班机场继续使用。

植和毒品生产，制定边境地区经济短期和长期发展计划，帮助少数民族地区发展教育和医疗，大力发展边境贸易等。2012 年 6 月缅甸移民和人口部开放了 26 个国家和地区的落地签证办理，8 月又在仰光国际机场开设了中国香港和中国澳门地区旅客的落地签证办理。之后，在内比都和曼德勒国际机场也开设了落地签证窗口。据缅甸《十一日报》消息，缅甸酒店与旅游部在 2014 年前两个月就批准了 166 个新建酒店项目，这些项目分布在各主要旅游景点，总房间数超过 7800 间，以满足不断增长的游客需求。现国际社会也加大了对缅甸旅游业的援助。2012 年缅甸饭店和旅游部在挪威政府的帮助下完成了旅游业发展计划的制定工作，期限为 8 年（2012—2020年）。又如，印度近年来其旅游基础设施建设投入不断增加，通往各邦主要旅游区的公路、铁路、饭店、机场等不断增加，旅游带动当地经济发展能力增强。Renub 研究报告（Renub Research report）预计 2010—2015 年期间，印度接待海外游客的复合年增长率（CAGR）和旅游外汇收入的复合年增长率（CAGR）都将达到 7.9%；2008—2015 年期间，国内游客的复合年增长率（CAGR）将达到 12.29%[1]。

　　随着孟印缅三国各个领域的合作进一步加强，彼此之间旅游的人数不断上升。如，2007 年 7 月，孟缅两国签订了关于修建公路通道的事宜。该段公路长度为 25 公里，能直接连接孟缅两国，促进双边的贸易和旅游业的发展。孟加拉国出资 2000 万美元，修筑从孟加拉国著名沙滩科克斯巴扎尔到缅甸的 Baulibazar 的公路[2]。此外，经济快速发展为出境游提供了支撑。现孟印缅地区正在加快改革开放步伐，呈现出政局稳定、经济发展、市场繁荣、人民生活水平提高的景象。随着孟印缅三国经济发展，旅游业进入快速发展时期，为三国旅游业合作提供了市场支撑。2004 年，缅印孟斯泰经济合作联盟（BIMST-EC）正式启动了 "2004BIMST-EC 旅游年" 活动，作为南亚和东南亚合作的桥梁，该组织在促进各成员国旅游业的合作方面起着重要作用。

---

　　① India Tourism Market&Future Forest（2009—2015），http：//www.marketresearch.com/Renub-Research－v3619/India－Tourism－Future－Forecast－2628520/.

　　② Bangladesh PM's Myanmar visit gears up bilateral cooperation，http：//news.xihuanet.com/English/world/2011－12/07/c_131292899.

第三节 孟中印缅地区的教育合作

孟中印缅四国虽同属于亚洲国家，但是四国语言不通、相互不了解已经成为阻碍区域合作的重要因素。因此，通过教育合作共同培养熟悉区域语言文化、懂得区域合作的人才是切实可行的解决途径。教育是一切交流与合作的基础。先开展教育领域的交流与合作，学习对方的语言和文化，才能做到真正的沟通与理解，进而开展更加广阔深入的合作。

一 孟中印缅地区教育合作

随着孟中印缅地区各领域合作不断深化，教育合作与青年交流已经成为孟中印缅各国增进了解和促进友好的重要方面。20世纪90年代以来，中国积极开展与东南亚、南亚国家的交流和合作将云南省推到了对外开放的前沿。在国家和相关部门的支持下，中国云南与孟中印缅四国的教育合作取得了突出的成绩。

（一）中国云南与孟印缅各国的教育互访交流不断增加

中国云南与孟印缅各国的教育互访和交流自21世纪以来不断升温。2007年6月，以印度青年与体育部部长马尼·尚卡尔·艾亚尔为团长的印度青年代表团一行100人赴云南友好访问；近十年来，云南省也已经有数百名青年到印度访问交流，其中大专院校和科研机构派出的交流学者达100多人。2007年，云南大学校长一行对印度孟买大学、蒲那大学、索梅亚大学等高校进行了正式访问。2009年8月4日至6日，云南省副省长率旅游、教育团访问印度加尔各答，8月5日，省教育厅在加尔各答举办云南省教育展暨论坛开幕式，教育展在加尔各答为期两天，云南大学、昆明理工大学、云南师范大学、昆明医学院等18所云南高校及语言学校参展。各校分设展台，向印度学生介绍本校面向外国留学生的学科和课程设置、奖学金和当地生活等情况，受到热烈欢迎。云南大学等高校与西孟邦泰戈尔大学等签署了六份教育合作备忘录。在教育论坛上，云南和西孟邦30多所高校负责人集聚一堂，具体商谈校际合作设想。不难发现，云南与南亚各国之间的教育合作有着良好的基础。

（二）中国云南与孟印缅三国的教育合作初见成效

进入21世纪以来，特别是在2006年7月，云南省委、省政府制定了

《关于加快推进高等院校实施"走出去"战略，提高高等教育国际化水平
的若干意见》（以下简称《意见》）之后，为云南省教育国际化拉开了新
的序幕。《意见》把提高高等教育对外合作与交流水平作为云南实施"走
出去"战略的重要组成部分，要求各级政府职能部门积极推进高校与东
南亚、南亚国家的教育合作与交流。由此，云南先后启动了全面推动互派
留学生、教师交流、项目平台、管理人员互访和政策配套五个方面的工
作，以加快教育理念、教育目标、教育体制和教育方法的国际化进程。经
过多年的努力，目前云南省分别与印度、孟加拉国等 50 个国家、地区和
国际组织以官方或校际间合作的形式，签署了合作办学协议或建立起教育
合作关系。在云南教育国际化这样的良好发展趋势中，云南与孟印缅教育
合作也取得了明显成效。

　　为积极参与区域合作，云南省政府提供奖学金鼓励孟加拉、印度和缅
甸的学生到云南学习；主动寻求政府高层对话，与孟加拉教育部签订
《教育交流合作协议书》，在印度举办教育展；云南大学、云南师范大学
分别与印度泰戈尔大学、加尔各答大学、圣地尼克坦国际大学等高校签署
合作交流协议；云南大学还与孟加拉南北大学合作建立了孔子学院，与缅
甸合作建立福庆孔子课堂。这些举措为云南与区域内国家的交流搭建了有
效平台[①]。2004 年 10 月，中缅两国签署了《中华人民共和国教育部与缅
甸联邦政府教育部教育合作谅解备忘录》。为了吸引留学生和加强对留学
生的管理，云南省还先后制定了《云南省接受外国学生管理暂行办法》
《云南省政府奖学金管理办法》《关于进一步加强云南省高校对外管理工
作意见》《云南省高校国际化评估体系》等规章制度，为云南省开展高等
教育的国际合作与交流提供了政策上的支持与指导[②]。

二　孟印缅三国教育合作

　　印度不断加强与缅甸和孟加拉国的教育合作。人力资源开发是印缅
双方合作的一个重点。根据 2003 年 7 月印缅两国教育部长签署的协议，
印度将派学者到缅甸的大学任教。2003 年 11 月，缅甸教育部与印度人

---

① 张丹：《孟中印缅合作教育先行　加强沟通增进合作》，中国新闻网，2011 年 1 月 9 日，
http：//www. chinanews. com/edu/2011/01 - 19/2798787. shtml？ finance = 2。
② 朱耀顺等：《云南省与缅甸高等教育合作问题研究》，《中共云南省委党校学报》2012 年
第 1 期。

力资源开发部签署了《人力资源开发合作谅解备忘录》。印孟教育合作中，2011 年 9 月 6 日，印度尼赫鲁大学与孟加拉国达卡大学签署了合作备忘录①。每年，有大量的孟加拉国学生赴印度求学，其中印度尼赫鲁大学是他们的首选。因此，尼赫鲁大学和达卡大学双边就社会科学、国际关系、计算机科学等签署了教育合作备忘录，进一步推动了双边教育合作的机制化。

第四节　孟中印缅科技交流

近年来，中国与东南亚、南亚各国在科技领域的合作已有一定基础。目前，中国已与印度建立了政府间科技合作机制；一些科技合作的尝试都取得了积极成效。中国也不断加强与孟加拉国和缅甸的科技合作与科技援助。此外，孟印缅三国之间的科技合作也不断加强。

一　中国与孟中印缅地区科技交流

中国积极开展与孟加拉国、印度等南亚国家的科技合作，并取得了一定的成绩。值得一提的是，2014 年 6 月 6 日，首次中国—南亚国家科技部长会议在昆明召开，预示着中国南亚科技合作将迎来新篇章。

（一）中国与印度的科技交流与合作

在中国五千年的文明史中，中印两大文明互相交流、互相学习、互相渗透的情况数不胜数，而在两大文明中占有重要地位的科学技术的交流更是不胜枚举。科学技术对人民物质文明乃至精神文明的巨大推动作用是毋庸置疑的，中印之间科技交流促使两国科学技术在不断互相交流、互相学习、互相渗透中蓬勃发展，从而带动了两大古老文明并肩前进。

1988 年 12 月，印度总理拉吉夫·甘地访华，揭开了中印关系逐步走出低潮的序幕。双方同意在边界问题解决前，努力改善和发展双边关系，并决定成立科技联委会，签署了科技合作协定，从而奠定了双方科技合作的基石。1991 年，李鹏总理访印，双方签署了《和平利用外空科技合作

---

① Netindian, *Agreement/MoU signed between India and Bangladesh*, http：//netindian, in/news/2011/09/07/000155.

谅解备忘录》。2002 年，朱镕基总理访问印度，双方签署了包括科技、水利、空间等领域的 6 个合作文件，推动了中印科技合作关系的进一步发展。2006 年 9 月，中印两国科技部在北京签署了《科技合作谅解备忘录》，成立部长级中印科技合作指导委员会。2006 年 11 月，胡锦涛主席对印度进行了国事访问。双方发表了《联合宣言》，制定了深化两国战略合作伙伴关系的"十项战略"，其中一项重要内容就是促进科技领域合作。双方认为应在科技领域建立中印伙伴关系，并同意在四个领域联合开展合作：地震工程学、气候变化和天气预报、以先进材料为主的纳米技术、以生物纳米为主的生物技术和制药。2013 年，中印两国总理签订的《中华人民共和国与印度共和国联合声明》中第 12 条指出，双方同意在中印科技合作指导委员会框架下，重点加强地震和自然灾害减灾和管理、天文学和天体物理学、气候变化技术研究、传统知识和医药方面的合作。

目前，中国与印度的科技合作包括生物资源开发、信息技术、交通设施、科技研讨会与代表团互访等，代表性活动有与印度开展紫胶、木豆、桑蚕等新品种推广应用合作等。云南山澜图像传输科技有限公司与印度公司开展医疗电子信息产品合作与推广；云南万盛炭素有限责任公司与印度公司开展的铝用阴极炭素材料生产厂建设。与印度科技交流方面：应印度科学院邀请，中国科学院副院长李静海院士率中国科学院代表团于 2007 年 12 月 15—21 日访问印度。访印期间，代表团出席了第八届"汽液固反应工程学国际研讨会"并做大会报告，同时访问了印度科学院，与印度科学院联合举办了"结构生物学研讨会"。12 月 19 日，该代表团访问了印度科学院，与该院签订了两院科技交流与合作协议。① 2008 年 1 月 2—8 日，中国科学技术协会副主席率代表团一行五人访问印度，出席了在维沙卡特普南举行的第 95 届印度科学大会，访问了位于新德里的印度科学院、印度工程院，与印度工程师协会签订了合作协议。2008 年 10 月 18—23 日，中国工程院主席团名誉主席、原国务委员、原国家科委主任宋健率代表团一行访问印度，出席"国际马铃薯中心理事会会议"并考察印度农村与农村发展情况。2012 年 12 月 16 日，由驻印度使馆科技处和印度 Sanshadow 科技咨询公司联合组织的中印科技企业交流洽谈会在新德里国

① 中国驻印度大使馆网站：《国科学院副院长李静海访问印度，与印度科学院签署科技合作协议》http：//www.fmprc.gov.cn/ce/cein/chn/zygx/zykj/zykjjl/t392818.htm。

际中心成功举行。

（二）中国与孟加拉国的科技交流与合作

目前，中国与孟加拉国的科技合作，主要是利用政府间合作机制，积极参与交通建设、农业科技合作、文化交流等政府间援助项目合作。与孟加拉国的科技合作包括交通、文化、旅游、基础设施建设等，如"云内动力"下属的四川达州汽车有限公司生产的农用柴油车已实现对孟加拉国的出口。2014年6月，孟加拉国总理访问中国期间，双方签订了《中国与孟加拉国关于深化全面合作伙伴关系的联合声明》。双方表示今后将加强科技等领域的合作，中方同意加大对孟方的支持，帮助孟应对气候变化，并进一步就应对自然灾害加强合作。双方同意就城市灾害救援、减灾和灾后安置制定合作框架，特别是中方愿同孟方分享能力建设、经验及先进技术。

（三）中国与缅甸的科技交流与合作

近年来，中国不断加强对缅甸的科技交流与援助。2013年7月，中国机械进出口（集团）有限公司7月17日在内比都与缅甸国家铁路公司签署项目协议，双方同意在缅甸合作建设一座铁路机车厂和一座铁路客车厂①。此举标志着中国铁路机车客车制造技术成功打入缅甸市场。2013年8月，科技部部长万钢会见缅甸科技部长就两国关系，特别是科技领域合作深入交流了意见②，并共同见证中国资源卫星应用中心与缅甸曼德勒科技大学签署了卫星遥感数据分享应用合作意向书。根据合作意向书，中方将向缅方提供卫星遥感数据分享服务，以帮助缅甸提高农业发展、资源调查、环境监测和灾害防治等方面的科技应用水平。2013年9月，缅甸环境保护和林业部与中国阳光凯迪集团在内比都签署合作谅解备忘录，计划合作开发缅甸清洁发展机制项目，中国将通过资金或技术援助帮助缅甸发展节能减排项目③。

---

① 中国—东盟科技合作与成果转化网：《中国铁路机车客车制造技术打入缅甸市场》，2013年7月19日，http：//www.cn－asean.cn/enterprise/info/asean－info/md/220177.shtml。

② 中华人民共和国驻缅甸联邦共和国网站：《中缅将共同推进科技领域合作》，2013年8月10日，http：//www.fmprc.gov.cn/ce/cemm/chn/xwdt/t1065829.htm。

③ 中国—东盟科技合作与成果转化网：《中缅合作开发缅甸清洁发展机制项目》，2013年9月11日，http：//www.cn－asean.cn/government/tech－trends/asean－trends/md/222017.shtml。

二　孟印缅三国科技交流

孟印缅三国中，科学技术方面的合作已经启动。比如，印度空间研究协会帮助缅甸建设的缅印遥感与数据处理友好中心于2001年在仰光竣工，缅甸政府可以利用该中心提供的无线电高空测候数据进行农业和林业管理、矿产勘探、陆地水资源测量、天气预报、灾难处理以及环境污染的监控等活动。印缅两国在IT方面也有合作。2001年，缅甸计算机联盟与印度工业联合会签订了在IT领域进行技术合作的谅解备忘录。2011年9月，印度总理辛格访问孟加拉国期间，双边签署了合作备忘录①。双边同意加强科技方面的交流与合作。如，印度国家国际时尚技术学院（NIFT）和孟加拉国时尚技术学院（BIFT）旨在促进两个机构之间的交流，时尚技术能力培训、时尚技术交流和时尚技术研究方面展开合作。

综上所述，孟中印缅地区的互联互通具有坚实的人文基础。第一，孟中印缅四国山水相连、文化相通，友好交往源远流长。历史上，"南方丝绸之路""茶马古道"等沿线的商贸与文化交流的并进表明，加强文化交流，不仅可有效地促进孟中印缅地区人民相互了解、相互理解、加深友谊，更可为促进该区域的民心相通起到重要作用。第二，孟中印缅地区的民族具有文化同源性。由于早期的民族迁徙和交融，区域间有很多民族存在着族源、语言、宗教以及风俗的同源性或相似性，包括同源民族在内的各民族间长期保持着友好往来。第三，目前，中国正着力加强对周边国家的公共外交、民间外交，继续深入开展旅游、科教、地方合作等友好交往，促进民心相通，进一步巩固和扩大与孟印缅等周边国家关系的长远发展社会和民意基础。第四，孟印缅三国也在文化、旅游、教育、科技等方面不断加强交流与合作，促进了孟印缅三国之间的民心相通。第五，20世纪90年代以来，孟中印缅四国不断加强各领域的合作，并在人文交流与合作方面取得了显著的成绩。此外，2013年5月，李克强总理访问印度期间，中印两国总理共同倡议建设"孟中印缅经济走廊"，得到孟加拉国和缅甸的积极响应，该倡议对深化孟中印缅四国间人文交流与合作关

---

①　Netindian, MoU between the National Institute of fashion Technology（NIFT），New Delhi and BGMEA Institute of Fashion Technology（BIFT），Dhaka, http：//netindian. in/news/2011/09/11/00015575/agreements – signed – between – india – bangladesh.

系，建立孟中印缅地区互联互通具有重要意义。习近平总书记说过：国之交在于民相亲，民之亲在于心相通。总之，搞好孟中印缅地区互联互通，必须取得四国人民的支持，必须加强四国人民的友好往来，以增进相互了解和传统友谊。

第七章

孟中印缅毗邻地区互联互通合作展望

2013 年 5 月，李克强总理首次出访印度，由中印两国总理把"倡议建设孟中印缅经济走廊"写进了《中印联合声明》里，双方对孟中印缅地区合作论坛框架下的次区域合作进展表示赞赏。鉴于 2013 年 2 月孟中印缅汽车拉力赛的成功举行，双方同意与其他各方协商，成立联合工作组，研究加强该地区互联互通，促进经贸合作和人文交流，并倡议建设孟中印缅经济走廊。[①] 2013 年 10 月，印度总理曼莫汉·辛格访问中国时，中印双方又签署了《中印战略合作伙伴关系未来发展愿景的联合声明》，又在联合声明里写入了"双方将就孟中印缅经济走廊倡议进一步探讨。双方将同孟、缅保持沟通协商，并于 12 月召开孟中印缅联合工作组首次会议，研究孟中印缅经济走廊建设的具体规划"。[②] 为了落实中印两国总理的建议，2013 年 12 月，孟中印缅四国联合工作组在云南昆明召开了第一次会议，孟中印缅四国政府部门官员、学者、金融等机构代表齐聚一堂，商讨四国如何开展共同联合研究计划。在此次会议上，四国工作组确定了联合研究框架与研究时间表，此外，还签署了"纪要"和"联合研究框架"等文件。2014 年 9 月习近平主席出访印度，两国发表了《构建更加紧密的发展伙伴关系的联合声明》，提出了落实孟中印缅联合工作组会议达成的共识等要求。标志着中印高层携手务实推动孟中印缅经济走廊的开始，孟中印缅经济走廊建设步入了新的阶段。孟中印缅四国之间的努力由"二轨"上升到了"一轨"，标志着孟中印缅四国政府开始着手务实推动孟中印缅经济走廊具体工作的实施，使得各项建设步入了新的阶段。

[①] 《中华人民共和国和印度共和国联合声明》，http://news.xinhuanet.com/2013-05/20/c_115839518.htm。

[②] 《中印战略合作伙伴关系未来发展愿景的联合声明》，2013 年 10 月 23 日，http://news.xinhuanet.com/2013-10/23/c_117844273.htm。

推动四国互联互通是孟中印缅经济走廊建设非常重要的基础工作。这项工作不但显示了中国和周边国家新一轮合作的大趋势，也是亚洲经济快速发展，区域一体化步伐不断加快的必然要求，符合孟中印缅四国人民的共同愿望。可以预见，孟中印缅四国的互联互通建设正迎来有利的发展机遇，中国面向西南的对外开放也必将提升至更高的水平。

第一节　新形势下中国周边外交方针助推孟中印缅互联互通

我国新一届中央政府提出要全面发展同周边国家的关系，巩固睦邻友好，深化互利合作，努力使周边同我国政治关系更加友好、经济纽带更加牢固、安全合作更加深化、人文联系更加紧密。我国周边外交的基本方针，就是坚持与邻为善、以邻为伴，坚持睦邻、安邻、富邻，突出体现亲、诚、惠、容的理念。要坚持睦邻友好，守望相助；讲平等、重感情；常见面，多走动；多做得人心、暖人心的事，使周边国家对我们更友善、更亲近、更认同、更支持，增强亲和力、感召力、影响力。要诚心诚意对待周边国家，争取更多朋友和伙伴。要本着互惠互利的原则同周边国家开展合作，编织更加紧密的共同利益网络，把双方利益融合提升到更高水平，让周边国家得益于我国发展，使我国也从周边国家共同发展中获得裨益和助力。要倡导包容的思想，强调亚太之大容得下大家共同发展，以更加开放的胸襟和更加积极的态度促进地区合作。[1]

中国国家主席习近平在 2013 年 9 月访问中亚时提出，为了使我们欧亚各国经济联系更加紧密、相互合作更加深入、发展空间更加广阔，我们可以用创新的合作模式，共同建设"丝绸之路经济带"。这是一项造福沿途各国人民的大事业。为此要加强政策沟通、加强道路联通、加强贸易畅通、加强货币流通、加强民心相通。[2] 2013 年 10 月中国国家主席习近平

---

① 《习近平：让命运共同体意识在周边国家落地生根》，2013 年 10 月 25 日，http：// news. xinhuanet. com/2013－10/25/c_ 117878944. htm。

② 习近平在哈萨克斯坦纳扎尔巴耶夫大学演讲：《弘扬人民友谊　共创美好未来》，2013 年 9 月 7 日，新华社 http：//www. gov. cn/ldhd/2013－09/08/content_ 2483565. htm 习近平在印度尼西亚国会发表题为《携手建设中国—东盟命运共同体》的重要演讲，2013 年 10 月 3 日，新华社 http：//www. chinanews. com/gn/2013/10－03/5344133. shtml。

访问东南亚，并在印度尼西亚国会发表演讲，习近平指出中国愿同东盟国家加强海上合作，使用好中国政府设立的中国—东盟海上合作基金，发展好海洋合作伙伴关系，共同建设 21 世纪海上丝绸之路。中国愿通过扩大同东盟国家各领域务实合作，互通有无、优势互补，同东盟国家共享机遇、共迎挑战，实现共同发展、共同繁荣。① 2014 年 9 月习近平主席访问印度在世界事务委员会演讲时说，中国提出"一带一路"倡议，就是要以加强传统陆海丝绸之路路线国家互联互通，实现经济共荣、贸易互补、民心相通。中国希望以"一带一路"为双翼同南亚国家一道实现腾飞。中国和南亚各国是重要的合作伙伴。中国愿同南亚国家携手努力，争取在未来 5 年将对贸易额提升至 1500 亿美元，将中国对南亚投资提升至 300 亿美元，将为南亚国家提供 200 亿美元优惠提供贷款。中国将同南亚国家一道实施中国—南亚科技合作伙伴计划，充分发挥中国—南亚博览会作用，打造互利合作的新平台。② 中国领导人提出了中国—东盟新的合作理念，例如，中国—东盟命运共同体，以及中国东盟"2 + 7"合作框架等，明确了经济合作将作为未来十年中国东盟合作的优先领域。其中加快互联互通基础设施建设、加强本地区金融合作与风险防范、密切人文、科技、交流等就是我国与周边国家互联互通的重要内容。中国愿在平等互利基础上扩大对东盟国家开放，提高中国—东盟自由贸易区水平，使双方贸易额 2020 年达到 1 万亿美元。致力于加强同东盟国家互联互通建设，筹建亚洲基础设施投资银行等。这些措施都表明了中国新一届领导集体对周边国家的重视，把东南亚、南亚、中亚作为中国周边外交的优先方向。

可以预见，未来 10—20 年，在中国周边外交方针和"一带一路"新的战略布局下，中国与周边国家的合作将会形成庞大的基础设施建设热潮，并增加贸易投资、金融货币、人员往来的便利，孟中印缅四国毗邻地区互联互通建设将迎来机遇期。

2012 年 11 月，云南省第九次党代会正式提出推进"八通（即通路、通电、通讯、通商、通油、通气、通币、通关）"政策，为推进云南与孟中印缅四国互联互通作出了新的部署，进一步明确了今后云南面向周边国

---

① 习近平在印度尼西亚国会发表题为《携手建设中国—东盟命运共同体》演讲。2013 年 10 月 3 日，新华社 http：//www. chinanews. com/gn/2013/10 – 03/5344133. shtml。

② 习近平在印度世界事务委员会的演讲、新华网 http：//news. soha. com/20140919/ n404443931. shtml。

家互联互通的主要工作。① 云南正在积极推进孟中印缅四国互联互通，在互联互通建设的大潮下先行一步，全方位提升云南的对外开放水平。

第二节　孟中印缅互联互通合作的内部动力

不论是东南亚国家，还是南亚国家，都有着加快本国经济发展，提高人民生活水平的动力。互联互通符合周边国家自身发展的需求，也符合这一地区各类区域合作机制的目标。

一　孟加拉国良好的区位优势需要加快互联互通进程

孟加拉国是南亚次大陆人口较为密集的国家之一。截至 2013 年底，世界银行公布的数据显示，孟加拉国人口约为 1.63 亿人，GDP 为 1298.57 亿美元。② 孟加拉国面积约为 14.7 万平方公里，东、西、北都与印度毗邻，只有在东南方向与缅甸接壤，是一个临海的国家。孟加拉湾是世界上第一大湾，海岸线全长 550 公里，有着十分优良的港口与航线。从地理位置来看，孟加拉国有着非常良好的区位优势。

从 2008 年到 2013 年的过去五年时间中，孟加拉的经济增长都十分迅速，特别是年均 GDP 增长率都超过了 6%，是当前南亚地区仅次于印度的第二大开放国。数据显示，2013 年中国与孟加拉国贸易超过了 100 亿美元，而孟加拉国的对外贸易份额占 GDP 的比重中达到了 47.1%。随着市场经济体制的不断发展，加之独特的地缘优势的不断显现，孟加拉国已经成为一片投资热土。然而，虽然孟加拉国的经济在不断发展，落后的基础设施仍然是制约孟加拉国发展的最大"瓶颈"之一。

孟加拉国政府也认识到了落后的基础设施不利于经济的发展，加快基础设施建设是孟加拉国最为重视的领域之一。2013 年 5 月，中国提出加快建设孟中印缅经济走廊，孟加拉国对此十分支持，希望修建一条国际高速公路，通过印度、缅甸，最终连接中国，以加强孟中印缅次区域的联

---

① 秦光荣：《推进与周边国家"八通"》，载《云南日报》2012 年 11 月 1 日。

② The World Bank, World Development Indicators, Gross domestic product ranking table, http://data.worldbank.org/data-catalog/GDP-ranking-table.

系。孟加拉国还希望作为印度东北部,甚至尼泊尔、不丹内陆国家的出海口,发挥孟加拉湾的港口优势。不能打开与邻国的互联互通,就不能发挥孟加拉国良好的区位条件,从而为孟加拉国的经济发展服务。近年来,孟加拉国积极推动孟中印缅毗邻地区的基础设施建设,呼吁外资在吉大港专区投资索纳迪亚深水港,投资建设科克斯巴扎旅游胜地等。孟加拉国将加大东南方向和南北方向的互联互通建设,实现多方位的对外开放。

二　中国面向西南对外开放需要加快孟中缅印的互联互通

长期以来,云南作为中国西南边陲的重要省份,虽然拥有长达 4601 公里的边境线,与东南亚毗邻,邻近南亚。云南有 16 个国家一类口岸和 7 个二类口岸,23 个口岸中,有 3 个航空口岸、2 个水路口岸、1 个铁路口岸和 17 个陆路口岸,这些以瑞丽、河口、腾冲猴桥、磨憨和昆明机场为核心的口岸形成了陆、水、空齐全,全方位开放的格局,有力地促进了我国同东南亚、南亚的客货运输和经济大循环的发展。[①] 不难看出,云南具有其他周边省市不可比拟的对外开放优势,是我国西南对外开放格局中当之无愧的重要门户,也是目前通往东南亚、南亚通道较为便捷的省份之一。然而,由于与周边国家的互联互通长期处于落后状态,云南的区位优势并未充分发挥出来。对外开放水平和程度长期落后于东部沿海省市。云南自身已完成了通江达海的基础设施建设,四个出境通道境内段高速公路基本建成,铁路建设东线已经完成,西线正在加快建设,中线已经进入规划。目前,对接境外陆路交通线和弥补缺失路段是孟中印缅四国合作的当务之急。四国在孟中印缅地区合作论坛上已经多次发出呼吁。中国和印度已经开始与周边国家规划互联互通的基础设施建设。

2015 年以来,随着国家对云南作为中国面向南亚、东南亚辐射中心这一新定位的确立,中国已经完成了一系列规划,云南正在落实国家给予云南的各项政策措施,大力推进瑞丽重点开发开放实验区、磨憨重点开发开放实验区红河综合保税区、昆明综合保锐区、临沧边境经济合作区、沿边金融综合改革实验区建设。沿边开放的势头需要加快孟中印缅四国互联互通的进程,而孟中印缅互联互通正是孟中印缅经济走廊与建设 21 世纪

---

① 《云南省有 16 个国家一类口岸和 7 个二类口岸　口岸大省新增长极如何打造?》,ht-tp://yn. yunnan. cn/html/2013 – 08/19/content_ 2850382. htm。

海上丝绸之路的优先方向，也是扩大云南对外开放的基础条件。

三　孟中印缅互联互通符合印度"向东看政策"的需求

21 世纪以来，始于 20 世纪 90 年代的印度向东看政策进入到第二阶段，即从面向东南亚地区进一步扩大到东亚地区。2003 年，印度政府提出"东向"（Look East Policy）的具体内容包括建立以东盟为核心，包括中国、日本、韩国与印度四国在内的合作新机制（即"10 + 3 + 1 机制"），为最终建成"亚洲经济共同体"奠定基础。[①] 印度"东向政策"的提出，不仅仅是印度重视东亚的崛起，也是急于与东亚各国共同分享经济发展成果的重要体现。

过去十年，印度 GDP 年均增长率都维持在6%以上，显示了印度经济的巨大活力。据世界银行 2014 年 7 月 1 日公布的数据显示，2013 年印度的 GDP 达到了 18767.97 亿美元。[②]但近年来经济增速下滑明显。2014 年，印度大选结束，印度新总理穆迪的首要任务是发展经济，而国内基础设施的建设是拉动经济增长的重要引擎。在对外开放方面，印度"东向政策"将持续，这些趋势为推动孟中印缅的互联互通提供了政策依据。此外，印度国内，特别是印度东部、东北部地区由于经济发展长期滞后，已经导致了社会不稳定因素的出现，当地人民强烈呼吁打通面向东南亚和中国西南的对外交通通道，重开史迪威公路，他们对昆明—加尔各答汽车集结赛表示出空前的热情。公路沿线的民众为等待车队的经过，熬更守夜、绵延数公里夹道欢迎，他们穿着鲜艳的民族服装，就像过节一样迎接四国车队，这样的场景在中国已经不多见。印度政府为了实现人民对发展与开放的期盼，也规划了东北部的基础设施建设。因此，孟中印缅互联互通不仅是这一地区发展的内在要求，更是印度国内发展的内在要求，印度与中国，作为亚洲人口与市场最为巨大的两个国家，都在各自的发展过程中，把经济发展放在首位，解决共同面临的问题，希望与周边国家一道努力，让这一毗邻地区的人民摆脱贫困、建设美好家园，这也正是印度一直以来参与孟中印缅地区合作论坛并与中国携手积极推动昆明—加尔各答汽车道路考察

---

① 楼春豪：《印度向东》，《第一财经日报》2011 年 2 月 21 日。

② The World Bank, World Development Indicators, Gross domestic product ranking table, http://data.worldbank.org/data – catalog/GDP – ranking – table.

和集结赛的动力所在。

四　互联互通是缅甸对外开放和经济发展的要求

缅甸位于中南半岛，面积约为 67.65 万平方公里，西南临安达曼海，并与中国、印度、孟加拉国、泰国与老挝接壤。截至 2013 年，缅甸全国人口近 6028 万人，人均 GDP 约为 915 美元，仍然是一个低收入国家。[①]

2011 年 2 月 24 日吴登盛当选缅甸总统，2011 年 4 月以来，新政府在政治、经济、行政管理和私营部门等领域实施了一系列市场化改革措施。最大的变化是内向政策向外向政策转变。新政府评估了现行的法律、法案、法规和规章制度，以市场化体制的要求修改了现行法律、法规和规章制度。颁布了新的法律、规章制度以促进经济和社会活动。主要有：《外国投资法》《缅甸公民投资法》《经济特区法》《土瓦特区法》《农业土地法》《小微金融法》《进出口法案》《中小企业法（草案）》《消费保护法（草案）》《农民权益保护法（草案）》。财政政策的变化主要是税收、预算和养老金政策的调整；金融领域变化主要是出现了独立的中央银行，利率调整，银行部门的扩大，汇率的统一等。投资政策的变化体现在外商直接投资、经济特区和工业区等方面的优惠改革；农业方面，实施了小额贷款，农业贷款，水稻最低支持价格等改革举措；通信领域，电信部门许可挪威最大的电信企业挪威电信公司（Telenor Group）和卡塔尔电信公司（Ooredoo）在缅甸仰光设立新的分支机构。据最新数据显示，2014 年 1—3 月，缅甸新批外国投资项目 42 个，协议投资金额 19.5 亿美元，同比增长 212.1%。外资主要来自新加坡（12 个项目，17.4 亿美元）、泰国（3 个项目，7445 万美元）、中国（5 个项目，3868 万美元）；外资主要投向运输及通讯业（4 个项目，11.9 亿美元）、制造业（32 个项目，3.89 亿美元）、房地产业（1 个项目，2.68 亿美元）。[②]

缅甸国内出现的一系列变化，对于经济社会发展和对外开放产生了巨大的需求，互联互通成为缅甸对外开放和发展经济的内在要求。而交通基础设施建设是缅甸经济发展的最大瓶颈，缅甸需要大量的资金、技术来支

---

① The World Bank, *Data*: *Myanmar*, http://data.worldbank.org/country/Myanmar。

② 中华人民共和国商务部：《2014 年 1—3 月缅甸吸引外国投资 19.5 亿美元》，http://www.mofcom.gov.cn/article/i/jyjl/j/201406/20140600622326.shtml。

持基础设施的发展。没有对外合作不可能解决缅甸的经济发展问题，这已经成为缅甸国内的共识。

第三节　孟中印缅互联互通的前景

如前所述，孟中印缅毗邻地区是亚洲公路网和泛亚铁路规划覆盖的地区，也是多个次区域合作拟议中的陆路交通交叉重合的地区，四国互联互通已经在双边的层面展开，前景看好。

一　加快交通连通

（一）公路

中国与缅孟印三国的陆路连接有四个方向：（1）昆明—德宏瑞丽，亚洲公路 AH14 号线，从中缅边贸口岸姐告—木姐进缅甸，到曼德勒，接亚洲公路 AH1 号线，往西北或西南方向，连接印缅友谊路（印缅边贸口岸方向）和孟缅友谊路（孟缅口岸方向）。（2）云南保山—腾冲，从中缅口岸猴桥—甘拜地进入缅甸，密到支那，往西北方向，经印缅边境班哨，可达印度。（3）云南西双版纳—缅甸东枝方向，昆明—西双版纳，是亚洲公路 AH3 号线，正在建设打洛通往东枝的公路，从打洛口岸进缅甸，接缅甸 AH2 号线[1]，从东枝可到曼德勒、仰光等，也可向西接印度、孟加拉国等。（4）云南临沧孟定清水河方向。临沧耿马孟定清水河—缅甸掸邦腊戍—曼德勒公路预计今后几年将会完成对接。

目前云南已有 4 条国际大通道建成通车，昆明至越南、昆明—老挝—泰国、昆明—缅甸曼德勒、昆明—缅甸密支那的公路云南境内段基本完成了高等级化建设，越南海防至河口的高速路 2014 年通车。经老挝的昆明—曼谷公路也已通车。云南德宏至瑞丽、临沧至孟定、西双版纳至打洛、保山至腾冲都有通往缅甸的公路。

孟缅中三国公路，缅甸与孟加拉国已在 2007 年在达卡签署了交通合作协议，建一条 25 公里直接连接两国的公路以促进贸易和旅游，这条约

---

[1] 《缅甸道路基础设施亟待升级》，http://news.enorth.com.cn/system/2013/10/28/011406185.shtml。

投资 2000 万美元的孟缅友谊路，是从孟加拉国科克斯巴扎的古墩（Gundhum）到缅甸孟都的保利巴扎（Baulibazar），也是孟缅中三国公路与中国昆明连接的路段，将与亚洲公路网对接，进一步连接至泰国、马来西亚和新加坡。① 建成后对于促进孟加拉湾北部、东北部港口群和港口经济发展将发挥重要作用，还将通过中国和中南半岛连接东亚和北部湾，沟通太平洋和印度洋。

印缅也加快了公路交通线的提升改造。一是印度曼尼普尔邦经印缅边境口岸德木连接缅甸实皆省的公路，也是印—缅—泰公路的规划路线。二是印度提升改造了史迪威公路印度段。印度与东南亚国家提出的公路、铁路规划线路，主要是经印度曼尼普尔邦和缅甸的边贸口岸（莫雷—德木）进入缅甸，经蒲甘接曼德勒—仰光高速路往东南方向，经毛淡棉一线进入泰国。

（二）铁路

孟中印缅毗邻地区的铁路规划已经进入四国视线，中缅、印缅已经在接壤地区开展了铁路勘察工作，印孟已有铁路连接。

中缅铁路。中缅铁路有两个选择，一是通过临沧孟定连接缅甸腊戍至曼德勒路段，可到仰光。东部腊戍（Lashio）到西部葛礼（Kalay）米轨存在转轨转运问题。二是通过瑞丽直接连接曼德勒，向南至仰光，向西南方向可至若开邦皎漂港。在中国境内，昆明—大理和丽江的铁路建设已完工，并投入运营。大理—保山段正在加速推进。

中国境内面向印度、尼泊尔的铁路。有两个方向，一是青藏铁路的延伸。2014 年 9 月，拉萨到日喀则的铁路即将实现通车，可进一步连接尼伯尔、印度。二是滇藏铁路。滇藏铁路大理到丽江段已经通车。拉萨至林芝的支线建设也开工建设。展望未来，历史上的滇藏印尼商贸和人文交流关系将在这一地区重现。

印缅铁路。印度吉利布（Jiribum）至缅甸德木（Tamu）已经有铁路规划并开始实施，已经在建设接壤地区印度境内缺失路段。其走向就是与中线公路的大致相同。但缅印相连的葛礼到德木（Tamu）段尚未有铁路连接。

印孟铁路。印度至孟加拉国历史上就有铁路，并且已经开通。

---

① http：//news. xinhuanet. com/english/world/2011 - 12/07/c_ 131292899. htm.

但印度东北部境内的德木至吉利布（Jiribum）段和孟加拉国的邦噶邦德（Bangabandhu）大桥两侧的双轨路段尚存在缺失问题。

印度、孟加拉、缅甸都有加快国内铁路建设的计划，2014 年 7 月 8日，印度铁道部公布了铁道系统提升方案；而孟加拉国在 2014—2018 年的五年计划也提出了要加快铁路建设。缅甸也提出了一系列的铁路建设计划。如果中国境内的铁路与印度、孟加拉国与缅甸等国家的铁路网贯通，将会极大促进孟中印缅地区的联系。

（三）水路

1. 中缅水运。中国云南与缅甸可以通过陆水联运经伊洛瓦底江（Irawardi River）八莫港（Bhama）至仰光港入海。云南德宏盈江可以从陆路章凤口岸连接伊洛瓦底江八莫港。也可从瑞丽连接缅甸伊洛瓦底江。

2. 印缅水运。印度东北部的米佐拉姆邦利用缅甸的卡拉丹河开展水运。卡拉丹项目支持委员会宣布在 2015 年 3 月完成缅甸实兑—印度米佐拉姆间的多模式转运通道水运工程。这个多模式交通项目旨在通过陆水联运，在若开邦的首府实兑与印度东北部米佐拉姆邦之间开辟一条贸易通道。水道工程要建成港口和内陆水上交通一体化系统，包括沿实兑与百力瓦之间的卡拉丹河开凿一条 158 公里的运河。[1] 实现印度东北部与东盟国家的水运连接。

3. 印孟水运。印孟之间如果能更好地利用修订的内河运输协定促进跨境贸易，那么双边的水路互通将在很大程度上有所改善。

4. 孟缅水运。孟加拉国已建成的台克纳夫内河港口，现已成为跨越纳夫河到达孟加拉国首都达卡的最短距离连接，最终将成为两国进行大宗进出口贸易的门户。

（四）航空

在四国合作机制的推动和孟中印缅四国的共同努力下，目前中国已开通昆明至印度加尔各答、孟加拉国达卡和缅甸仰光和曼德勒的直达航线。2011 年 7 月云南德宏傣族景颇族自治州芒市又开通了至缅甸曼德勒的航线，增添了云南与南亚和东南亚国家间的"空中走廊"线路。四国还呼吁开通中国昆明—印度高哈蒂（阿萨姆邦首府）、锡尔赫特（孟加拉国）—高哈蒂、吉大港—仰光航线，以促进四国毗邻地区旅游业发展。

---

① 参见缅甸中文网相关信息整理。http：//www. md - zw. com/portal. php。

印缅、印孟均签署了航空协议，印度和缅甸之间已经开通了航线。2013 年 12 月，缅甸与孟加拉国之间的航线在经过 7 年的努力之后开通。①

二　强化政策沟通

四国需要沟通政策，解决通关便利化、运输便利化、人员进出便利化等政策问题，降低物流成本，有效支持要素流动，使孟中印缅地区成为吸引投资的热土。四国将就经济发展战略和对策进行充分交流，中国愿意本着求同存异原则，协商制定推进区域合作的规划和措施，在政策和法律上为区域经济融合"开绿灯"②。

从国家层面与周边国家建立促进互联互通的定期政策沟通机制，共同推进互联互通政策软环境建设。孟中印缅互联互通政策软环境建设重点是加强相关部门间协调，推进通关便利化，并参照大湄公河次区域（GMS）经济走廊建设的相关经验，积极推动制定和实施区域客货过境运输便利化协议。

推动实施人员出入境便利化措施。简化签证手续直至互免签证；允许第三国人员通过陆路口岸出入境；昆明等中心城市国际机场实行 72 小时免签证政策等；允许商务签证多次往返等。

三　促进贸易畅通

孟中印缅四国各方已经就贸易和投资便利化问题进行了探讨，消除贸易壁垒，降低贸易和投资成本，提高区域经济循环速度和质量，实现互利共赢是各国的希望。③ 孟中印缅毗邻地区港口众多，加尔各答港、吉大港、仰光港、土瓦港以及建设中的实兑港、皎漂港等，还有中国姐告—缅甸木姐、缅甸德木—印度莫里、孟加拉国佩特拉浦（Petropole）—印度班纳普（Benapole）等边贸口岸，发展边境贸易、转口贸易、过境贸易有较大潜力。可考虑在边贸口岸和物流节点城市，如瑞丽（中缅边境口岸）、曼德勒、孟都（缅孟边境口岸）、吉大港、加尔各答、德木（缅印边境口岸）、因帕尔、道基（印孟边境口岸）、达卡、班那普（孟印边境口岸）、

---

① 《孟加拉国达卡至缅甸仰光航线再次通航》，http：//gb.cri.cn/42071/2013/12/11/7311s4353691.htm。

② 习近平：《弘扬人民友谊　共创美好未来》，《人民日报》2013 年 9 月 8 日。

③ 同上。

勐阿（中缅边境口岸）、腾冲、密支那、章凤（中缅边境口岸）、八莫等发展边境贸易，建设物流仓储中心。

四国可以启动工业园区项目。印度已邀请中国公司在印度建"国家投资和制造业园区"，以缩小印度对华贸易逆差。可以考虑在四国交通沿线、中心城市、商贸节点市镇、特色农业区等布局工业、农业产业园区。可以建立印度软件、医药和高科技工业园区、孟加拉黄麻制品及纺织品工业园区；印度畜牧业及奶产业园区、缅甸、老挝种植园区等；在昆明、大理、楚雄、红河、瑞丽、西双版纳、保山等建立电子商务中心、物流园区等。

从长远来看，在贸易投资便利化条件成熟时，孟中印缅四国应建立四国倡议的孟中印缅自由贸易区。在近期，可在中国云南设立自由贸易园区（实验区），参照上海自由贸易园区（实验区）的模式，降低投资门槛，实行负面清单管理模式，对其他三国形成示范。

四 加强资金融通

在发展对外贸易的过程中，中国与周边国家大多数结算仍然采用美元等结算，使得中国与周边国家的贸易仍然存在着成本控制以及贸易风险等问题。如果各国在经常项下和资本项下实现本币兑换和结算，就可以大大降低流通成本，增强抵御金融风险能力，提高本地区经济国际竞争力。[①]

中国在沿边开放的布局上，已经给了云南一些政策支持，国务院要求云南、广西作为金融综合改革试验区。云南、广西正在制度框架下不断创新。云南已经开展了边境贸易人民币结算试点，云南也是参与跨境贸易人民币与资本项目可兑换的主要省份之一。2013年云南省跨境贸易人民币结算金额超过250亿元，同比增长3倍。2014年前3季度，银行办理跨境人民币结算业务311亿元，同比增长93%。云南6家商业银行与东南亚9个国家的商业银行签署了代理清算协议。[②]

应推动孟中印缅四国加强金融交流合作，建立多边货币互换体系，推

---

① 习近平：《弘扬人民友谊 共创美好未来》，《人民日报》2013年9月8日。

② 伍晓阳：《云南以"八通"为重点推进与周边国家互联互通》，http://yn.wenweipo.com/Article/ShowArticle.asp？ArticleID=36155。

进相关各国签署货币互换协议。签订人民币结算协议和货币互换协定，搭建多边、多层次跨境人民币结算渠道和银行间清算机制，逐步建立人民币回流机制。积极促进我国与周边国家银行间业务往来和信息交流，建立相互代理关系。

进一步完善昆明区域性跨境人民币金融服务中心。建设区域金融市场，完善跨境人民币投融资结算，建立以人民币为中心的外币交易市场，积极发展跨境人民币基础资产市场，全面发展多层次资本市场，推进信贷市场融资模式整合创新，对周边国家产业发展和基础设施建设实现市场化的人民币投融资。

五　增进民心相通

互联互通是长期和巨大的系统工程，不仅涉及基础设施等硬件建设，也涉及制度和政策等软件建设，需要得到沿线广大人民的支持。应该加强沿线国家民众之间的友好往来，增进相互了解和传统友谊，为区域互联互通合作奠定坚实民意基础和社会基础。

在昆明、瑞丽、磨憨、腾冲等国家一类口岸，以及仰光、曼德勒、德木、达卡、加尔各答等建立人员便利化通道。开展边境旅游和跨境旅游项目，既可开展两国双边旅游，也可开展三国和四国之间的旅游项目，如，自驾车旅游、汽车拉力赛、边境文化旅游、民族体育赛事等项目，让边境地区的人民广泛受益。[①]

云南将切实贯彻与邻为善、以邻为伴，睦邻、安邻、富邻和亲、诚、惠、融的周边外交方针政策和理念，在平等互利的基础上，加大支持力度，实施"多予少取""先予后取"的政策，彻底改变中国在对外投资和区域合作中"大国扮演小角色"的情况。

建议设立政府开发援助基金及相应机构，增加对周边国家的发展援助，大幅增加对民生项目和生态环保建设项目的资金支持。与周边国家的民间组织、商会组织等非政府组织（NGO）加强交往。

---

① 任佳：《孟中印缅地区经济合作与经济走廊建设构想》，《东南亚南亚研究》2014 年第 1 期。

第四节　孟中印缅互联互通的对策建议

一　建立 BCIM 区域互联互通国家和地方政府合作机制

如前所述，目前多个区域合作机制在孟中印缅地区交叉重叠，且孟中印缅四国间交通互联互通项目多是双边或三边合作项目，对本区域的综合考虑和统筹协调不足。因此，有必要在孟中印缅地区合作机制框架内加强协调。

区域互联互通是孟中印缅区域合作的关键领域。为进一步促进孟中印缅地区合作的水平和层次，推动区域互联互通取得切实进展，需要成员国政府相关部门的积极参与。目前，孟中印缅合作论坛有关各方已经达成了"一轨主导，多轨并行"的共识。鉴于互联互通的重要性，建议将孟中印缅互联互通合作提升为"一轨"层面的合作，孟中印缅四国交通部门建立对话协调机制和工作机制，推进孟中印缅区域互联互通的进展。就地方层面来看，当前云南与孟中印缅四国在"互联互通"方面还缺乏沟通和协商机制。虽然云南与孟中印缅四国有着交流与互访机制，但尚未提升至定期的交流与互访机制，建立四国地方政府间的合作沟通机制对于推动毗邻地区的互联互通有现实意义。

二　制定区域互联互通战略发展规划

在成立孟中印缅四国相关政府部门沟通协调机制和工作机制的基础上，成立区域互联互通联合工作组和专家组，开展联合研究，共同制定或委托多边国际组织（如亚投行）制定区域互联互通战略发展规划，确定重点合作领域和优先项目。

三　建立孟中印缅经济走廊建设基金

在亚洲基础设施投资银行和丝路基金的运作机制下，以国家开发银行等金融机构为主，也可联合印度国家银行和周边国家银行等金融机构建立孟中印缅经济走廊基金。对在孟中印缅经济走廊投资的企业，给予贴息贷款等信贷支持。支持经济走廊的基础设施建设和互联互通，支持走廊沿线的城市建设、边贸口岸建设和产业集聚。① 多渠道加大资金投入力度。通过银行、金融机构、地区投资基金、区域合作基金、私营部门等渠道寻求资金来源，加大资金投入力度支持区域重点交通基础设施建设。

四 加大力度推进重点交通基础设施项目建设

交通互联互通是区域互联互通的物质基础，关键性交通基础设施项目的实施对于促进区域互联互通又具有巨大的牵引带动作用。在未来一段时期内，应采取措施大力推动重点交通基础设施项目取得突破性和实质性进展。建议四国政府相关部门，尽快开展重点交通项目优选和可行性研究，并与联合国亚太经社理事会、亚行等国际合作机制在这一地区的规划路线对接。落实国际合作计划，尽快决定优先项目、合作方式、利益分享机制和多渠道争取资金的方式，有计划地启动互联互通项目。②

五 加强区域互联互通的政策软环境建设

加强区域互联互通的政策软环境建设重点是加强相关部门间协调，推进通关化，并参照 GMS 相关经验，适时制定和实施区域客货过境运输便利化协议。

（一）继续推进通关便利化

一是建立健全通关便利化的综合协调机制，促进口岸执法部门的交流合作。加强区域各国海关、检验检疫和边防等相关口岸执法部门间的协调配合，推进区域国家口岸管理部门合力办公"一地两检"，在协同认证、统一清单、查验结果互认等方面取得进展。

二是改进通关作业流程。对于孟中印缅地区的通关作业，实行"一站式""一条龙""一个窗口"的联合办公方式，变"串联式"作业为"并联式"作业。对货物实行联合查验，做到"同步开箱、同步查验、同步放行"，实行集中报关报检，简化通关手续，为企业节省时间和人力。加强对进出口货物的前期预检和后续管理，减少在口岸的滞留时间。

（二）制定并实施区域客货过境运输便利化协议

一是启动孟中印缅交通、通关便利化磋商谈判，适时制定和实施区

---

① 任佳：《孟中印缅地区经济合作与经济走廊建设构想》，《东南亚南亚研究》2014 年第 1 期。

② 同上。

域客货过境运输便利化协议。建议借鉴 GMS 客货过境运输便利化协议的实施经验。① 加强孟中印缅四国相关部门在海关、质检、税收、产业规划、行政司法等多个领域的政策协调，制定并实施孟中印缅区域客货过境运输便利化协议及实施细则，明确过境运输范围、运输线路、车辆通行口岸运行和监管模式等问题，统一过境运输的收费、载货量等相关标准，合作解决过境汽车运输的国际法律保障、境外保险等问题，构建较为完善的过境运输政策体系，为推动区域过境运输的发展营造有利的政策环境。

二是开展区域过境运输示范和试点。参照 GMS 过境客货运输便利化示范项目的实施经验，在孟中印缅区域选择若干重点口岸，实施客货过境运输便利化试点，积累经验后加以推广。②

六　促进边境贸易、转口贸易、过境贸易和现代物流业发展

推进区域互联互通一方面是为了促进区域贸易发展，促进区域经济一体化。另一方面，加快边境贸易、过境贸易和转口贸易发展对于区域互联互通也有巨大促进作用。

建议在孟中印缅地区合作框架下进一步增加边境贸易点数量，扩大贸易商品种类和日交易量限额，改善边境贸易场所基础设施，在边境地区建设边境（跨境）经济合作区、特殊经济开发区和工业园区等，大力促进边境贸易发展。各国应制定相关政策，促进区域现代物流业发展。建议在重点口岸建设物流中心，建立物流园区、物流中心、物流基地，形成口岸物流平台，形成功能完善的物流服务体系。③

七　推动孟中印缅自由贸易区建设

由于国家间和区域自由贸易安排需要一对一进行双边或多边谈判，目前中印自由贸易区谈判还未取得最终成果。因此可以先易后难同步进行研究和实践的探索。

由国家有关部门牵头对孟中印缅次区域的自由贸易安排进行研

① 任佳：《孟中印缅地区经济合作与经济走廊建设构想》，《东南亚南亚研究》2014 年第 1 期。

② 同上。

③ 同上。

究。可由中国国家发改委、商务部等部门牵头，云南省参与，联合印度、孟加拉国、缅甸有关部门，启动孟中印缅次区域自由贸易区研究。可以在孟中印缅论坛发出该倡议，回应四国论坛联合声明多年提出的呼吁。主要内容是消除发展贸易的障碍，积极发展边境贸易、过境贸易和转口贸易。建议在孟中印缅地区合作框架下进一步增加边境贸易点数量，扩大贸易商品种类和日交易量限额，改善边境贸易场所基础设施。①

中国在云南设立自由贸易试验区，为印度、孟加拉国和缅甸做出示范。参照上海自由贸易区的做法，按照自由贸易园区概念运作，给予制度创新政策和模式创新政策，先行先试。结合云南和周边国家实际，积极探索管理模式创新、促进贸易和投资便利化。在我国沿边地区先行先试，以开放促改革、促发展，建立符合国际化和法治化要求的跨境投资和贸易规则体系，使试验区成为我国沿边地区进一步融入经济全球化的重要载体。②

八　加强人力资源建设，促进区域人员往来和人文交流

区域互联互通除了交通基础设施的互联互通、合作机制与政策的互联互通，更重要的是区域各国民众间的互联互通。为促进人文交流和人员往来，建议采取以下措施：一是加强各国口岸执法部门间的交流合作和相互学习借鉴，开展培训，加强人力资源建设，使彼此相互熟悉相关国家的政策措施。二是推进人员出入境便利化，促进区域人员往来。进一步开放和简化旅游者进出境手续，逐步实现区域内各国间实施落地签证。对经贸企业工作人员，施行一次审批多次往返的出入境手续。三是构建高层、长效的孟中印缅合作机制框架下的人员和人文交流合作协调机制。不断完善人员和人文交流的政策和法规体系，积极探索可操作性强、沟通便利、资源共享、互利互惠的人文交流平台和基于平等对话的交流协调机构。在学术研究和交流、媒体宣传、教育合作、文化传播、扶贫发展、公益慈善事业等方面加强区域各国间的交流合作。③

---

① 任佳：《孟中印缅地区经济合作与经济走廊建设构想》，《东南亚南亚研究》2014年第1期。

② 任佳：《孟中印缅地区经济合作与经济走廊建设构想》，《东南亚南亚研究》2014年第1期。

③ 同上。

　　云南省作为孟中印缅经济走廊的主体省，担负着四国互联互通建设的重任。云南面向周边国家开放合作的思路应该是，立足次区域、面向两亚；依托"9＋2"、连接两湾；联手孟印缅、向西拓展；提升产业群、振兴周边。[①] 云南不仅要协同各相关省区融入长江经济带建设，使沿海、沿江、沿边开放形成优势互补、均衡协调的区域开放格局，而且还要与孟中印缅四国共建孟中印缅经济走廊，实现通路、通电、通讯、通商、通油、通气、通币、通关，进一步推动云南开放型经济发展，继续为中国全方位对外开放做出积极贡献。

---

① 　任佳：《新形势下云南面向周边国家开放合作研究》，云南省社科基金项目，2008 年。

后 记

　　很早以前就想写一本反映孟中印缅地区互联互通的书。1999年印度一个民间摄制组来云南拍摄《重访史迪威公路》电视片，有幸全程陪同拍摄和采访这段历史的亲历者。2000年又在阿萨姆邦交通部长组织的车队陪同下，作为中国第一个代表团重走史迪威公路印度段的学者，我们亲身感受了半个世纪前的一条连接中印缅的公路是怎样把这一地区的人民的情感联系在一起。所到之处当地人民的亲切和友好让我们感动不已。2002年随云南省商务代表团陆路考察缅甸木姐—曼德勒—仰光。回来以后我们加快研究，于2005年出版了《穿越时空的商道——滇印民间研究贸易》、《跨世纪的中缅印通道——重建史迪威公路研究》，2006年出版《中国云南与印度：历史、现状和未来》。2006年又随中尼文化交流团从尼泊尔陆路到西藏拉萨，感受了樟木口岸的繁忙和中尼边贸的兴盛。2008年跟随云南保山的史迪威公路缅甸段的路考队重走了保山腾冲至缅甸班哨（印缅边界）全程，并考察了缅甸曼德勒以西的公路状况。对缅甸与印度连接的公路状况有了初步了解。2011年从西藏拉萨到林芝考察，2014年又沿着怒江到了连接西藏林芝方向丙中洛的最后一个村庄。10多年来我们对这一地区的互联互通现状有了较为全面的了解和认识。看到了这些国家和人民对互联互通的期盼，以及交通的连通对沿线人民生活和生产的重要意义。也看到了印度、缅甸、孟加拉国当地政府和云南省人民政府一样，都在努力提升和改造边境地区的公路，加快与邻国交通的连通速度。这一不可阻挡的趋势证明了互联互通是这一地区人民的共识。他们已经认识到开放与合作是改变贫困、封闭、孤立发展的必由之路。在这样的大背景下，更需要写一本互联互通的书，梳理互联互通的历史，告知本地区各国人民今天发生的变化和未来的规划，展望美好的前景。同时也分析和研究实现互联互通面临的困难和问题，以及需要各国相互合作的方面和给各国政府的建议。从而增强各国政府和当地人民共同合作去实现美好愿望的信心。

　　本书经过多位学者两年来的努力，克服经费不足的困难，收集整理了大量国内外资料和信息，利用参加印度、缅甸、孟加拉国等国各类学术会议、考察和学习的机会采访、交流，分析研究。梳理历史、分析现实、研究问题、提出建议，在认真核实地名，翻译国外研究资料等方面做了艰苦细致的工作。呈现给读者的是一本系统研究孟中印缅地区互联互通的专著，也是一本通俗易懂、图表清晰的读物。

　　全书由任佳设计、统编。本书各部分的执笔人是：序言任佳；第一章陈亚山；第二章任佳；第三章林延明、郑启芬；第四章邓蓝；第五章雷著宁、胡潇文；第六章任佳、和红梅；第七章任佳、涂华忠。由于本书涉及面广，地区情势复杂，资料的可获得及研究水平的不足，使本书还存在一些缺憾，甚至错误，敬请读者批评指正。

任　佳
2014 年 12 月 20 日